出海
不出局

企业全球增长指南

邹杨 著

G⚙ Global
Stay Ahead

机械工业出版社
CHINA MACHINE PRESS

本书是一部专为中国企业打造的全球增长指南，揭示了全球化时代下中国企业出海的必然性与紧迫性，分析了企业在不同发展阶段面临的挑战与机遇，提供了系统化的出海策略和一套全面的出海方法论，可以帮助企业在复杂的国际市场中找到适合自己的成功出海路径。作者总结了自己近 10 年的出海经验，对上百个案例进行拆解，独创了"167 模型"，即 1 个战略、6 大专业能力以及 7 个支撑能力，手把手地帮助中国企业在全球化浪潮中脱颖而出。本书适合各类企业的高层管理者和与企业出海相关的从业者阅读。

图书在版编目（CIP）数据

出海不出局：企业全球增长指南 / 邹杨著 .

北京：机械工业出版社, 2025. 3. -- ISBN 978-7-111 -77826-4

I. F279.2

中国国家版本馆 CIP 数据核字第 20259HG178 号

机械工业出版社（北京市百万庄大街 22 号 邮政编码 100037）

策划编辑：张竞余 责任编辑：张竞余 高珊珊

责任校对：王小童 杨 霞 景 飞 责任印制：邵 敏

三河市国英印务有限公司印刷

2025 年 4 月第 1 版第 1 次印刷

170mm×240mm · 18.25 印张 · 1 插页 · 242 千字

标准书号：ISBN 978-7-111-77826-4

定价：79.00 元

电话服务 网络服务

客服电话：010-88361066 机 工 官 网：www.cmpbook.com

　　　　　010-88379833 机 工 官 博：weibo.com/cmp1952

　　　　　010-68326294 金 书 网：www.golden-book.com

封底无防伪标均为盗版 机工教育服务网：www.cmpedu.com

PRAISE

赞 誉

全球化是中国企业未来十年的主要趋势。过去，中国企业出海更多是依靠成本优势，但下一个阶段，必须从产品出海向品牌出海、生态出海转型。《出海不出局：企业全球增长指南》正是一本为企业提供实操指南的好书，从战略规划到市场落地，从营销打法到合规建设，条理清晰，案例实用。

我建议中国企业在下一个阶段出海时重点关注三件事：第一，要更加重视本地化，从文化、语言到供应链深度融入当地市场；第二，技术驱动是关键，用数字化手段提升效率，用科技创新占领高地；第三，建立长期主义的品牌思维，摆脱短期利润导向，赢得全球消费者的信任。

未来的全球市场不缺挑战，但只要抓住趋势、保持耐心，中国企业一定能在全球化竞争中占据一席之地。我相信这本书将成为所有出海企业的必备指南！

朱啸虎　金沙江创投董事总经理

邹杨老师的《出海不出局：企业全球增长指南》对中国企业出海的全价值链进行了系统梳理，为企业提供了从战略制定到落地执行的全面指南。中国 ToB 企业正迎来出海黄金时代，在全球数字化转型浪潮下，中国 ToB 企业凭借技术创新、成本优势和高效服务，在国际市场上将展现出巨大潜力。我相信，这本书将帮助更多中国 ToB 企业在全球化征程中乘风破浪，打造世界级品牌！

郑靖伟　靖亚资本创始管理合伙人

《出海不出局：企业全球增长指南》是一本具有战略高度和实操深度的商业指南。在全球化竞争日趋激烈的今天，如何突破地域限制、稳步拓展国际市场，是每一个中国企业都必须面对的挑战。书中的 167 模型，结合超过 50 个出海企业的成功案例，清晰展示了出海过程中各环节的关键节点。它不仅为企业家提供了理论支持，更通过实战经验，帮助你真正看懂全球市场的脉络和机会。

徐瑞呈　大观资本北美首席代表

在全球化的纵深浪潮中，中国企业家的征途既充满机遇，亦遍布荆棘。如何在复杂多变的国际市场中构建可持续的竞争优势？《出海不出局：企业全球增长指南》一书以其扎实的实践洞察与系统化的战略框架，为这一课题提供了极具参考价值的答案。

作者创新性提出的 167 模型，以 1 个战略、6 大专业能力、7 个支撑能力，为中国企业梳理出一条清晰的全球化战略主线。这一模型并非空中楼阁，而是基于 50 多个实战案例提炼而成。从东南亚新兴市场的本土化破局，到欧美成熟市场的合规博弈，书中案例既呈现了不同区域的挑战共性，也揭示了差异化竞争的策略精髓。作者尤为擅长拆解企业如何通过技术微创新、供应链重组和跨文化资源整合，将国内积累的禀赋转化为国际市场的"适应性优势"。这种"动态竞争力"的构建思维，恰恰是当前全球化 3.0 阶段中国企业亟须补足的那块认知拼图。

作为长期关注跨境投资的从业者，我尤为认同书中对中国企业家特质的客观剖析，以及"系统性出海"在重塑全球商业格局的叙事逻辑。

这本书既可作为企业制定出海战略的导航手册，亦可成为投资人理解产业趋势的观察透镜。对于志在全球化浪潮中实现价值跃迁的企业家与投资者而言，这本书提供的不只是方法论，更是一种穿越周期迷雾的思维韧性。

邱恺　坚果资本董事总经理

中国企业全球化是许多企业增长与发展的新机遇，在这条充满不确定性的路上，《出海不出局：企业全球增长指南》这本书通过对成功与失败案例的分析，能帮助企业家们规避风险，看到精准的机会，并帮助他们深度思考有效的战略。

周宏骐　新加坡国立大学商学院兼任教授

全球化市场的机会与挑战并存，成功的出海企业离不开精准的市场洞察和精细的执行力。《出海不出局：企业全球增长指南》正是基于这种深刻的市场理解，通过具体的案例分析，帮助企业家从品牌、产品、渠道等多维度出发，制定切实可行的出海战略。书中结合了多个行业的出海经验，阐述了如何借助跨境电商等新兴平台实现高效扩展，让中国企业能够在全球舞台上抢占先机。

王馨　深圳市跨境电子商务协会会长

2025 年，出海已成大势！相比是不是要出海，更多人希望知道的是如何做出海。

《出海不出局：企业全球增长指南》就回答了业内关心的"如何做出海"这一问题，邹老师基于自己的实践经验总结出的方法论和实操打法，值得推荐和学习。

黄渊普　亿欧（EqualOcean）创始人

VI

四十多年前我们开启了改革开放，历史进程浩浩荡荡，中国人民用勤奋和智慧抓住了全球化契机，创造了人类社会发展的奇迹。我们的成就绝不只是成为世界第二大经济体，更为珍贵的是诞生了一大批极有竞争力和创新力的企业家群体和中国品牌。

四十多年后，在新的地缘政治及全球新格局之下，青壮年企业家站在潮头，不免踌躇满志。出海，俨然成为当下乃至未来十年摆在中国企业家和创业者眼前的一个选项。

面向全球市场，如何成功把中国模式、中国文化、中国式创新带到全球，需要极大的智慧。这本书内容不拘泥于理论，用大量实践案例，从营销、研发、产品本地化等各个维度展示了一幅真实的出海画卷。成功的经验各有千秋，失败的经历穷举可得。

我作为出海创业者其中一员，对书中不少案例深有共鸣。不论你是准备出海，还是已经出海的企业家或高级管理人员，相信阅读本书都将获得裨益。祝你好运，让我们为出海事业共襄盛举！

吴季　泰国 TNT 娱乐集团创始人

全球产业链正在加速重构，世界经济面临多种风险与挑战。在此背景下，数字贸易异军突起，驱动着商业模式创新、产业升级转型。中国正是全球创新能力上升最快的经济体之一，有能力也有机遇占据新一轮科技革命和产业变革的先机。《出海不出局：企业全球增长指南》通过敏锐的市场洞察和清晰的理论框架，帮助企业厘清出海过程中的关键决策点，是出海"工具书"中的优质之选。

甄国钢　艾贝盈（iPayLinks）CEO

毫无疑问，中国企业出海已成企业破局的优质之选，《出海不出局：企业全球增长指南》从战略、产品、品牌、营销等多个层级：由宏观至具象，细致入微地帮助企业探明方向，找到出海的有效方法。

结合增长超人在企业出海官网上的成功经验，这本书也细致地对

"企业出海官网"进行了策略剖析和执行指导，通过更具代表性的官网打造，能够高效帮助出海的企业朋友打通品牌和市场的沟通桥梁。

由衷推荐这本书给所有即将或已经踏上出海之旅的企业朋友，它能够为你提供更加实际可行的执行路径参考。

大志　增长超人 CEO

在数字化时代，企业出海的竞争不仅限于市场份额，还包括技术、工具和数据的利用。《出海不出局：企业全球增长指南》为企业家提供了全新的视角，在多个专业领域展现如何运用数字化工具打破地域和文化的壁垒，精准地在全球市场中发力。作者通过详细的案例分析和系统的模型介绍，再结合书中的战略思想和方法论帮助企业做精准定位，并利用技术推动运营效率，从而在出海过程中获得持续的竞争优势。Zoho也一直助力于中国企业出海的数字化，希望我们一起共创佳绩。

夏海峰　Zoho 中国区 COO

全球化的时代，企业出海是一个复杂且充满挑战的过程。如何从技术、品牌到销售渠道，打造具有国际竞争力的商业模式?《出海不出局：企业全球增长指南》为企业家提供了精准的出海策略和方法，它帮助企业家从宏观战略到微观操作都能心中有数。它是一部关于出海的实战手册，无论是制造业、消费领域，还是高科技企业，书中的策略都具有高度的适用性和实操性。让我们一起走向大航海时代。

郭人杰　乐享科技创始人、追觅中国区前执行总裁

在全球化的浪潮中，制造业出海的机会与挑战并存。《出海不出局：企业全球增长指南》从行业现状出发，结合167模型与实际案例，为制造业企业提供了从技术、产品到市场的全方位操作指南，帮助制造业企业家从"出海"走向"全球领航"。

盛少钦　飞书制造业南区负责人

在跨境电商的竞争格局下，出海已不再是单纯的扩展业务，而是关于如何打通全球市场、提升品牌影响力的战略决策。《出海不出局：企业全球增长指南》深入剖析了如何在复杂多变的国际市场中实现产品本地化、快速渗透以及有效运营。这本书为企业家提供了一整套从市场调研到平台选择，再到品牌运营的全链条解决方案，是帮助你在全球化浪潮中站稳脚跟、加速扩展的必备工具。

陈家帅　SHEIN 半托管招商负责人

在全球化的大潮中，中国企业扬帆出海已成为新常态。智齿科技作为客户联络软件领域的出海先锋，也从该书中获益匪浅。这本书不仅为企业提供了一套全面的出海战略框架，还深入探讨了产品、品牌、营销、服务等多维度的实战策略。从规避常见陷阱到构建本地化运营，每一章节都凝聚了作者的深刻洞察和宝贵经验。《出海不出局：企业全球增长指南》是出海企业的行动指南，它能够帮助我们识别和把握全球市场的机遇，同时规避潜在风险，实现稳健增长。对于任何有志于在全球舞台上大展拳脚的中国企业来说，这本书都是必读之作。

刘毅　智齿科技 CMO

"出海"毫无疑问成为近两年最吸引流量的话题之一。但如何走出去，如何在海外茁壮成长，对于大多数企业来说仍然需要一个清晰的路径和可操作的战略。作者结合全球化趋势与企业实际操作，详细讲解了如何进行品牌建设、市场营销与销售布局，让每一位读者都能从中汲取到企业出海的成功智慧。

方隆　极验副总裁

出海并不是一个新话题，改革开放以来，中国企业经历了数轮海外业务扩展的潮流。

中国企业过去40多年的出海历程大致可以分为5个阶段（见图0-1），分别是：1979～1997年的萌芽阶段，以来料加工为主，充分发挥了劳动力优势；1998～2007年的起步阶段，传统外贸飞速发展，部分企业开始尝试海外投资；2008～2016年的发展阶段，这一阶段互联网逐步兴起，国内供应链优势凸显；2017～2022年的加速阶段，从产品出海走向品牌出海，平台级产品出现；2023年开始的爆发阶段，一些优势领域开始爆发，部分新兴行业超车，在逆全球化形势之下，中国企业实现了全球增长。

每一个出海阶段，都会有不同的关注点。在萌芽阶段，大家主要谈论的是来料加工、OEM、ODM等低附加值的出海业务。1998年之后，外贸和跨境电商逐渐发展，企业逐渐积累了国际贸易经验，产品出海兴起。截至 2023 年中，我国跨境电商主体已超 10 万家，独立站建设已超 20 万个，综合试验区跨境电商产业园约 690 个。

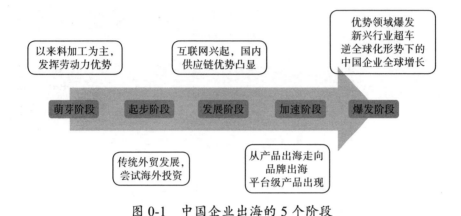

图 0-1　中国企业出海的 5 个阶段

2017 年以来，企业出海模式从产品出海逐渐发展到品牌出海，从中低端制造走向中高端制造，出海企业越来越重视本地化，而一直不被看好的软件行业也在积极探索出海。

在企业方面，海尔、华为、大疆创新（以下简称"大疆"）、比亚迪、阿里巴巴、字节跳动等大批中国互联网和科技企业，通过技术领先、模式创新、文化融入等方式，冲破层层壁垒，实现了全球性的发展。安克、名创优品、追觅等消费品牌成为海外一些国家的知名品牌，是这些国家民众消费时的首选。

在平台方面，跨境"四小龙"阿里巴巴国际站、TikTok、Temu、SHEIN 等平台兴起，接连打破亚马逊、FaceBook、YouTube 等在全球电商和社媒领域长期以来的垄断，这些企业的出海经验，也成为后来者学习的对象。

在进出口规模方面，根据国家统计局的数据，2023 年全年货物进出口总额约 41.76 万亿元，比上年增长 0.2%，其中，出口 237 726 亿元，增长 0.6%，进口 179 842 亿元，下降 0.3%。民营企业进出口额

223 601 亿元，比上年增长 6.3%，占进出口总额比重约为 53.6%，如图 0-2 所示。

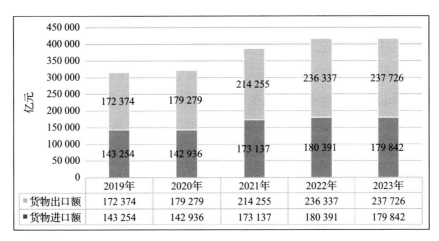

图 0-2　2019 ～ 2023 年中国进出口总额

资料来源：根据国家统计局 2019 ～ 2023 年的中国进出口数据自行绘制。

在对外投资方面，根据商务部、国家统计局和国家外汇管理局联合发布的《2020 年度中国对外直接投资统计公报》，自 2003 年中国有关部门权威发布年度对外直接投资统计数据以来，中国已连续 9 年位列全球对外直接投资流量[⊖]前三，对世界经济的贡献日益凸显。2020 年中国对外直接投资流量是 2002 年的 57 倍，年均增长速度高达 25.2%。

数据显示，截至 2020 年底，中国 2.8 万家境内投资者在国（境）外共设立对外直接投资企业 4.5 万家，分布在全球 189 个国家（地区），年末境外企业资产总额达 7.9 万亿美元，境外企业员工总数达到 361.3 万人，其中雇用外方员工 218.8 万人，占比 60.6%。

从宏观趋势来看，出海已经成为很多企业的选择。从 2022 年

　　⊖　对外直接投资流量（Foreign Direct Investment Flow，FDI Flow）是指在一个特定时间段（通常是一年）内跨国家或地区直接投资的金额，它描述的是新投资进入（或离开）某一国家或地区的速度和规模。

下半年开始，我真实地感受到出海热潮，国内云计算、软件即服务（SaaS）、机器人、智能制造、新能源、汽车新势力等企业都开始大力布局海外市场，从贸易到建厂，从办事处到分公司，从投资到并购，真是如火如荼。比如阿里云、华为云等发布出海计划，设立海外服务中心。理想、蔚来、小鹏汽车在海外特别是欧洲都取得了不错的成绩。几乎所有原本欧美企业占主导地位的行业，都出现了中国企业的身影。

我也多次受邀参加了一些展会，最让我震惊的当数 2023 年上海车展了，参展的 1500 多台整车中，新能源汽车大概占了整体的 2/3，智能化配置成为各大车企重点打造的卖点，可以说不少合资品牌的低端燃油车，已经显得有些"上不了台面"了，老牌欧美日韩传统车企也发现中国新能源汽车已经开始"超车"，甚至在某些方面还领先了不少。

2023 年 12 月 31 日晚，罗振宇 2024 年"时间的朋友"跨年演讲在深圳体育中心"春茧"体育馆举办。在演讲中，他也重点提到了出海，他说在过去的一年中，无数的中国企业，正在像刚改革开放的时候一样，在全球寻找着机会，在陌生的环境中找到新的位置，种下一颗种子，逐渐成长。中国企业出海的热情呈现全面井喷的状态。

在 2024 年 1 月 4 日国际消费类电子产品展览会（International Consumer Electronics Show，CES）上，现场共有来自全球 150 多个国家的 4379 家参展商，其中美国 1200 家，中国 1115 家，韩国 779 家，而其中还有近百家美国企业本身就是中国人注册的，我的出海社群中就有人惊呼："CES 原来是 China ES 了！"

从种种迹象来看，2024 年开年，出海大幕就已经拉开，中国企业对全球市场的渴望正肉眼可见地增长，越来越多的中国企业将以前所未有的决心，扬帆海外，探索新市场，寻找新机遇。

但是在出海浪潮的背后，企业也有不少担忧。我这两年接触了很多已经出海或者准备出海的企业，相较于欧美跨国企业拥有比较成熟的管理方式与理论，"中国企业出海方法论"这一话题在业界尚缺乏系统性以及具有深度的总结和提炼，尚未形成一套可行的、供中国企业借鉴的方法。

甚至不少企业创始人对为什么出海、去哪里出海、如何打造适合海外市场的产品、如何面向海外客户营销、如何搭建出海团队、出海会遇到哪些陷阱等一系列问题，都没有想清楚。

我在多年前负责某企业国际事业部时，也经历过迷茫和沮丧，曾为了了解行业情况飞越半个地球去链接海外的同行，也曾在半夜与4个不同国家的客户连续开6个小时的视频会议。在这个过程中，我积累了对海外文化的了解、商业对话的能力，以及开拓海外市场的经验。最终在半年内从两个人开始，搭建了近30人的团队；又通过建联通道、优化平台、持续营销等方法，在两年内将年营收做到近2亿元；之后持续引入人才，设立海外办事处，迭代海外营销。到目前为止，该事业部已经独立为海外公司，拥有近100人的团队，在全球有10个分公司，年营收近6亿元，实现了从0到1的跨越。最近的数年，我也一直关注和实践着海外营销业务，并且投资了一些海外团队，持续加深对全球化的理解。

在实践和积累的过程中，我发现中国企业出海潜力巨大，但缺乏学习资料，目前市面上有着诸多关于跨境电商的图书，但电商只是出海的一种方式，系统的出海书籍和课程非常缺乏。随着我的《ToB营销增长：B2B和SaaS市场人工作指南》一书的出版，在和客户交流的过程中，我也被催促着写一本关于企业如何出海的书。

本书从企业出海的本质出发，从战略到产品、品牌、营销、销售、服务等方面对各专业进行了系统的阐述，帮助读者全面了解出海方法，指导企业构建出海增长思路，书中也会重点讲述如TikTok、Temu、安克、名创优品、华为云、内外、致欧科技、Posee、TINECO、增长超人、Zoho、智齿科技、iPayLinks（艾贝盈）、创蓝云智等案例，是一本博观而约取、厚积而薄发的企业全球增长工作指南。

本书将向读者呈现中国企业海外拓展经常会犯的7大错误，总结提炼了1个战略、6大专业能力、7个支撑能力的企业出海"167模型"，希望为广大出海企业带来一些启发。

根据中国企业联合会、中国企业家协会推出的"2023中国跨国公司100大及跨国指数"，可以知道中国跨国公司100大的海外营收占比约为16%。而在美国标普500中，美国上市公司的海外营收占比平均超过40%，在日经225和德国的上市公司中，部分公司的海外营收占比能够达到55%，世界百强企业的平均海外业务占比更是达到58%。这16%到40%甚至58%之间的差距，就是中国企业全球增长的空间。

中国经济高速发展数十年，中国企业已经到了向全球市场找增长的时刻了，也到了将市场从14亿人拓展到全球80亿人的时间。出海，也许是我们这代人最大的机会，是无法阻挡的历史潮流。希望本书的内容，能够给大家带来一些参考和帮助，也期待各位专家雅正。

出海东风已来，我辈乘风出发！

CONTENTS
目 录

第 1 章

出海向外，发现新的增长引擎

出海是中国企业成为全球企业的必经过程。在内需不足的环境下，海外有着广阔的空间，有着取得超额回报的机会，并且当企业在海外拿到成绩之后，还能够反哺国内的业务，改变国内原有的行业竞争格局。

而对于缺乏海外经验的中国企业，如何制定合适的出海战略，找到持续的增长路径，实现出海不出局，我们将在本章进行探讨。

1.1 不出海，就出局

近年来，国内部分行业出现产能过剩、需求不足的情况，部分行业又面临越来越严峻的技术和贸易壁垒，甚至一些企业已经到了不出海、就出局的境地。面对这种情况，企业想要保持持续增长，出海寻求更大的市场或将成为有理想的企业必然的选择。当下企业面临的困难和需求主要有如下四个方面。

1. 国内需求不足，产能相对过剩，挤占了企业的利润空间

虽然中国人口众多，内需市场规模较大，但是随着经济的发展，部分行业竞争加剧，比如钢铁、轻工业等行业，导致企业产能过剩，只能通过"价格战"来扩大营收，结果就是挤压了利润空间。但与此同时，海外不少新兴市场还有巨大的需求没有被满足，发达国家的价格敏感度较低、付费能力较强。因此一些目光敏锐的企业纷纷出海寻找机会，比如家电、手机等行业，其中传音手机在 2007 年就进入非洲，如今早已成为非洲"手机之王"，之后又进入南亚市场，成为巴基斯坦和孟加拉国的智能手机销量第一的品牌，基本上避开了国内激烈的竞争。

出海可以帮助企业寻找新的增长点，降低对国内市场的依赖，分散风险，还能发现多样的需求。

我分析了多个行业的上市企业在近 10 年的营收变化，发现营收增长超过 100% 的企业中，大部分企业的海外营收占比上升速度都比较快，说明这些企业的海外收入是其营收增长的重要来源。

2. 劳动力、原材料成本上升

随着社会的发展，我国老龄化问题逐渐显现，从 2012 年开始，我国劳动人口数量持续下降，造成劳动力成本上升。再加上土地和部分原材料市场的制约，使得一些行业必须通过全球布局来优化成本，形成更优的资源配置以保持竞争力。比如一些国内工厂通过迁往东南亚来降低成本，保持优势，再比如苹果公司产业链一直在全球持续寻找更优的配置。

3. 技术和品牌发展的需要

企业要实现长远发展，就需要具备品牌、创新和技术优势。品牌的建立不是一朝一夕就能完成的，需要长期积累，技术的突破也有一

定的地域性和偶然性。出海的企业可以通过在海外设立研发中心来吸收海外的技术以及创新，也可以通过投资和并购来获得优势品牌或技术资源。

比如吉利集团收购沃尔沃，帮助吉利获得了先进的汽车制造技术，还促进了吉利汽车品牌的国际化。

以美的集团为例，截至 2023 年中，美的集团在海外设有 16 个研发中心和 21 个主要生产基地，通过这些机构，美的能够更好地洞悉当地用户的需求，并搭建全球产业链，随着各个行业技术的发展而持续进步。

4. 贸易壁垒

近年来，欧美贸易保护主义抬头，给中国企业的海外业务带来了不小的困扰，比如绿色壁垒、技术性贸易壁垒、进口限制等。特别是美国，除了加征关税，还逐步将制裁蔓延到科技、外交、金融、教育等贸易之外的诸多领域，并且不断将特定中国实体加入管制与制裁名单。

比如美国颁布的《2021 年战略竞争法案》《2021 年安全设备法》《2022 年美国竞争法案》《2022 年芯片与科学法案》，以及 2022 年修订的《出口管制条例》、2023 年的《维护领空主权法案》《反制不可信海外电信法案》《2023 财年国防授权法案》等，对多个行业造成了影响。

面对全球化与逆全球化并存的情况，虽然中国企业出海受限多多、困难重重，但总结分析下来，还是只有通过海外生产或投资的方式，才能规避这些矛盾，保持企业竞争力，这也让出海变成企业发展的必选项。比如新能源汽车企业在墨西哥落子布局，宁德时代在德国和匈牙利投资建厂，光伏企业在东南亚地区布置产能等。

张一鸣曾说："中国的互联网人口，只占全球互联网人口的 1/5，如果不在全球配置资源，追求规模化效应的产品，1/5 无法跟 4/5 竞争，所以出海是必然的。"

在我看来，出海对于很多企业来说是一个战略性的选择，不仅能够帮助企业在全球市场中保持竞争力，还能够带来新的增长机会和更大的发展空间。

在日益复杂的商业环境中，不出海的企业可能会逐渐失去市场份额、成本优势、技术优势以及全球品牌机会，何以解忧？唯有出海。

1.2　出海不易，企业经常会犯的 7 大错误

企业出海，看上去是一块诱人的蛋糕，但是真的实施起来，仍然会遇到各种问题，会犯下各种错误。

不管是中国企业出海，还是国外企业进入中国，都不是一件容易的事。哪怕在本土叱咤风云，强如亚马逊、eBay、三星等，都在中国铩羽而归。而中国企业出海受挫的案例也不少，前有某建筑集团承包中东国家的轻轨项目的数十亿元的损失，后有 21 世纪初的多家汽车和家电企业出海败北，还有 TCL 与汤姆逊的并购失败，摩拜解散亚太地区的运营团队等。近些年的案例有，某知名企业在英国出现的文化冲突，我亲身经历的越南分公司员工集体被"挖墙脚"，印度办事处劳资冲突，等等。

我在经历和分析这些案例的时候，真实地感受到，任何企业想要踏入陌生的国家，都需要面对商业环境、文化和语言的差别，还要承担跨国沟通带来的运营和管理成本。企业如果不做好充分准备就盲目出海，可能会遇到多种问题，甚至可能导致投资失败或业务无法持续。

下面我总结了企业出海经常会犯的 7 大错误。

1. 缺乏战略规划和坚持

我在调研中发现，不少出海企业在出海过程中会面临战略规划不足的问题，尤其是战略定力不够、方向摇摆不定，缺乏长期视角和全球战略的明确意图。这些问题导致企业容易在海外市场上试错过多，

频繁调整方向，错失市场机会。

进入海外市场是一个长期而复杂的过程，必须有清晰的战略规划作为基础。缺乏战略规划，企业可能会在不同市场之间不断徘徊，无法专注于某一地区的深耕，最终导致资源浪费，甚至品牌形象的混乱。

战略的坚持则更加关键。很多企业在海外发展初期往往因为短期的市场波动或困难就急于调整方向或放弃目标，这样不仅影响了企业的市场认知度，还使得本可以通过坚持和积累获得的市场份额与品牌忠诚度无从谈起。

2. 产品和供应链能力不足

企业出海和全球运营对产品及其供应链的要求较高，纯粹的低质低价也许在一段时间内能拥有一定的市场份额，但不是企业发展的长久之计。

我曾拜访过某知名企业，其在海外竞争中败北的原因在于过度依赖价格竞争，忽视了产品的创新和品质提升，以及未能及时适应本地市场的需求，如针对东南亚特有的气候和道路条件进行产品改进。

海外的供应链和物流环境也与国内市场存在差异。企业需要更聚焦目标市场的供应链情况，包括物流成本、时效性和可靠性等因素，相应调整供应链战略。

3. 品牌认知不足

国内不少企业的品牌意识是不强的，这样的企业在海外很难被本地用户接受。

比如某国内品牌，入局东南亚市场时甚至没有组建本土运营团队，单纯依靠之前在国内市场成功的低价和投流模式提升销量，却因为产品不具有本土特色，迅速被竞争者超越，导致损失巨大。

在国际市场上建立和提升品牌知名度是一个长期且复杂的过程，需要企业投入大量资源，企业需要掌握可持续的方法并具有持续的耐心。

4. 人才与组织能力不足

在海外市场，企业可能面临人力资源管理的挑战，包括与国内市场在招聘、培训、薪酬福利等方面的差异，这些都可能影响企业的运营效率。一些企业出海的时候，常常按照国内的管理模式来开展海外业务，这样不可避免地会出现本地员工抗拒的情况，有的甚至发展为罢工，极大地影响海外公司的运营，也会影响企业的海外雇主形象。

比如某头部短视频企业在出海过程中由于团队组织结构和人员问题，以及对海外市场的理解不足，导致出海业务受阻，甚至引起争议。因此企业在出海时需要有专业的团队和正确的决策支持。

企业在海外市场会面临人才招聘和培养的挑战。我接触过的一些企业就表示，在新兴市场，特别是英语普及率低的国家，员工招聘和沟通对企业来说都是巨大的挑战，而缺少雇主品牌建设的企业，要招募优质的人才、吸引和保留具有国际视野的人才，其难度就可以想而知了。

5. 法律意识缺失

每个国家都有自己的法律法规和行业标准，企业在没有充分了解和遵守这些规定的情况下出海，可能会面临法律诉讼、罚款甚至被驱逐出市场的风险。

比如某企业在中东地区基建与能源矿产领域的投资失败，主要就与对目标市场理解不足、合规风险管理不当有关。

还有 2016 ～ 2019 年，国内一些现金贷公司涌入印度尼西亚（以下简称"印尼"）市场，由于忽视合规性、牌照申请以及本地利益共享等问题，遭到监管机构的严厉打击，导致后来大部分公司退出印尼市场，并且让该国的部分民众对中国企业产生负面情绪。

某科技企业在欧美的专利案中应诉成本超过 7000 万元，某知名手机厂商因为商誉问题退出德国市场等，都是因为法律与合规问题带来惨痛教训。

6. 没有重视文化差异

不同国家和地区有着不同的文化、法律、商业和消费习惯。企业如果忽视这些差异，可能会在产品推广、广告宣传等方面遭遇失败，甚至引起当地用户的反感。

比如某企业在美国市场的产品因为品牌名字不符合目标用户的审美和心理预期而销量惨淡。

亚马逊也是在购买界面、支付流程、运输和售后服务等方面照搬美国模式，未能适应中国用户的购买习惯和市场特点，最终退出中国市场。

7. 忽视政治风险

企业在海外可能会受到地缘政治风险的影响，如政策变动、贸易限制等，这些都可能对企业的海外业务造成不利影响。比如 2014 年，中国某企业参与某国的高铁投标，后来被取消资格，造成不小的损失。

还有一些国家通过制定政策和标准来限制进入者。比如传统汽车工业比较发达的欧美日韩等国家，针对中国汽车的准入条件比较苛刻，注册和认证费用较高，而海外各地的汽车认证标准不一，也增加了中国车企的出海难度。

尽管中国在全球的地位越来越重要，但企业出海过程中常犯的错误仍要尽量避免，这就要求企业管理者们提前了解即将面临的困难，以便做好充分的准备。

1.3　出海有方，167 模型助力厘清思路

在开拓海外市场的时候，我思考过如下几个主要的问题。

（1）企业出海的战略意图是什么？分阶段的战略目标是什么？

（2）出海去哪里？为什么去那里？应该制定什么样的进入策略？

（3）出海业务的模式和价值链是什么？有没有对应的组织架构？

有没有适合团队自身的培训与招聘节奏？

（4）如何进行市场研究、用户洞察？如何规划产品？如何进行供应链和研发布局？

（5）品牌与营销策略如何制定？

（6）是否需要维护公共关系？是否需要处理政府关系？

（7）会有哪些文化差异？会有哪些合规风险？

后来在和企业交流的过程中，我发现这其实就是一个企业出海的全价值链模型，即从战略制定开始，到产品规划、产品制造/开发、供应链管理，再到品牌与营销管理、渠道和销售团队建设，最终到达售后与客户服务，并且能持续地迭代产品，实现产品长久价值的一个过程，如图1-1所示。

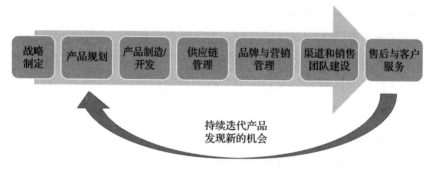

图 1-1　企业出海全价值链模型

通过对全价值链模型进行层层拆解和思考，从战略思考到专业能力，从业务模型到支撑能力，来厘清出海的思路，我提炼了企业出海167模型，即1个战略、6大专业能力和7个支撑能力，如图1-2所示。

首先，1个战略指的是清晰的出海战略，它是企业出海取得成功的起点，有助于企业拆解和制定专业策略，进行资金与组织的规划，通常使用"战略屋"来指导战略制定。

其次，企业出海需要具备产品能力、品牌能力、营销能力、销售能力、渠道能力、服务能力6个主要的专业能力。

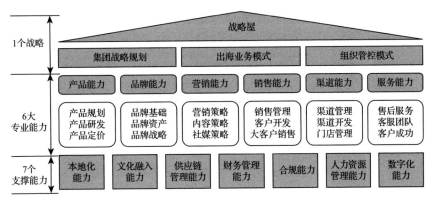

图 1-2　企业出海 167 模型

不同业务模式的出海企业，其专业能力也会存在差异。按照业务模式，我们可以将企业分为 ToC 和 ToB 两大类，再将客户群体分为四小类来进行分析，如表 1-1 所示。

表 1-1　出海企业分类与典型企业

业务模式	客户群体	重点行业	典型企业
ToC	小 C	消费品、app、消费电子、服装饰品等	名创优品、安克、内外、小米
	大 C	智能家居、新能源汽车、家用机器人等	海尔、蔚来、理想、追觅
ToB	小 B	SaaS、普通外贸产品等	阿里巴巴国际站、万兴科技、Shopline、AroundDeal
	大 B	大型软件、工业品 B2B、重型机械、医疗设备等	华为云、智齿科技、三一、中联、宁德时代

ToC（Business to Consumer），也写作 B2C，是企业直接向最终用户提供产品或服务的模式。这种模式下，企业关注的是个人用户的需求和购买行为，其更注重产品、品牌、营销和服务能力。典型企业有名创优品、安克、内外、小米等，它们直接向全球用户提供消费品、智能手机等产品。

ToB（Business to Business），也写作 B2B，指的是企业对企业的商业模式，即一个企业提供产品或服务给另一个企业，而不是直接给最终用户。这种模式强调的是企业间的商业交易，其更注重产品、销售、渠道和服务能力。典型企业有阿里巴巴国际站、华为云、宁德时代、智齿科技等，它们主要向其他企业提供产品、服务或解决方案。

根据对不同类型企业的研究，结合图 1-3，我们可以发现其中的差异，简单来说就是在 0-1 阶段的 ToC 企业更注重产品能力和营销能力，ToB 企业更注重产品能力和销售能力；在 1-10 阶段，不同的企业需要找到自身的优势并加强，比如某 ToC 企业加强品牌能力，某 ToB 企业加强服务能力；而到了 10-N 阶段，就要求企业将所有的能力建设起来，追求全面发展，尽量避免短板的存在。

在企业发展的过程中，6 大专业能力之间存在着紧密且相互依赖的关系，它们共同构成了企业增长战略的核心要素，并且相互影响，共同推动企业的持续增长和出海成功。

最后，企业要实现全球增长，还需要本地化能力、文化融入能力、供应链管理能力、财务管理能力、合规能力、人力资源管理能力、数字化能力 7 个支撑能力。

企业需要专业能力来实现增长，也需要多个支撑能力帮助企业实现高效运营，以支持其在全球市场中的持续发展和成功。这些能力相互关联，共同构成了企业全球化战略目标实现的基石。

接下我们将通过层层拆解、逐一分析，来帮助读者全面了解企业实现全球增长的各项能力。

1.4　掌握节奏，出海 5 步骤与 3 阶段

企业从计划出海到跨国经营，再到实现全球化不是一蹴而就的，这是一个渐进的过程。瑞典经济学家约翰森和瓦尔尼提出了企业国际化 4 阶段理论，美国经济学家罗伯逊在此基础上又提出了 6 阶段理论，

根据实践，我认为中国企业出海普遍要经历准备出海、初步出海、多国出海、跨国经营和全球经营这 5 个步骤以及 0-1、1-10 和 10-N 这 3 个阶段，如图 1-3 所示。

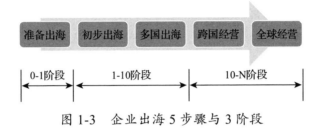

图 1-3　企业出海 5 步骤与 3 阶段

（1）准备出海。经营重点还在国内的企业，此时要开始制定出海战略和目标，确认策略，企业此时可以选择少数的出海目的地，制定详细的落地动作，进行小规模的出海测试。

（2）初步出海。企业选择少数的出海目的地后，可以有针对性地执行战略、积累经验、总结方法，实现单点成功。

（3）多国出海。此时企业可以将单个国家的成功经验进行复制，进入多个国家开展业务，持续优化资源配置。

（4）跨国经营。此时企业开始从跨国经营的角度调整组织与人才结构，开展全球资源配置。

（5）全球经营。企业迈向全球经营的阶段，实现全球本土化。

这 5 个步骤又可以分为 0-1、1-10 和 10-N 3 个阶段，企业在不同的阶段，有着不同的目标。在 0-1 阶段，企业应该致力于进入少数的目标国家，努力完成产品市场匹配（Product Market Fit，PMF），达成产品上市（Go To Market，GTM）目标，取得一定市场份额，实现单点成功。并在 1 ～ 2 年内快速迭代，建立初步的用户洞察和企业组织能力，同时积累营销或销售能力，为进一步发展打下基础。

在 1-10 阶段，企业需要制定合理的多国家市场扩张路径，尝试将上一阶段积累的经验在其他国家或地区进行复制，持续地打磨团队、沉淀经验、积累品牌资产、建立护城河。在这一阶段，企业要不断地提升在多个国家的市场份额，并且在部分地区实现盈利，迭代产品，逐步搭建本地化团队。

在10-N阶段，企业应进一步扩张并找到新的增长点，全面发展各项专业能力，完善人力资源管理、财务管理、数字化等多项支撑能力，从多国经营走向全球经营，进一步实现和巩固全球化。

有了这些了解，企业就可以分析自己所处的阶段，因时制宜地加强重点能力建设，补齐短板，构建自己的能力模型，然后开始制定出海战略了。

CHAPTER 2

第 2 章

战略为牵引，构建出海蓝图

　　战略能力是指企业在全球市场环境下，能够制定并实施符合企业长远发展目标的国际化战略的能力。它包括对全球市场的深刻理解能力，以及根据企业资源、目标和外部环境制定合理的市场进入策略和长期发展计划等多项能力。

　　本章我们从理解战略开始，然后了解战略的制定与落地。

2.1　理解企业战略

　　出海对于多数企业来说，相当于二次创业，并且难度往往大于在国内创业，这时候，是否有清晰的战略就显得尤为重要。张瑞敏说过，一个企业没有发展战略，就是没有发展思路，没有思路也就没有出路。

　　据不完全统计，中国上市企业中，超过 30% 的企业没有战略规划部门，更多的企业不做或者不会做战略规划，主要依靠创始人指点方向。战略往往存在于老板的脑袋中，没有和团队充分同步。

除了制定战略，企业的战略定力也非常重要。我曾经服务过的某企业，其出海团队抱怨说，因为国内业务发展比较顺利，所以创始人希望尝试一下出海，就在仓促间开始了出海业务，但是由于战略和目标都不清晰，甚至购买海外工具都是按照国内的做法，习惯于找免费产品，开会都是用微信语音，海外员工难以适应，导致海外业务的效率较低，盈利遥遥无期，相关的决策左右摇摆。正是对战略的忽视，以及战略定力的不足，最终导致该企业出海团队骨干纷纷流失。

德鲁克认为企业战略就是企业的发展蓝图，战略的本质不是做什么，而是不做什么。战略解决的问题是你凭什么能做成。只有在正确的方向，用正确的逻辑来坚持与执行，才会有正确的结果。

企业出海经常面临一些问题，如业务模式是否适合出海？产品是否匹配？出海的目的是什么？目标国家如何选择？如何搭建出海团队？如何应对本地竞争对手？等等，都是需要深度思考的战略问题。

我认为出海企业战略的本质，是为企业在激烈的竞争中，制定出长远的发展目标和方向，并确定实现这些所需的行动计划和资源配置。

企业战略的核心要素恰好包含了愿景/使命、战略目标、战场、战役、战略支撑等。企业战略涉及对企业内部资源和能力以及外部市场环境的深入分析，以确保企业能够在不断变化的环境中保持竞争力，实现可持续发展。

2.2 战略的制定与落地

企业制定出海战略是一个系统性的过程，需要考虑内外部环境、企业资源、市场竞争等，以及对企业愿景、目标、行动计划的明确设定。我在为企业组建国际事业部以及辅导企业时，花了大量的时间去分析和调研，思考如何更好地制定企业出海战略，在经过多年的尝试后，我比较推荐大家使用"战略屋"工具。

战略屋（Strategy House）工具是一种战略规划框架，它可以帮助企业系统地思考和制定战略。这个工具通常以一个房屋的图形来表示，不同的部分代表企业战略的不同要素，一般包含愿景 / 使命、战略目标、战场（含战略布局和战略路径）、战役，以及战略支撑（组织战略、人才战略）等，如图 2-1 所示。

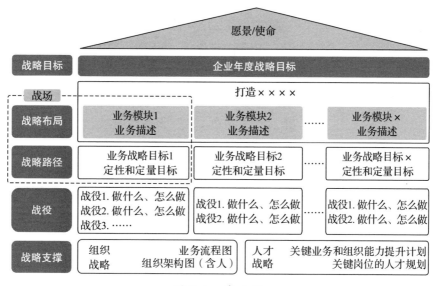

图 2-1　战略屋

战略屋可以整合战略要素，帮助企业构建一个清晰、协调的战略规划框架，确保企业在实现长期愿景的过程中，能够有效地分配资源、优化运营，以应对市场挑战。

制定战略是一个动态的过程，需要企业不断地学习、适应和创新。战略的实施依赖于清晰的愿景、有效的规划、坚定的执行以及对变化的快速响应。

要制定出有效的战略目标，也不是一件简单的事，经过多年的实践，我推荐使用"五看三定"方法来作为战略制定的输入，五看是看行业、看客户、看自身、看竞争、看机会，基于企业内外部分析，盘点企业的资源以及机会和威胁，指导战略目标的制定，三定就是定控制点、定目标、定策略，如图 2-2 所示。该方法主要用于帮助企业从宏观角度审视市场环境和内部条件，进而确定自身的战略方向和行动计划。

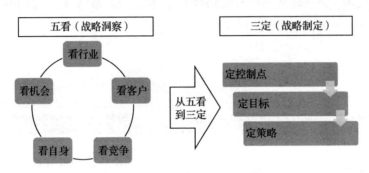

图 2-2 "五看三定"方法

"五看三定"方法强调的是一种系统性的思考方式，它要求企业不仅要关注当前的经营状况，还要前瞻性地考虑外部环境的变化和企业的长远发展。通过这个方法，企业可以更好地适应市场变化，把握发展机遇，并制定出更加有效的战略规划。

1. 看行业

看行业主要是分析宏观经济、技术发展、行业结构、竞争格局等对行业的影响，识别行业的增长驱动因素和潜在的风险点，预测行业的未来发展趋势和可能的变化。

分析行业常用的工具是 PEST 模型，即从政治环境（P）、经济环境（E）、社会环境（S）和技术环境（T）4 个维度进行分析，某小家电企业出海的 PEST 分析如表 2-1 所示。

表 2-1 某小家电企业出海的 PEST 分析示意

维度	分析
政治环境（P）	×国处于一带一路范围，政局稳定，对中国产品好感度高
经济环境（E）	×国为新兴国家，发展迅速，民众生活水平正在升级

（续）

维度	分析
社会环境（S）	人口增长较快，年轻人较多，对家电需求较大
技术环境（T）	国内家电行业技术领先明显，上一代的产品都可以满足 X 国市场需求

2. 看客户

看客户主要是研究目标市场的规模、增长潜力、细分市场特征，深入了解客户的需求、偏好、购买行为和痛点，分析目标客户的购买行为，进行市场细分、客户细分，识别市场机会和潜在的客户需求变化，做出战略取舍。

我常用的客户分析方法是 5W2H 模型，其中，5W 代表的是谁（Who）、何地（Where）、何时（When）、是什么（What）和原因（Why），2H 代表的是事情达成的方式（How）和耗费的成本（How much）。

比如某品牌的扫地机器人子品牌的 5W2H 分析，Who 是某海外市场的应届毕业生和年轻职场人，Where 是居住在租赁公寓的人群，What 是有清洁家庭卫生的需求，Why 是省时省力，How 是使用扫地机来完成，How much 是 99～199 美元，因此该子品牌应该定位为"年轻族群的首选扫地机器人"，并且在营销中，强调产品的时尚外观和性价比。

对于 ToB 企业来说，除了客户画像分析，客户分析的难点还在于摸清客户内部的组织架构，找到关键决策人，以及该国企业对中国的友好度。

我负责某企业国际事业部时，就面临着进入地区的选择，最终确定为优先进入东南亚市场，其次是印度和中东市场，再次是欧美市场，其他地区暂时做关注。主要原因就是欧美市场已经比较成熟，其运营商对外来者并不友好，而作为新兴市场的东南亚，行业的市场竞争还不激烈，且有较好的增长空间。

3. 看竞争

企业要找准潜在的竞争者，分析主要竞争对手的战略定位、优势、劣势和市场表现，识别竞争格局中的机会和威胁，了解竞争对手的产品、价格、渠道和市场策略。

华为在其战略管理中使用了一套详尽的竞争情报分析框架，主要包含了 18 个关键要素：利润、市场份额、趋势、未来产品规划、客户关系、价格、组织结构、领导团队、研发能力、生产能力、营销策略、销售渠道、服务质量、合作伙伴、市场策略、财务状况、法律和合规、战略控制点。

通过对这些竞争情报要素的深入分析，企业可以更好地理解市场环境，制定有效的竞争策略，并找到差异化的竞争优势。

企业还可以使用 SWOT 模型进行分析，了解企业内外的优势和机会，依据对竞争对手的研究，进行关键竞争因素对比，形成新的竞争策略，比如 SO 战略（依靠内部优势，利用外部机会，创建最佳业务状态）、ST 战略（依靠内部优势，回避外部威胁，果断迎战）等，如图 2-3 所示。

SWOT分析	优势-S 1. S1 2. S2 3. S3	劣势-W 1. W1 2. W2 3. W3
机会-O 1. O1 2. O2 3. O3	SO战略 增长型战略（依靠内部优势，利用外部机会，创建最佳业务状态）	WO战略 扭转型战略（利用外部机会，克服内部劣势，机不可失）
威胁-T: 1. T1 2. T2 3. T3	ST战略 多种经营战略（依靠内部优势，回避外部威胁，果断迎战）	WT战略 防御型战略（减少内部劣势，回避外部威胁，休养生息）

图 2-3   SWOT 分析示意

比如当年我负责某企业国际事业部时做的 SWOT 分析，我所在企业的优势是较低的价格和 7×24 小时服务，而劣势是全球通道资源的缺乏以及平台的技术不足，机会是新兴市场处在增长之中且竞争不充分，威胁是头部企业也在布局和抢占市场，因此我们制定的战略就是 SO 战略，发挥价格和服务优势，抢占新兴市场的机会。

4. 看自身

看自身主要是客观评估企业自身的资源、能力、核心竞争力和市场地位，分析自身的优势和劣势，以及面临的机遇和挑战，识别内部资源和能力的潜在提升空间。

在这一点上，我常用的是商业画布模型（Business Model Canvas）[⊖]，该模型分为 9 个模块，分别为：关键业务、核心资源、价值主张、目标客户、客户关系、渠道、重要伙伴、成本和收入，完善每一个模块，可以帮助企业明晰商业逻辑，如图 2-4 所示。

【重要伙伴】 供应商、合作伙伴等	【关键业务】 实施商业模式必须的研发、生产、销售等活动 【核心资源】 平台/网络、关键人才、客户关系或关键设备等	【价值主张】 我们能够给目标客户提供什么产品与服务？ 我们能为客户带来什么价值或为客户解决什么痛点？ 我们特有的和优势性的价值定位是什么？	【客户关系】 通过何种方式维系和增加与客户的关系 【渠道】 如何找到客户	【目标客户】 我们选择什么样的客户？
【成本】 制造成本 销售费用 研发费用 管理费用			【收入】 盈利模式 客户价值 销售收入 利润	

图 2-4 企业商业画布

一般来说，出海企业早期成本主要是研发成本，发展期和扩张期的市场与销售成本较高，企业如何控制营销成本、提高投入产出比、

⊖ 该模型由亚历山大·奥斯特瓦德（Alexander Osterwalder）提出，并在他的著作《商业模式新生代》中详细阐述。

完成年度目标，就变得尤为重要。

通过一系列的分析，我们就能更好地了解企业的各种资源现状，从而更好地思考如何使用有限的资源在优势领域实现突破。

5. 看机会

看机会主要是综合前四个方面的分析结果，从而识别战略机会点，评估机会的可行性、盈利潜力和战略重要性，确定优先级和资源分配，为战略决策提供依据。

机会不是突然出现的，而是经过一系列对行业、客户、竞争对手和自身的分析后，排列出多个机会的优先级，从而绘制出 SPAN 图进行战略定位分析，SPAN 图的核心在于帮助企业在复杂的商业环境中找到自己的定位，通过对各个细分市场进行分析，选定主攻的市场，进行业务优化，进而实现战略目标。

比如图 2-5 是某 3C 数码产品出海公司的 SPAN 图，其中问题业务中的手机壳竞争比较激烈，没有利润还投入了较多的精力，自行车业务和主营业务不相关，不利于聚焦，金牛业务是充电宝和数据线，这两项业务一直是现金流的来源，耳机和音响是未来要发展的方向，属于明星业务。

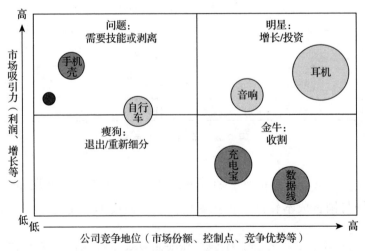

图 2-5   某 3C 数码产品出海公司的 SPAN 图

6. 定控制点

定控制点主要是基于五看的结果，明确企业的市场定位、目标客户群、产品或服务的差异化特征，确保企业在竞争中保持相对优势。

企业在"定控制点"时需要根据自身的资源和能力、市场环境以及战略目标来综合考虑，确保所确定的控制点能够有效支撑企业的长期发展和市场竞争力。

常见的"控制点"有资源优势、技术创新、品牌影响力、专利、知识产权、供应链、成本控制能力等。

比如中国出海企业相对于其他国家的企业普遍拥有产业链、工程师、成本等优势，但是中国出海企业之间存在互相竞争，需要具备更多的优势才能进一步胜出。

7. 定目标

"定目标"是战略制定阶段的关键步骤之一。企业进行充分的分析和洞察之后，就可以设定具体、可量化的目标，这些目标将指导企业的战略执行和资源配置。

目标需要符合 SMART 原则，即具体（Specific）、可衡量（Measurable）、可实现（Achievable）、相关（Relevant）、有时限（Time-bound），还要和企业的长期愿景及使命一致。

定好目标后，还需要拆解出关键绩效指标，将目标分解到部门。团队和个人，各部门和团队再设定目标，分配资源、预算和人力，通过这些步骤，一个战略目标的雏形就出来了。

比如我曾服务的某企业通过"五看三定"，最终制定出"5 年内实现年营收目标 1 亿美元"的战略目标，如图 2-6 所示。

明确出海的战略目标，将有助于制定更加聚焦的具体策略，并对经营结果形成清晰的预期。

8. 定策略

定策略主要是制定实现战略目标的具体行动计划和各专业的策略，

包括产品策略、市场进入策略、销售策略、渠道策略、人力资源策略
等，并且要考虑资源配置、风险管理，确保策略的有效落地。

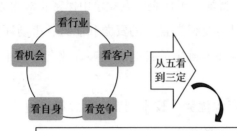

图 2-6　某企业的战略目标

　　比如某企业基于战略目标制定关键策略，形成关键任务。关键策
略对应战场，关键任务对应战役，这些就是战略中的战场和战役了，
如表 2-2 所示。

表 2-2　某企业的关键任务

序号	战场	战役	负责人
1	产品规划	通过用户洞察，对老产品进行迭代	
2		新产品规划	
3		新产品开发	
4	营销规划	老产品的年度营销策略	
5		新产品的 GTM 策略	
6	渠道规划	新增 X 国线上渠道	
7		进入 X 国线下商超渠道	
8	服务规划	采购全球性的客户服务系统	
9		进一步优化服务标准	
10	……	……	

在完成"五看三定"之后，还需要将"五看三定"的内容输入战略屋，通过确定好目标和策略，去拆解"战略屋"中的战场和战役的内容，同时制订各专业行动计划、年度重点工作计划、财务预算和人力预算等，将战略规划分解到各个组织的具体目标和 KPI，并且设定组织绩效和激励机制，保障战略的落地，形成完整的年度战略规划。

2.3　企业战略能力评分

战略能力要求企业具备全局视野，能够识别海外市场的机会和风险，并针对不同市场选择适合的进入模式和发展路径。这种能力决定了企业的国际化进程是否可持续。

为了更好地让企业了解其自身的战略能力现状，我制作了出海企业战略能力评分表（见表 2-3），大家可以参考自评，也可以通过这些描述和标准，自行修订后作为内部标准。

表 2-3　出海企业战略能力评分表

能力分值	描述	标准
1 分	企业刚开始接触战略规划，缺乏明确的战略方向	没有战略规划文档或流程，对市场和内部能力的理解非常有限
2 分	企业有基本的战略规划，但可能不够全面或深入	有简单的战略规划文档，但缺乏详细的市场分析和内部能力评估
3 分	企业已经建立了较为系统的战略规划流程，但可能在某些方面需要改进	有完整的战略规划文档，包括市场分析报告、内部能力评估报告，进行了初步的战略目标设定
4 分	企业展现出高效的战略规划和执行能力，能够适应市场变化并持续改进	具有成熟的战略规划流程，包括定期的市场分析、内部能力评估、战略目标设定和执行监控
5 分	企业在战略规划和执行方面表现出色，具有前瞻性思维和创新能力	拥有先进的战略规划流程，能够预测市场趋势，进行创新的战略设计，以及具备高效的战略执行和调整能力

CHAPTER 3
第 3 章

产品是核心，满足用户需求

制定战略仅仅是企业出海成功的开始，而企业战略目标的实现还需要团队执行以及持续调整，接下来就需要通过多个专业能力如产品能力、营销能力、客户服务能力等，来实现业务落地与营收增长。

企业在海外市场能否成功，产品至关重要，如果说产品是1，那么其他就是0，企业所有的增长都建立在产品之上。产品能力不仅是用户认可品牌的基础，而且是企业参与市场竞争的核心。如何打磨出优秀的产品，成为企业确定好战略之后，最重要的工作之一。

产品能力是指企业基于海外目标用户的需求，设计、开发和优化、迭代产品的能力。

3.1 了解产品生命周期，掌握发展规律

在开始打磨产品之前，我们需要先了解"产品生命周期"，以便理

解产品发展的规律，制定合适的产品策略。

产品生命周期（Product Life Cycle，PLC）是产品从开发、引入、成长、成熟直到衰退的整个过程，一般分为引入期、成长期、成熟期、衰退期四个阶段，如图 3-1 所示。

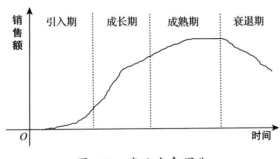

图 3-1　产品生命周期

（1）引入期（Introduction Stage）。

在这个阶段，企业主要的工作有市场调研、产品规划和开发、产品定价和上市，还有品牌基础设施的完善、市场营销的初步开展，并尝试渠道建设和合作，确保产品能够完成 GTM，成功进入市场，在竞争中生存下来。

其中 GTM 是一个关键节点，因为新产品的市场开拓成本往往比较高，耗时比较长，企业需要思考产品的市场接受程度，是否需要教育市场等，如果缺乏 GTM 策略，容易造成产品上市的不成功。

当然，如果公司掌握着比较好的资源，新产品的知名度也可以快速打开，比如特斯拉和小米汽车 SU7 的市场开拓都非常迅猛，还有苹果新手机的发布，等等，往往都能在短期内引爆营销，达成新品上市目标。在研究了众多案例后，我发现无论是国内还是出海企业，创始人的个人品牌都能够促进产品营销的开展，这一点非常值得大家关注。

（2）成长期（Growth Stage）。

在这个阶段，产品已经获得了市场的认可，销售收入也在持续增长，企业需要持续地在品牌、营销或销售上进行投资，进行市场扩张。但是随着市场竞争的加剧，产品需要持续迭代，并且加强售后及客户服务，提高用户的满意度，保持企业的竞争力。

（3）成熟期（Maturity Stage）。

在这个阶段，产品的市场地位已经比较稳定，企业也有了一定的品牌影响力，企业的销售额会达到一个高点。但是，在成熟期之后可能面临着衰退，所以企业应该通过各种方法来延长成熟期，比如进行生态合作、提高运营效率、降低成本、开拓新的产品线等，持续保持市场竞争优势，吸引更多的用户，使衰退期尽可能晚地到来。

（4）衰退期（Decline Stage）。

在这个阶段，市场需求下降，用户的喜好产生变化，市场竞争持续加剧，会造成产品销售额和利润的下降。企业需要决定是继续迭代原有产品，还是寻找新的产品开启第二曲线。

如果我们按照不同的周期来绘制产品生命周期各阶段与利润的关系，可以看到在产品的引入期，企业需要在产品环节持续投入，随着产品上市的完成（各公司 PMF 目标不同，PMF 开始和结束的周期也有所差异），到成长期，产品的利润才会从 0 逐渐地增加，在成熟期产品的利润会达到顶峰，然后进入衰退期，如图 3-2 所示。

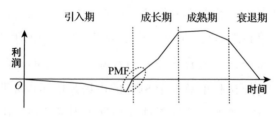

图 3-2　产品生命周期各阶段与利润的关系

了解产品生命周期，可以让企业知道在不同的阶段有不同的工作重点，以提醒企业要不断地创新，延长产品的成长期和成熟期，延缓衰退期的到来。如果企业没有经过规划，做了一个没有差异化的产品，可能就会直接处在某个类似产品已处于成熟期的市场，需要直接面对激烈的市场竞争，甚至可能没有利润空间，从而导致产品的失败。

此外，企业还需要做充分的市场调研，寻找新的增长点或红利，比如现在去亚马逊这样的成熟平台做电商的难度，可能会远远大于去新的平台，如 TikTok、Temu。

企业如果想进入某个行业或者开发某个产品，都应对产品生命周期进行分析，以此作为产品规划决策的基础。

3.2　面向用户需求，进行产品规划

企业出海最容易落入的误区就是在国内把产品做出来，或者将成熟的产品包装替换一下就去海外销售，这样操作的结果大概率会失败。

不同市场的用户需求存在着不小的差异，企业一定要做好市场调研，充分了解客户需求，而不同的调研方法又有着不同的洞察深度。另外，我还推荐大家使用 KANO 模型，差异化地思考产品规划，本节将会详细介绍该模型的使用方法。

3.2.1　市场调研，了解产品潜在用户

企业进行海外产品规划时，经常会面临一些困境，比如对海外目标市场缺乏了解，没有完整的用户信息，无法进行深刻的需求洞察等，因此充分的市场调研在这一阶段非常重要，直接决定了产品的定位。

市场调研一般需要对目标市场进行整体分析，比如市场规模、市场现状、用户需求、竞争对手分析、潜在合作伙伴、相关法律，等等，具体大家可以参考"五看三定"中的主要内容。建议企业关注以下重点内容。

目标市场分析：包括政治、经济环境分析，文化习俗分析，尤其是经济层面的市场规模、发展阶段、用户购买力分析等。

竞争对手分析：对竞争对手的市场地位、产品特点、价格区间、

品牌影响力、营销方法、销售渠道、服务能力等进行分析。

法律法规分析：了解目标市场的法律法规，确保品牌、产品等符合本地法律的要求，特别是知识产权、准入标准、质量认证等。

通过市场调研，企业可以更全面地了解目标市场和潜在客户，为产品的规划、定位和上市提供支撑，还可以让企业为将来调整产品和营销策略提供依据。

3.2.2　从搜索到体系化，市场调研的三个层次

企业进行市场调研，通常都是通过整理搜索信息、行业报告等内容来进行积极性分析，这样的内容通常会经过第三方加工处理，一般称为"二手信息"，少数企业会通过调研问卷、访谈等直接面向用户的方法，来收集"一手信息"。因此关于如何有效地调研，拿到更好的"一手信息"，真实地了解用户和市场，就需要企业掌握一定的方法了。

关于如何有效地进行市场调研，我也整理了一些方法，并将这些方法分为三个层次，分别是初级调研、进阶调研、体系化调研。

1. 初级调研

初级调研主要是收集新闻、报告、数据平台等的"二手信息"来进行研究，这些经过加工的，或者说是行业通用的数据，如果直接用来指导企业的产品定位，会有较大的偏差，并且颗粒度也不够。因此，初级调研更多提供的是市场趋势的借鉴。

比如一些信息会告诉你美国的购买力强、市场成熟，但是不代表企业都应该去美国市场，而是要根据自身产品和用户的定位，去瞄准欧洲、中东、拉美这样的差异化市场，从而开辟出新的天地。

另外，初级调研很难知道竞品公司产品的逻辑，或者某个功能的逻辑，容易造成东施效颦。比如游戏、app 等产品，经常会持续地迭代新功能，如果升级后的数据较好，该功能就会被保留，否则就会继续迭代。但是后来我了解到，其实有些不成功的功能也会被保留，可

能是因为需求太多，产品经理忽略了，也可能是因为管理者还没有想清楚，就保持了现状。如果这时候，竞品企业通过初级调研，决定模仿并优化这个并不太成功的功能，就可能将产品拉入深渊。

2. 进阶调研

进阶调研是指通过问卷调查、访谈、社交媒体、众筹平台等方式，获取直面用户的"一手信息"，并对这些信息进行研究。

比如企业可以通过 app、电话、短信、邮件等向精准用户发放问卷，或者通过 Global Test Market、Survey Junkie 等专门的问卷网站来进行调研，也可以在线下人流量密集的区域或品牌门店分发问卷，用小赠礼或优惠券吸引用户参与。

而在海外社媒上，企业可以使用 Mention、Cision、Meltwater、Brandwatch、Hootsuite、Sprout Social 等产品，对相关产品的留言和讨论进行信息收集及分析。同时各社媒平台的群组也存在很有用的"一手信息"。

我也愿意参加一些行业论坛，去和从业者正面交流和访谈，从而获取信息。

如果是 SaaS 产品，我还推荐大家去 G2 上收集数据，G2 是海外的一个软件点评网站，类似国内的"大众点评"，但是 G2 主要面向职场人和工程师，上面收录了很多企业的产品，鼓励真实的客户去做反馈，并且与客户的领英（LinkedIn）关联，这样就提高了信息的真实性。如果企业能够找到自己想做的产品的竞品，然后在 G2 上收集评论信息，去看客户的真实反馈，去倾听客户的内心声音，去了解现有产品的优势和劣势，经过这样的分析，企业基本就能做到心中有数了。

对于大部分出海的产品来说，已经很难再有易得的巨大机会，所以多数产品制胜的关键往往是一些细微的差异化。这些差异就需要进阶调研，通过对"一手信息"的分析，来对用户习惯和心理进行更准确的判断，从而指导产品创新。

如果企业的出海项目投入比较大，我更建议与第三方服务机构合作，通过在目标市场展开线下调研来获取潜在用户的真实意见，调研方式有问卷、访谈或焦点小组等。

迪士尼可以说是将"访谈"运用到极致的企业。一开始迪士尼是和第三方公司进行访谈，后来迪士尼每年会邀请近 200 位活跃于社交媒体（简称"社媒"）和社区的"妈妈"和她们的家人到佛罗里达的迪士尼乐园参与打折旅行，这些家庭在为期 4 天的旅行中可以参与娱乐活动以及研讨会。在这个过程中，迪士尼就能获得很多"一手信息"。

总之，进阶调研必须与真实的用户发生接触，通过访谈、倾听等方式去收集真实的资料，才能更好地洞察用户需求。

3. 体系化调研

在产品生命周期的章节中，我们了解到产品在不同阶段会面临的不同问题，产品的迭代与创新不是单次的，也不是在固定的时间去进行的，而是贯穿了产品生命周期的全过程。这就要求企业要有一个完整的调研机制，能够支撑产品的持续迭代。

一些消费品企业会通过在社交媒体中和用户互动来了解需求变化；一些 app 和 SaaS 产品的负责人会在全球知名的即时通信和社交平台 Discord 中或官网上建立用户社区，引导用户互动，以获取产品迭代的信息；还有一些企业会学习亚马逊的逆向工作（Work backwards），也就是以用户为中心的产品开发和创新方法，这种方法强调从用户需求出发，推导规划产品开发过程，以确保最终产品能够满足客户的期望和需求。比如利用大量数据分析，反向推导出市场趋势、客户偏好等信息，以此指导产品开发和营销策略。也可以通过反向分析运营中的痛点和瓶颈，寻找改进的机会，比如通过技术和自动化来提升仓储和配送效率。

无论是社媒互动、用户访谈还是逆向工作，都要求企业的管理层、产品负责人，甚至各个业务线负责人走到一线，深入用户的需求和习惯，去深度洞察，将市场调研常态化、体系化，在产品各生命周期，按照周、月、季的节奏，持续进行市场调研和复盘，形成一套以用户为中心的调研体系，做到各部门协同，为持续迭代产品做贡献。

3.2.3 KANO 模型，差异化思考产品方案

完成市场调研之后，产品团队需要进行需求分析，明确哪些需求是必需的，哪些需求是次要的，哪些需求不必须但是可以锦上添花。还要思考在众多的需求中，如何进行排序？这就需要一个可以进行用户需求分类和优先等级排序的工具，我推荐使用 KANO 模型对用户的需求进行分析。

KANO 模型是东京理工大学教授狩野纪昭（Noriaki Kano）提出来的，主要用于需求分类和优先排序，展示产品或服务与用户满意度之间的关系，如图 3-3 所示，KANO 模型将需求分为 5 类：必备需求、期望需求、兴奋需求、无差异需求和反向需求，分别用字母 M、O、A、I、R 表示。

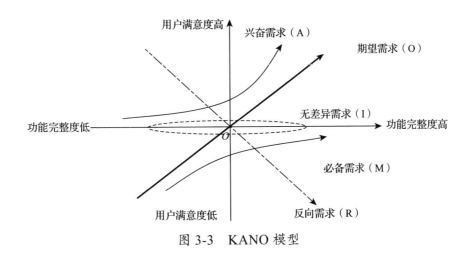

图 3-3 KANO 模型

（1）必备需求（M）：产品必须具有的属性，不具备会使用户体验受到明显影响。

（2）期望需求（O）：当产品具备此属性时，用户满意度会提升；不具备时，用户满意度会降低。

（3）兴奋需求（A）：产品不具备此属性时，用户满意度不会降低；若具备此属性，用户满意度会有很大的提升。该属性属于用户意料之外的惊喜，需要深度洞察。

（4）无差异需求（I）：用户根本不在意此属性，对用户体验没有影响。

（5）反向需求（R）：用户对此属性没有需求，具备后用户满意度反而会下降。

在使用 KANO 模型时，可以按照以下 4 个步骤进行。

（1）确定产品特性：首先，企业需要确定产品的关键特性。例如，某企业规划设计录音笔时，选取了 4 个功能：FM 收音机、录音、存储、播放音乐。

（2）设计问卷：通过设计 KANO 问卷来调查用户对这些特性的看法。问卷应包括每个功能的满意度评分，以及这个功能属于必备需求、期望需求还是兴奋需求。

（3）数据分析：收集完问卷数据后，得出各个功能的属性，可以计算 better-worse 系数（优劣系数），进行四象限图的展示，以便识别各个功能属性在用户心中的重要性和期望值，比如该录音笔的录音功能被大多数用户认为是必备需求，FM 收音和播放音乐功能被认为是期望需求，可以增加用户的满意度，存储是兴奋需求，行业常用是 4GB ～ 16GB，虽然不少用户对存储有较高的期望，但没有达到较高的容量，也不会影响他们的整体满意度。

（4）改进策略：根据分析结果，企业可以制定相应的改进策略。例如，对于必备需求，企业需要确保相关特性达到顾客的基本期望；对于期望需求，企业可以通过提升相关特性来增加用户的满意度；对于兴奋需求，企业可以通过创新来吸引顾客，比如更好的压缩技术、更多样的音频输出格式、更先进的人工智能（Artificial Intelligence，

AI）功能等。

通过这样的分析，企业能够更好地根据用户的需求进行功能的规划，进行优先级的排序。很多知名企业也会使用 KANO 模型。比如苹果公司就曾表示，在 iPhone 和 Apple Watch 的开发和迭代过程中，都曾使用 KANO 模型分析。

安克早期同样使用了 KANO 模型，2011 年，其创始人阳萌和团队发现市场上的笔记本电脑通常用 2 ~ 3 年就要更换电池，然后他们在亚马逊上搜索相关产品，发现有两种产品排名靠前，一种是 70 ~ 80 美元的原装电池，另一种是 10 ~ 20 美元的白牌（没有品牌的产品）电池，前者评价通常有 4.5 星，后者仅 3.5 星左右，阳萌认为这两种产品都不是太好的选择，一个太贵，一个让人没有购买欲。

于是，安克推出了品质比肩原厂但定价在 30 ~ 40 美元的通用电池，这样既满足了电池的必备需求，又加上了低价这个期望属性，很快收获了第一批用户，此后安克持续优化产品，增加用户的兴奋需求，从而逐渐构建起了产品的竞争力。

3.3　高效产品开发，实现产品成功上市

3.3.1　学习标杆，产品开发流程化

每个企业都有自己的产品开发流程，但是在我接触的中小企业中，不少企业的开发流程并不规范，甚至主要由创始人来指导，缺乏标准的流程。在研究了很多优秀企业的案例后，我发现这些企业的产品开发流程都比较完善，基本会遵循集成产品开发（Integrated Product Development，IPD）的步骤，主要是概念、计划、开发、验证、发布和生命周期 6 个阶段。

比如安克采用的"自研设计 + 外协加工生产"模式，其产品开发流程就包含市场研究、概念评估、可行性评估、产品设计、试产验证、小批量生产、量产 6 个阶段，在过程中有概念定义（Concept

Definition，CD）、项目启动（Kick Off，KO）、模具开报（Tooling Launch，TL）、设计认可（Design Ralease，DR）、出货认可（Commercial Release，CR）、量产（Mess Production，MP）6 个关键节点，如图 3-4 所示。

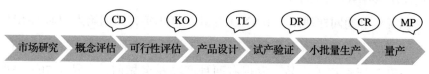

图 3-4   安克的产品开发流程

在这个流程中，安克通过建立深刻洞察用户的产品设计能力；构建全球采购、战略寻源的模式提高与优质生产厂商进行深度合作的能力；通过精益生产降低生产成本的供应链能力；建立完善管理和评价体系的组织能力，保障产品的高品质、低成本、快速交付等，提高产品竞争力。

安克还将采购部门分为供应链开发和交付两支团队，分别负责供应商甄选、采购和交付的工作，内部团队分工明确，效率较高。在内部进行产品设计的同时，会进行外部供应商的考察和甄选，并在项目确定量产后与供应商快速签订正式采购协议。

在完成产品开发之后，还有不少准备工作要做，如产品资质、认证的获取，不同国家和地区对于产品的要求和认证体系各不相同。比如欧洲市场的产品，特别是电子、玩具、医疗器械等需要有 CE 标志，表明产品符合欧盟的健康、安全和环保要求；美国食品药品监督管理局（FDA）认证涉及在美国市场销售的食品、药品、化妆品、医疗器械等；在欧美市场销售的玩具产品需要得到欧盟 EN71 或美国 ASTM F963 认证。还有一些产品，在不同的国家需要有不同认证，比如家庭储能出海北美需要 UL 认证，出海欧洲需要 CE 认证，出海澳大利亚需要 CEC 认证，出海日本需要 JIS 认证等。

这些认证和资质是产品进入特定市场和国家的基本要求，企业在出海前需要详细了解目标市场的法规和标准，确保产品符合要求，以避免法律风险和市场准入障碍。

通过对安克产品开发流程的拆解，我们不仅可以看到完整的流程，流程中还设置了关键控制点，在流程之外，需要有采购部门的配合，对于面向海外的产品，还需要在产品开发中考虑海外认证的各种标准，这种规划和协作，能让产品开发更加顺利。

出海企业可以参考 IPD 方法和安克的产品开发流程，对自身的产品开发流程进行迭代和规划。

3.3.2　产品定价，既是科学又是艺术

在产品开发的过程中，企业就需要思考"卖多少钱"的问题，产品的定价是一个复杂的过程，需要考虑多种因素，包括但不限于产品成本、市场需求、竞争环境、品牌定位、竞争对手等。常用的定价方法主要有成本定价法、市场定价法、价值定价法、动态定价法等。

我们可以通过一个案例来了解产品的定价过程，以下是我服务的一家健康食品企业的产品定价过程。

（1）市场研究和分析。

该企业选择的是美国市场，那里的用户对高品质的健康食品有较大的需求。根据 Nielsen 的市场调研，我们发现同类产品在美国市场比较受欢迎，且用户愿意为高品质产品支付较高的价格。

（2）成本分析。

单个产品的主要成本有直接成本：有机原材料成本 4 美元、生产加工成本 1 美元、环保包装成本 0.5 美元、国际物流与关税 2.5 美元；间接成本：平台佣金、仓储费、营销成本、管理费用等约 5 美元（按照当时规划的数量平均分摊到每个产品），总成本 13 美元。

（3）竞争对手分析。

我们研究了美国市场上类似产品的主要品牌的定价分别为 18.99 美元、22.99 美元、29.99 美元，还有一些白牌定价在 15 ～ 18 美元。

（4）客户价值评估。

通过调查，了解到目标用户群体愿意为高品质的同类产品支付的价格范围是 15 ～ 25 美元。

（5）定价策略。

基于成本定价法、市场定价法、价值定价法，思考不同的价格策略。

成本定价法：在总成本基础上加上一定的利润率，例如 30%，则定价为 16.9 美元。

市场定价法：根据竞争对手的定价，可以选择略低于竞争对手的价格，例如 23.99 美元。

价值定价法：根据客户愿意支付的价格范围，可以选择 15 ～ 25 美元之间的价格。

（6）制定价格。

综合考虑以上因素，企业决定采用价值定价法，最终定价为 19.99 美元。

（7）调整价格。

接下来企业在平台上设置价格，并持续推广，跟踪销售数据和客户反馈等，以评估价格策略的有效性。

产品上架 1 个月后，销售数据并不理想，于是该企业进行了促销，价格降至 16.99 美元。在促销期间，销售量显著增加，但促销结束后，销售量开始下降。根据收集到的用户反馈，虽然产品品质不错，但是缺乏品牌效应，用户普遍认为产品的价格偏高。最后企业将产品定价调整至 17.99 美元，并通过不同的组合来持续刺激销售。

以上过程只是一个简单的产品定价过程示意，在实际过程中企业还要结合关税等税费、平台费用、仓储费用、汇率变动，以及各种促销活动（如限时折扣、捆绑销售）等实际情况来进行综合判断。

而在产品定价的过程中，还有一些常用的定价方法，也值得大家注意。

心理定价法：在欧美市场，一些产品定价时经常利用用户心理特点，如设置价格为 9.99 美元而非 10 美元，使价格看起来更具吸引力。

渗透定价法：在新产品进入市场时，通常采用较低价格先吸引用户，之后再逐步提高价格。

撇脂定价法：对于有创新或技术优势的新产品，一开始设定高价，通过抢占市场先机赚取利润，随后逐步降价。

根据区域消费能力定价：根据不同国家的经济水平和用户的消费能力来调整价格，以保证价格的竞争力和灵活性。

对于 app、游戏、SaaS 等产品来说，还可以通过免费试用、增值收费或者订阅式收费、分层收费等定价方式来赢得市场。

我还想提醒大家，出海产品的定价并非只确定售价，还应该匹配整体的品牌策略，在本国能得 80 分的产品，在其他国家可能能得 90 分，也可能只有 60 分。比如哈根达斯、必胜客等美国普通产品在刚进入中国市场时，在当时消费能力并不强的国人眼中就是高档商品。同样，在国内比较常见的产品，出国后可能就奇货可居。

现在有越来越多的中国企业，通过对产品、营销的创新，重新进行品牌定位，并且提高定价，来获取更大的收益。比如我曾经在"了不起的特色产品"中，提到的国内几元钱一包的辣条，出海后卖到了 30 ~ 50 元一包；瑞幸咖啡在新加坡等地的门店中，其产品生椰拿铁的售价约为 6.4 新币（约合人民币 34 元），与星巴克的价格相近；小米的手机和智能硬件产品在海外市场，尤其是在印度、东南亚等地区，常常以比国内市场更高的价格销售；比亚迪的元 PLUS 汽车在国内售价为 13 万元起，而同款 ATTO 3 汽车在瑞典、法国、以色列、西班牙等国家的定价折合人民币在 30 万元以上，以上都是中国企业在海外市场通过有效的定位策略和品牌建设，实现更高的收益的案例。

无论如何，产品定价策略都需要与企业的长远目标和市场定位相匹配，并且能够适应市场变化，保持竞争力。

3.3.3　实现 PMF，用产品匹配需求

CB Insights 曾经调研，指出新创公司失败的 20 个原因，前三名分别是产品没有市场（42%）、资金用完（29%）以及团队能力不足（23%）。

我们可以发现产品没有市场是企业失败最主要的原因之一，用户往往存在着各种需求：不想去店铺又想购物，就有了电商；想要随时随地可以给手机充电，就有了充电宝；想要一款比手机大，又比电脑小的设备来处理不同的工作，就有了平板电脑，等等。但是还有一些需求，到底如何满足，很多时候用户自己也无法描述出来，或者描述得不清晰，这就需要企业去分析和挖掘这些需求，然后匹配上合适的产品，没有键盘的手机 iPhone 的横空出世就是一个很好的例子。

但是，对于需求，并不是说企业匹配了产品，就一定是用户想要的。产品开发完成后，企业还需要进行市场测试，以便实现 PMF。当产品与市场匹配后，用户数量或产品收入的增长会有明显提升。在美国，企业获得 A 轮融资的关键要求就是实现 PMF。

要理解 PMF，我们可以将其分为 3 部分，即 Market、Product、Product Market Fit，如图 3-5 所示。我们可以看到，Market 就是市场，位于金字塔的底部，包含目标用户和目标用户未被满足的需求。Product 是产品，处于金字塔的顶部，主要包含产品价值定位、产品功能和用户体验。而 Product Market Fit 就是产品和市场的匹配了，只有实现了 PMF，金字塔才能完美地契合，成为一个整体。

在 PMF 的过程中，企业还需要持续理解市场需求，不断迭代产品，再通过市场测试、用户反馈和销售数据来检验产品是否真的满足了市场需求。这时候，一般会出现销量增长、口碑传播、用户复购或者用户推荐等指标。

而实现 PMF，我认为需要达到 4 个标准：解决了用户的问题或需求，用户有合适的渠道可以购买到产品，用户真的愿意购买产品，一部分用户愿意向他人推荐。其中用户推荐可以转化为净推荐值（Net Promoter

Score，NPS）指标，其是一种衡量顾客忠诚度和推荐意愿的指标。

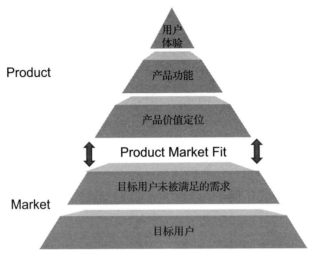

图 3-5　PMF 金字塔模型

在美国 SaaS 行业，年度经常性收入（Annual Recurring Revenue，ARR）达到 100 万美元是个关键节点，达到这个里程碑就算达到 PMF，或者 NPS 达到 60 分以上也表示达到 PMF 标准。我认为类似标准也适用于跨境电商产品，如销售额达到 50 万美元、NPS 达到 30 分以上或复购率达到 20% 以上，企业可以根据实际情况来为自己的产品制定相关指标。

产品在实现 PMF 之后，通常还需要有效的 GTM 策略来扩大市场规模和影响力。

3.4　产品持续迭代，研发提升竞争

产品实现 PMF 后，企业还需要不断优化产品，提升用户体验，从而在竞争激烈的市场中保持增长和竞争力。

企业产品力的提升是一个复杂的过程，其中研发是重中之重，除此之外还需要考虑市场需求、用户反馈等多个因素，我们可以通过数

据反馈、倾听用户声音、用户洞察、组织创新等方法来辅助指导产品创新的方向。

3.4.1　产品创新是产品的核心竞争力

据我观察，目前大部分的出海企业没有在海外构建起有影响力的品牌，甚至大多数企业的品牌力（详见表 4-2）处在 1～2 分的范围，企业品牌的缺失问题，一般在短期内比较难解决，因此很多企业出海的早期，还是主要依靠产品力和性价比来参与市场竞争。

为了研究产品力对企业的作用，我对一些跨境电商企业的毛利率进行了对比，发现不同产品类型的企业的毛利存在较大的差异，一般来说自研精品产品＞代工精品产品＞选品型精品＞选品型泛品。其中选品型泛品就是大家常说的铺货，其竞争力在于选品，通过大量选品来测品，而自研精品产品与代工精品产品最大的区别就在于产品创新。

安克极致的产品创新引起了我的注意，其在产品打造的各个环节中精益求精，值得广大企业学习。

安克在产品路线上，采用"浅海"战略做爆款。公司创始人阳萌表示，其在选品的时候有两个原则：首先，该品类要处于"浅海"位置，有一定的市场需求但并非过于火热，市场规模不能太小；其次，该品类仍处于产品生命周期的探索期或成长期，有创新空间。其实很多跨境电商创业者也会按照类似的逻辑选品。

在低质内卷的浅海赛道，同赛道的企业通常使用普通的选品形式，然后购买流量、快速成交，而安克一开始就坚持以产品为基础，用创新来赢得用户喜爱，与大批量同行形成了差异化竞争。

安克的产品创新方法主要来自五个方面：重视研发、数据反馈、倾听用户声音（Voice of Customer，VOC）、用户洞察以及组织创新，如表 3-1 所示。正是基于多方面的重视，系统的产品迭代方法，持续产品创新，安克才能够不断推出受欢迎的产品，满足全球用户的需求，并在竞争激烈的消费电子市场中保持领先地位。

表 3-1　安克产品创新方法简析

背景	方法	表现	案例	结果
1. 浅海战略 2. 优质的供应链管理	重视研发	技术领先	苹果 MFi 认证	在海外市场收获了品牌认可度和美誉度
	数据反馈	产品销售	亚马逊 Listing 运营	
	VOC	功能创新	同轴圈铁耳机、氮化镓技术	
	用户洞察	新产品线	Eufy、Motion Boom、Soundcore	
	组织创新	持续创新	组织分工、快速迭代	

通过产品创新带来的市场的积累，安克在全球范围都收获了良好的品牌认可度和美誉度，比如其连续多年多个 SKU（最小存货单位）在亚马逊 BSR（Best Seller）榜单上排名前 10；连续多年入选 Brandz 中国全球化品牌 50 强；2023 年在 Brandz 中国全球化品牌榜单中，位列电子配件类产品第一名等。

3.4.2　重视研发投入，支撑产品创新

研发实力对于提升产品力非常重要，一般来说头部企业的研发投入都非常大，这一点我们从安克的研发投入中可以找到端倪。

在近几年外部环境多变的情况下，安克依然保持着稳定增长，2021 年公司营收突破 120 亿元，同比增长 34.45%，其后的 2022 年达到 142 亿元，2023 年达到 175 亿元，这样的成绩，与持续的研发投入不无关系。

从研发投入看，安克 2019 ～ 2023 年研发费用率呈逐年上升趋势。2021 年、2022 年和 2023 年，研发投入金额分别为 7.78 亿元、10.80 亿元和 14.14 亿元，占当期营业收入的比例分别为 6.19%、7.58% 和 8.08%，相比于国内跨境电商公司甚至是很多科技产品出海公司来说，

其研发投入都处于较高水平，如图 3-6 所示。

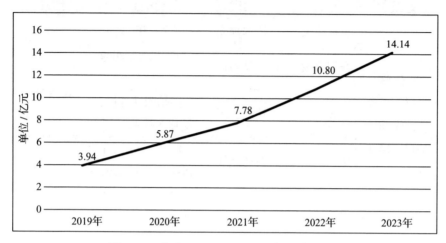

图 3-6   安克 2019～2023 年研发投入

从研发人员看，2019 年安克拥有技术、研发人员共 822 人，占公司总员工人数的 53.4%；2020 年公司共有研发人员 1010 名，占总人数的 47.1%；到 2023 年，研发人员数量为 1918 人，占总人数的 47.75%。

从专利数量看，截至 2023 年上半年末，安克在境内已取得 122 件发明专利、777 件实用新型专利和 270 件外观专利授权，并有多项专利正在申请中。当大多数同行公司还在外观专利上进行激烈竞争时，安克早就在发明专利的数量上遥遥领先，毕竟外观专利主要在设计层面，而发明专利比拼的才是技术水平。

从获奖情况来看，安克曾获得包括亚马逊的"杰出中国制造奖"、德国的"红点奖"、汉诺威工业设计奖、日本优良设计奖等诸多国际奖项。截至 2023 年底，公司已累计获得国际性工业、消费电子产品设计类奖项超过 130 项。

这些研发投入带来的成果显著，比如安克是行业中最早拿到苹果 MFi 认证的配件厂商，即使其他同行紧随其后，但无论技术水平还是定价权，安克一直都遥遥领先。又比如公司 2018 年推出行业第一款氮化镓充电器，"快充不伤机"的定位让该产品销量持续领先，尽管竞争对手很快陆续推出氮化镓产品，其依然凭借领先一步的产品力，实现氮化镓充电器销售额全球第一。

公司的创始人阳萌曾说，安克每个品类的研发时间平均是 6 个月，产品上市后还将持续打磨、更新和迭代。只有保持这样的速度，才能不被市场淘汰，只有重视研发投入，才能保障这样的研发速度。

3.4.3　四种方法，指导产品更好迭代

任何产品的设计开发、产品迭代都不是拍脑袋拍出来的，而是来自数据反馈、倾听用户声音、用户洞察、组织创新等多个维度。企业需要善于把握用户需求的变化，以用户需求为核心，以市场洞察为导向，来进行产品迭代。

本章将详细阐述数据反馈、倾听用户声音、用户洞察、组织创新4 种能够指导产品迭代的方法。

1. 通过数据反馈，指导选品和迭代

通过对来自电商平台、独立站的数据以及产品使用数据等进行分析，能够帮助出海企业优化选品和产品迭代。

对于跨境电商企业来说，可以通过谷歌（Google）等关键词工具，来确定哪些关键词的搜索量较高，挖掘用户的兴趣。利用电商平台榜单，如 BSR 榜单、新品榜等，来识别市场上的热门产品。Helium 10、Jungle Scout 等工具可以帮助企业分析关键词，通过分析关键词，卖家可以找到目前热销的产品、用户需求的关键点，产品的精准度，再分析对应产品的销售数据，包括销量、销售额、季节性波动等，最终做出选品决策。

对于销售数据，亚马逊可以提供多个销售报表，包括订单报告、销售分析报告、销售排名报告等，进行销售数据分析。这些数据能帮助企业分析其销售额、利润、销量和平均订单价值（AOV）等关键指

标。通过分析各个产品的销售数据，企业可以识别出哪些产品热销、哪些滞销，进而调整产品策略，也可以指导选品和迭代产品的新功能。

通过 ReviewMeta、FeedbackWhiz 等工具，企业可以分析产品评价和消费者反馈，找出产品的问题所在，使用 Keepa 等工具，企业可以跟踪竞争对手的价格变动、历史销量以及产品的排名，进一步分析平台上产品的竞争力和问题所在。比如安克在亚马逊和独立站上的产品销售，就使用了大量的数据反馈，来指导选品和迭代产品，以保持更高的销量和更好的评价。

对于品牌企业来说，可以通过分析消费者的搜索趋势和讨论热点，了解市场中哪些产品受到关注，哪些是潜在的需求空白。例如，通过 Google Trends 查看不同国家的产品搜索热度，帮助企业选出受欢迎的产品类别；根据用户反馈和市场需求的变化，分析产品的不足之处，推动产品的快速更新迭代；通过用户评分、评论和社交媒体反馈，了解产品在不同市场的表现，改进产品的功能和设计。小米就曾经通过全球市场的调研数据，针对不同地区的消费者需求做出调整，例如，在印度市场推出针对低收入消费者的入门级智能手机，而在欧美市场推出高性能手机，并根据各地的反馈做出相应的产品优化。

企业还可以分析独立站的数据，如使用网站分析工具 Google Analytics 等，跟踪用户在网站上的行为，包括页面浏览、点击率、跳出率；使用 Hotjar 这样的热图工具，来可视化用户在页面上的行为，了解用户的关注点；分析用户在产品页面上的互动，了解哪些产品特性或页面设计更能吸引用户；分析不同产品的销售数据，包括销量、销售额、退货率等关键指标，来识别畅销品和滞销品；收集用户对产品的评论和评分，分析正面和负面反馈，整理为产品改进的意见，持续监控产品迭代后的表现。万兴科技在海外市场推出软件时，就通过销售数据发现北美市场的视频编辑功能表现尤为强劲，而在欧洲市场，图像处理功能更受青睐，基于这些数据，万兴科技调整了其产品功能的优先级。

SaaS 和 AI 企业还可以通过分析产品的数据，比如分析产品各个功能的使用情况、用户使用产品时的行为轨迹等，来指导产品的迭代。企业还可以通过 A/B 测试，比较不同产品版本、功能变化带来的用户数据变化，帮助企业确定哪种产品或产品功能组合最受欢迎。比如，在不同市场推出不同版本的产品，分析哪些特性吸引更多的消费者购买。某电商平台就在全球范围内推出多个版本的产品，并通过 A/B 测试不断优化功能和界面。此外，企业还可以考虑在不同国家推出不同的订阅模式，分析哪些定价策略最适合特定市场，从而做出调整。

其实数据分析的逻辑主要是结合市场上、行业中、竞品间、产品内的实际数据和用户的行为等，以此作为基础来指导企业对产品的市场趋势和未来前景进行推论，因此数据分析的前提是数据收集与数据体系的建立。

要想用数据反馈来指导选品和迭代，企业需要建立完善的数据收集和分析体系，主要的数据维度可以分为市场数据、基础数据、用户行为数据、产品数据等，如表 3-2 所示。

表 3-2　数据分析中的主要数据维度示意

市场数据	基础数据	用户行为数据	产品数据
行业的趋势 流量热点 搜索词 ⋮	年龄 教育程度 性别 职业 家庭情况 收入水平 地理位置 社会阶层 日常爱好 兴趣培养 生活态度 ⋮	价格敏感度 价格区间 购买渠道 品牌偏好 功能需求 决策点 消费客单价 消费频次 品牌喜好 互动反馈 ⋮	浏览历史 购物车 访客数据 销售数据 退货数据 点击率 跳出率 转化率 ⋮

2. 倾听用户声音，进行微创新

早期的安克主要使用倾听用户声音（以下简称"VOC"）方法来选品和微创新。VOC 能够帮助企业找到用户关心的关键问题，企业再针对这些问题对产品进行微创新，从而在市场上迅速取得成绩。安克创始人阳萌也将 VOC 称为独一无二且免费有效的产品优化途径。

那么到底如何"倾听用户声音"呢？在亚马逊或者其他电商平台上，都有着海量的高质量评价和评分信息，这些信息能够反映出用户对产品的需求。于是安克和 SHULEX 团队合作，系统地收集海量的用户评论信息，通过抓取、翻译、打标等清晰动作，形成高质量、高时效性的数据分析，通过"倾听"这些用户自己发出的声音，来找到用户最关心的问题，并对产品进行调整和改良。

2012 年，安克就通过 VOC 方法改良充电器，公司发现 78% 的用户负面反馈集中在充电协议的不兼容上，于是首创了 PowerIQ 技术解决多协议问题，推出公司第一个爆款产品，如图 3-7 所示。

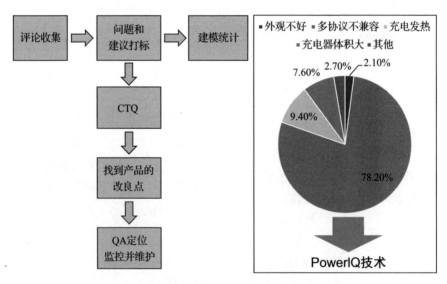

图 3-7   安克通过 VOC 方法改良充电器

2014 年，安克通过 VOC 发现了充电宝体积大，不便于日常携带的痛点，于是针对女性用户推出了口红形状的迷你移动电源，这也成了安克第一款销量过亿的移动电源；2018 年安克发现用户反馈充电速度慢，推出行业首款氮化镓充电器；2022 年，安克发现海外用户反馈的 3D 打印机打印速度慢的痛点，决定推出 AnkerMake M5 3D 打印机，并发布在海外众筹平台 Kick Starter 上，发布 1 小时，众筹金额就达到 100 万美元，最终筹资金额为 888 万美元，约合 5937 万元人民币。以上种种，既来自 VOC 方法的支撑，也来自安克以用户为中心、以产品创新为核心的初心。

我曾向某家居企业推荐 VOC 方法，它们借鉴之后，表示 VOC 是洞察用户的好方法。该企业是典型的铺货型企业，主营北美市场，在过去主要靠大量的铺货来打开市场，管理较为粗放。学习了 VOC 之后，企业先通过数据分析，发现有 30% 的产品明显不适合北美市场。然后列出了销售量最好的 10 款产品，对这些产品的反馈、评论等进行研究和分析，列出了产品改进清单，来进行产品升级。在升级的过程中，我们又一起研究了竞品 Listing（亚马逊的商品详情页）的优化策略、产品组合、价格策略等，还找到了有独立站的竞品，进行流量和营销分析，改进产品和优化运营，不仅减少了铺货的成本压力，而且逐渐引导企业向精品型企业转型，同时还实现了产品的迭代和销量的持续上升。

对于 ToB 企业中的工具类产品和 SaaS 产品，除了要收集产品内部的意见反馈，我还推荐大家去国外的产品点评社区和新产品平台收集评论，如 G2、Product Hunt 等，上面有很多真实的用户反馈，也能够指导企业迭代产品。

除了分析亚马逊等平台评论的 VOC 方法之外，我认为品牌私域也是很好的"倾听用户声音"的途径。我曾经服务过一家厨具出海企业，其就在北美搭建了数百个华人交流群，每天在群里交流美食和厨具，该企业在每个群里设置了机器人来收集大家的群聊记录，然后进行关键词分析，比如发现大家在讨论某些厨具，企业就将其作为一个潜在的选品机会，大家的日常吐槽也可以作为产品改良的意见。国内品牌一般都深谙私域的打法，将此复制到海外，并不是很难的事，还能够比海外竞品多一个与用户接触的渠道，但是企业一定要注意遵守当地法规。

无论如何，企业都要善于倾听用户声音，理解用户需求，这对于企业迭代产品，有着极大的帮助。

3. 基于用户洞察，发展新产品

对于新产品和新品类，安克主要使用用户洞察的方法，从需求层面去洞察，然后创造能满足这些需求的新品类。公司主要采用焦点小组调研和专家用户访谈的方式来进行用户洞察。

焦点小组就是请专业的调研公司，在需要调研的市场召集一定数量的产品用户并对其进行深度调研。比如在一次针对扫地机品类的访谈中，用户多次提到希望可以把宠物的毛发吸干净一点、产品噪声可以更小一些。安克对此进行分析和研究，从用户对宠物毛发的清洁需求出发，最终推出了 Eufy 的"宠物版扫地机器人"，实现了非常好的销售成绩，具体如图 3-8 所示。

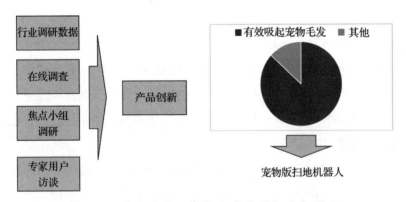

图 3-8　通过用户洞察推出宠物版扫地机器人

除此之外，安克还通过对户外活动场景进行用户洞察，发现部分用户在户外活动中存在影音需求，顺势推出了细分品类户外便携投影 Mars 系列、户外音响 Motion Boom 系列，还设计了防水防尘、印象肩带等微创新功能。

有了充分的用户洞察，安克持续加强研发，开发新品类，比如从用户续航的需求出发，推出耳机品牌 Soundcore。之后又发现用户对于高品质音频的需求，于是安克的工程师开始对同轴圈铁架构发起挑战，为了实现这一目标，Soundcore 从 Knowles 深度定制了平衡驱动器，通过结构创新，将之与 11mm 动圈发声单元的轴心对准，并与听众的耳道对齐。这项创新设计提供了清晰的高音、饱满而丰富的低音以及微妙的平衡中音，同时还为所有频率提供了真正的音频对准。正是这种持续的洞察和创新，让安克的新产品迅速获得了市场的认可。

另一个擅长用户洞察的出海企业是名创优品，其产品策略也值得学习。2013 年名创优品成立于广州，2015 年海外首家店在新加坡开业。根据财报显示，截至 2023 年底，名创优品已经进入 110 个海外市场，国内门店 3926 家，海外门店达 2487 家。2023 年，其整体营收超过 138 亿元，其中海外收入将近 47 亿元，占公司收入比重达到 34%。2024 年第一季度，其海外业务收入突破 12 亿元，同比增幅高达 53%。

名创优品在产品层面保持了克制，集中在生活用品和潮品。在选品方面，采用了"711"策略，即每 7 天就从 1 万个设计方案里挑选出100 款产品进行上架销售，并且实时追踪上架效果，排名靠后的产品会被淘汰掉。这对于一个不到 1000 款产品的店来说，几乎是 1～2 个月就将所有的产品更新了一次，而大的旗舰店，也会在 1 年内实现产品的全部换新，这样的上新速度，使得用户保持着很好的新鲜感。在产品创新方面，名创优品深入海外市场用户洞察，根据不同市场用户的需求，提供了很多符合本地市场的个性产品。比如针对美国人在家不穿拖鞋的习惯，开发了袜底增强摩擦力的潮袜产品；还有为了适应美国人不喜欢在卧室装顶灯的习惯，推出了小夜灯；针对中东用户身着没有大口袋的长袍，开发了小口袋湿巾；其在印度尼西亚市场的很多产品都会融合本地文化元素来设计。

名创优品的供应链不仅仅来自国内，其 1500 多家供应商中有近

30% 来自海外，比如越南的玩具供应商、印度的纺织品供应商、韩国的彩妆供应商等。

而 2005 年就进入中国市场的无印良品，直到 2018 年底，才在中国成立了开发事务所，来洞察中日流行文化和用户的生活差异。两者对于本地用户洞察的差异和重视可见一斑。

4. 进行组织创新，打造产研体系

在通过数据反馈指导选品、倾听用户声音进行微创新、基于用户洞察发展新产品的过程中，企业不应该止步于单个产品的迭代，还需要思考更系统的方法。

安克在组织创新上做的也比较好，在企业文化方面，公司核心团队拥有较好的产品文化和专业能力，能给产研体系提供支持；在产品研发方面，采用矩阵式组织结构和"铁三角"行动单元，实现多品类研发；在员工培养方面，员工入职后会有持续的培训，还会有 VOC 标签树体系的学习和使用，让产品、运营、客服部门围绕产品创新这个目标实现同一语言下的高效交流和协作。

在组织架构方面，成立了用户洞察（Customer Insights，CI）部门，负责各个渠道的市场和用户洞察，给公司的产品方向提供决策依据。

在组织协同方面，采用了 CTMO 模型对用户、技术、营销、组织四个维度进行 VOC 的应用，通过信息收集和标签编码来分析用户的需求和痛点，识别问题之后，由技术部门确定解决问题的技术路线，营销部门提炼核心卖点，通过这样的组织设计实现内部的高效协同，如图 3-9 所示。正是通过这种组织创新，保证了公司能够持续推出创新产品，满足不断变化的市场需求，同时也能够有效应对激烈的市场竞争和行业挑战。

通过规范产品开发流程和多种产品迭代方法，安克在全球成功打造了多个知名产品品牌，如 Anker、Eufy、Nebula 等，在充电、家居、耳机等多个领域取得了显著的成绩。

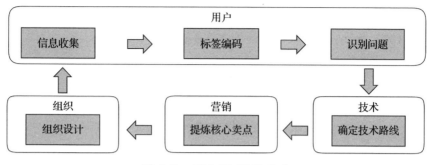

图 3-9 CTMO 模型示意

除了安克之外，我认为还有很多企业的方法值得学习，但是追根究底，就是要搭建适合企业的产品创新体系。

比如有"线上宜家"之称的致欧科技，其产品的开发和迭代就兼具效率和差异化创新。致欧科技通过"自研"和"合作研发"两种方式推动产品创新，且这两项业务共同贡献了公司总营收的 60% 以上。在选品方面，致欧科技采用独特的选品模式，通过精确的数据分析与市场调研，确保产品能够满足全球消费者的需求。同时，致欧科技提炼并实践了其独特的"蘑菇式模型"理论，这一理论强调通过快速反馈、跨领域合作和灵活迭代来推动产品的持续创新，从而保持在竞争激烈的市场中脱颖而出，如图 3-10 所示

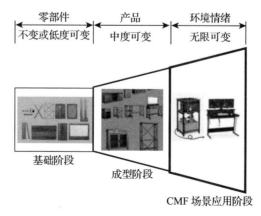

图 3-10 致欧科技的蘑菇式模型

蘑菇式模型将产品研发过程分为三个阶段，即基础阶段、成型阶段、CMF 场景应用阶段，具体如表 3-3 所示。

表 3-3　致欧科技蘑菇式模型研发三阶段

阶段	研发过程
基础阶段	构筑产品零部件平台，包含大量的标准通用件和适量非标件
成型阶段	零部件通过不同的排列组合，形成多样化的产品
CMF 场景应用阶段	通过丰富的 CMF（Color，Material & Finishing，颜色、材料和表面处理）的变化，构建不同的产品矩阵，最终实现产品开发周期缩短、原材料采购及生产规模化

傲基科技则采用"用户需求导向 + 数据化助力"的产品研发模式，通过设计产品技术平台，系统化地提升产品竞争力。

傲基科技成立了产品研发中心来统筹研发工作，对产品的规划、设计、开发等进行全生命周期的管理。其产品研发流程主要为产品立项、产品设计、产品测试、申请认证、封样 5 大流程，如图 3-11 所示。

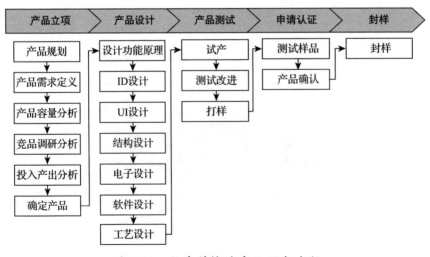

图 3-11　傲基科技的产品研发流程

美的的产品研发也非常有体系，而且适合大型出海企业。美的搭建了中央研究院、智慧家居研究院，形成了一个集产品开发、个性技术研究、共性技术研究、颠覆性研究于一体的 4 级研发体系，即"研究一代、储备一代、开发一代"。

美的持续加强研发投入，布局了全球研发，在国内以顺德总部全球创新中心为核心，以上海创新园区为依托，辐射长三角经济和技术资源，在海外以美国研发中心、德国研发中心、日本研发中心、米兰设计中心为主，通过构建全球六大研发中心，实现了全球研发的布局。据财报显示，截至 2023 年底，美的专利授权维持量超 8 万件，授权发明专利连续 4 年家电行业排名第一，这让美的在全球都保持着较好的竞争力。

除了以上种种方法，中国企业还有一个"独特"的方法，那就是勤奋。通过研究，我发现某一个品类的产品，当海外的品牌迭代一个版本时，与之竞争的中国品牌可能会迭代 2 ～ 5 个版本，不断地推陈出新，快速匹配用户需求。这大概也是近几年来，出海的中国品牌逐渐超越海外品牌的重要因素之一。

3.5　企业产品能力评分

企业的产品力是一个综合的概念，不仅和产品的质量、功能有关，还包括了用户体验、品牌价值等，一个有强大产品力的企业，才更有可能在海外市场竞争中胜出，实现持续增长。

为了更好地让企业了解其产品能力现状，我制作了出海企业产品能力评分表，大家可以参考后进行自评，如表 3-4 所示。通过这个评分过程，企业可以清晰地识别出当前的优势和改进空间，也可以进一步修订和完善这些标准，使其更贴合企业自身的发展需求，并将其作为内部运营和提升的指南。

表 3-4   出海企业产品能力评分表

能力分值	描述	标准
1分	产品刚刚进入海外市场，缺乏针对性的国际化特点	产品基本满足海外市场的基本法规要求，但缺乏本地化设计，尚未建立品牌认知
2分	产品开始适应海外市场，但竞争力有限	产品进行了初步的本地化调整，如语言翻译和简单的文化适配，有一定的市场反馈，但功能和设计尚未完全满足目标市场的需求
3分	产品在海外市场具备一定的竞争力	产品功能和设计针对目标市场进行了优化，拥有良好的用户体验和一定的市场认可度，开始获得稳定的客户基础和市场份额
4分	产品在海外市场表现出较强的竞争力	产品不仅满足了目标市场的需求，还展现出创新和差异化的特点，拥有较高的用户满意度和忠诚度，市场份额稳步增长
5分	产品在海外市场具有卓越的竞争力和领导地位	产品深度本地化，不断创新，引领市场趋势，拥有强大的品牌影响力和忠实的用户群体，市场份额占据领先地位

CHAPTER 4

第4章

品牌占心智，赢得用户喜欢

品牌能力是指企业在海外市场塑造、推广和维护品牌形象的能力，它涵盖品牌定位、品牌传播、品牌故事和品牌资产管理等方面。

在国内，不少企业往往对品牌抱着没必要不投入的态度，毕竟很多企业还处在生存阶段，加上近些年国内短视频电商的火爆，导致很多企业形成了流量与卖货思维，长此以往的结果，就是企业有营收但没利润，在流量投入的狂欢之后，迎来的是新品牌的陆续倒闭。

企业想要在海外长久发展，想要在众多产品中获得用户的好感和信任，就必须重视品牌建设。通过品牌抢占差异化的用户心智，并通过持续的品牌建设来赢得用户的信任和忠诚。一个强大的品牌不仅是企业的核心竞争力，也是其在海外市场生存和发展的关键。

4.1 初建品牌，完善基础规划

在企业出海早期，品牌工作最重要的任务不是漫无目的的大力投入，而是搭建好品牌基础设施，比如从品牌定位到品牌故事的塑造，再到完整的视觉形象等，然后根据业务发展的节奏，逐步加大投入，帮助企业在海外市场树立独特而清晰的品牌形象。

4.1.1 企业需要进行品牌建设

在全球消费品市场中，欧美企业凭借其品牌知名度、市场占有率和盈利能力长期占据着领导地位。尽管中国企业已经取得了显著的进步，但在全球市场竞争中，中国品牌仍然面临着诸多挑战。在海外市场，尤其是欧美地区，中国企业往往被看作工厂供货商，缺乏对中国产品的品牌认同，中国产品也难以进入优质的线下渠道，且常常受到低价、低质等偏见的影响。

庆幸的是，随着出海企业越来越多，近年来中国品牌在海外市场的认知度和用户购买意愿都有所提升。根据谷歌联合凯度发布的《2023 年中国全球化品牌 50 强》报告，中国品牌的影响力在全球范围内持续增长，越来越多的用户将中国品牌纳入购买选项。海外用户对中国品牌的刻板印象逐渐改变，开始认同中国品牌的性价比、创新和多元化。

目前，海外市场的竞争环境逐渐激烈，品牌建设对于中国企业实现全球增长至关重要。品牌能够帮助企业在激烈的市场竞争中脱颖而出，其关键作用有以下几点。

（1）市场识别。有效的品牌建设能够提高产品在目标市场的知名度，使潜在用户更容易识别和记住品牌，增加销售机会。比如在无人机领域，大疆就占据了领导地位，其"DJI"的标识（Logo），不仅在飞行摄影圈，哪怕在普通用户群体中，都深入人心，且识别度很高，成为无人机购买用户的首选。

（2）信任与忠诚。通过持续提供高质量的产品、优秀的客户服务，企业能够建立正面的品牌形象，这样的形象能够赢得用户的信任。这种信任又可以转化为用户的忠诚度，使得用户成为重复购买者，并向他人推荐品牌。比如我曾经使用过追觅的产品，感觉其产品和服务都很优秀，就经常向朋友推荐追觅。

（3）差异化。品牌让企业能够在市场上建立独特的价值主张，通过差异化来区分自己的产品和服务，避免价格战，吸引和保留客户。比如某品牌的宠物专用扫地机就与常规的扫地机进行了差异化，深受宠物主用户的喜爱。

（4）溢价能力。强大的品牌通常能够赋予其产品或服务更高的价值，从而允许企业收取溢价，提高利润率。比如名创优品通过整合优质供应链，实现"供应链品牌化"，将产品打上 MINISO 品牌后通过加盟门店销售给用户，逐渐形成品牌认知壁垒，其因此在海外不少国家已经成为轻奢品牌，从而保持了较好的利润率。

打造品牌是企业出海必选的一条路径，而且是一项长期的战略投资，它有助于企业在海外市场占领用户心智，增长用户信任，最终实现业务增长。

4.1.2　完善品牌基础设施

中国企业在出海过程中遇到的品牌挑战，更多在于管理者的认知，其次才是专业能力。如果管理者们不能正确认知品牌的价值与打法，企业的品牌建设将在错误的路上一去不复返，结果往往是既花了钱又没有效果。

品牌不仅仅是一个标志或口号，还是一个企业与用户沟通的桥梁，也是企业形象和价值的体现。然而，一些管理者会认为"一个英文名字＋Logo"就是品牌的全部了，忽视了完整的品牌基础设施建设，导致品牌形象混乱，难以在用户心中留下深刻印象，更谈不上传播一致性。

品牌基础设施一般包括品牌心智、品牌感受和品牌传播三大板块，主要内容包括品牌定位、价值主张、品牌故事、品牌形象、传播渠道等。这些内容共同构成了品牌的内在价值和外在形象。一个清晰、一致且具有吸引力的品牌，能够帮助企业在海外市场中脱颖而出，建立起与用户的联系。

当企业的品牌基础设施尚不健全的时候，可以借助我总结的品牌信息屋（见图4-1），通过对比各个板块所包含的内容来进行完善。接下来我们对品牌信息屋中的重点内容进行一一拆解。

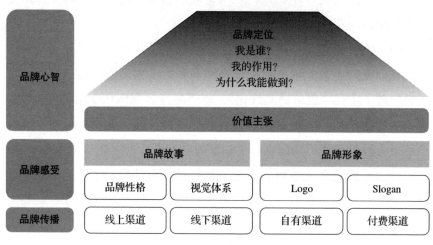

图 4-1　品牌信息屋

1. 品牌定位

品牌定位是品牌基础设施中至关重要的一环，它涉及如何在目标用户的心智中为品牌找到一个独特的位置，使其与竞争对手区分开来。品牌定位要基于目标市场、差异化和价值感知，帮助用户清晰地认识到品牌的独特价值和个性。

如何确定品牌定位呢？我认为可以通过3个问题来思考。

- 我是谁：企业属于哪个赛道，产品属于什么品类？
- 我的作用：我能解决什么问题，能达到什么效果？
- 为什么我能做到：我的优势是什么，包括产品优势、资源优势等？

通过回答这些问题，最后可以快速提炼出一句话：我们是＿＿＿＿（品牌定位）＋为＿＿＿＿（目标客户）＋提供了＿＿＿＿（独特价值）。

比如安克定位为全球化的消费电子品牌，为用户提供优质的智能配件和智能硬件。大疆定位为全球领先的无人机和航拍技术公司，致力于创新和研发先进的无人机系统。名创优品定位为"全球 IP 联名生活好物集合店"，提供设计美观、价格合理的生活用品。SHEIN 定位为快时尚品牌，为用户提供多样化、时尚、价格合理的服饰。

2. 价值主张

与品牌定位紧密相连的是价值主张，就是品牌向用户传达的核心信息，解释品牌为什么值得用户选择。一个强有力的价值主张通常包含解决问题的能力、独特卖点、情感连接和利益承诺等要素。

比如小米早期的价值主张是"为发烧而生"，2019 年之后是"让每个人都能享受科技的乐趣"。小米致力于提供高性能、高品质的智能产品，同时保持亲民的价格，让每个人都能享受到科技的乐趣。名创优品的价值主张是"优质生活，触手可及"，致力于用亲民的价格向全球用户提供有创意的优质产品。SHEIN 的价值主张是"人人尽享时尚之美"，致力于让全球用户都能轻松获得最新的时尚产品。

3. 品牌故事

品牌故事是指品牌为了与用户建立情感联系而创造的一种叙述，通常会包含品牌的起源、发展、使命、愿景等，是品牌与用户建立情感联系的重要工具。一个合适的品牌故事可以帮助用户更好地理解品牌，建立信任和忠诚度。

中国企业在品牌故事方面往往缺乏足够的重视，而海外品牌的故事则比较多样，比如矿泉水品牌依云的价值主张是"Live young"（活力生活），其背后的品牌故事是 1789 年法国大革命时期，阿尔卑斯山下依云小镇的矿泉水治好了法国流亡贵族的肾结石。户外鞋服品牌 Timberland 则是"踢不烂"的故事，让"踢不烂"迅速地出圈，也让用户记住产品的特征。还有 Casper、Allbirds 这样的知名直销（DTC）品牌，它们的品牌故事的传播度都非常高。

如何面向用户讲述一个他们能够接受、愿意传颂且具备传播属性的品牌故事，是值得所有企业思考的问题。

4. 品牌形象

品牌形象的塑造同样不容忽视。品牌形象是客户对品牌的第一印象，包括品牌标志、色彩方案、字体选择、版式设计、应用系统、品牌元素等，一些品牌还会有嗅觉和听觉元素。一个统一且专业的品牌形象不仅能够提升品牌的辨识度，还能够增强用户对品牌的信任感。

品牌视觉体系定好后，企业官网、企业手册、易拉宝、PPT、视频等一系列宣传品就可以展示一个完整、规范的形象。

如果企业在国内已经有较为成熟的品牌基础设施，为了更好地与当地文化融合，我建议寻找海外专业的品牌设计团队调整海外市场的品牌视觉，比如蜜雪冰城、京东等品牌出海后都有在品牌视觉方面的调整，这样做可以帮助品牌避免很多风险，也能更好地被海外当地用户接受。

5. 品牌传播

在品牌传播方面，企业需要精准把握用户兴趣，通过公共关系（Public Relation，PR）、内容营销、社交媒体、宣传活动等多种渠道，进行效果营销和品牌营销。此外，与关键意见领袖（Key Opinion Leader，KOL）合作、利用长短视频等手段，可以提高品牌的曝光度，吸引更多潜在受众。

通过以上环节，企业可以具备较为完善的品牌基础设施，在这之后，企业还需要制定品牌战略规划，以确保品牌有节奏地传播。

4.1.3　年度品牌工作策略

中国企业出海的品牌工作有 3 个关键的步骤，也就是良好的品牌基础设施、有节奏的品牌工作策略、搭建本土团队持续地融入本地文化。

　　品牌建设是一项系统工程，良好的品牌基础设施是品牌投入的前提，明确品牌定位和价值主张，构建有力的品牌故事，塑造统一的品牌形象，才能在复杂的海外品牌环境下建立起品牌影响力，实现可持续发展。品牌基础设施还需要随着企业的发展，不断地完善与迭代。

　　企业要了解海内外市场环境的区别，从用户购买流程、媒介环境中找到品牌触点，打造一套合适的品牌管理规范，保障品牌信息的传播效率和准确度。

　　年度品牌工作策略的重点在于制定扩大影响力的品牌传播策略。为了更好地分析品牌工作与营销增长的关系，我们可以将品牌的五度，即知名度、认知度、认可度、信任度、美誉度等与用户购买漏斗的知晓、考虑、评估、购买、复购等环节进行对比，如图4-2所示，以便更好地规划品牌工作。

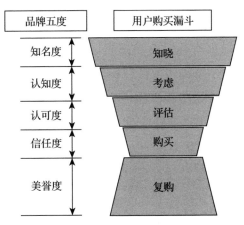

图 4-2　品牌五度与用户购买漏斗关系图

　　在用户购买漏斗中，品牌知名度是衡量品牌市场表现的基础指标，要提高知名度，企业需要提高用户渗透率，也就是投入PR、广告等，加大曝光，提高声量，让更多的潜在用户知道品牌。

　　知晓或考虑不等于会直接购买，购买的前提是得到了用户的认可和信任，这就需要企业进行能够促进购买的动作，在"正确"的地方，用"合适"的方法来影响用户，比如消费品通常用品牌活动、明星代言来提高信任，促进购买，而 ToB 企业可以考虑使用权威认证、行业奖项和客户案例来加强客户的信任。

正因为处于不同漏斗阶段的用户需要品牌进行不同的引导，在制定年度品牌工作策略时，我们需要思考品牌年度目标是什么？是加强认知度、美誉度，还是提高信任度？只有思考清楚了品牌工作的主要目的，才可以借助"五看三定"的方法来拆解和规划品牌工作策略，并且争取做到"周周有亮点，月月有主题，季度有热点，年度有重点"的节奏，让品牌理念持续影响用户，深入其心智，表 4-1 就是企业的年度品牌工作策略示意。

当品牌有了一定的积累后，想要更加深入用户，就要进入本地化运营阶段，那么搭建本土团队融入本地文化，让品牌与本地用户进一步拉近距离，提升品牌在当地的竞争力就成了当务之急。

品牌的积累就像爬楼梯，从白牌到新锐品牌，再到强势品牌和领导品牌，每个阶段都有其特点和挑战，正常情况下短期内难以跨越，出海企业只有一步一个脚印地持续积累，沿着企业品牌发展阶梯向上攀登，才能到达品牌这座高山的顶峰，如图 4-3 所示。而特殊的情况一般是企业有足够的资金来进行饱和式营销，或者企业确实掌握了核心技术、持续打造了爆款内容等来实现品牌发展阶梯的快速跨越。

白牌通常指的是企业没有自己的品牌，它们可能只是为其他公司贴牌生产产品，或者只是有个 Logo，但是缺乏品牌基础设施，也没有进行品牌传播的动作。这些企业的产品在海外市场可能缺乏品牌识别度和忠诚度，但可以通过高性价比和灵活的生产能力获得一定的市场份额。

新锐品牌是指那些进入市场时间不长，通常在 1～3 年，但是增长速度非常快的品牌，它们通常已用自身的优势，快速得到一定数量的用户的喜爱，具有创新的产品或服务以及独特的市场定位。

表 4-1　年度品牌工作策略示意

年度目标	进一步提升品牌知名度，社交媒体增粉 100 万											
时间进度	1月	2月	3月	4月	5月	6月	7月	8月	9月	10月	11月	12月
阶段策略	产品预热			新品上市					核心产品升级			
核心工作	工作规划			发布会		创意事件			新代言人			
硬广			视频 TVC		事件营销			视频 TVC		事件营销		
PR	PR 话题 1		PR 话题 1	PR 话题 2		PR 话题 3	PR 话题 4		PR 话题 5		PR 话题 6	
事件		线下活动		线下活动		线下活动			线下活动			线下活动
社交媒体	话题引导		话题引导			话题引导			话题引导	话题引导		话题引导

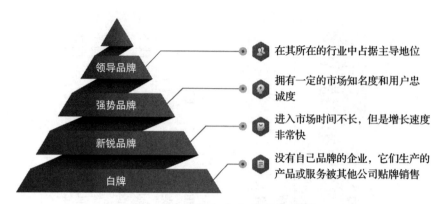

图 4-3   出海企业品牌发展阶梯

强势品牌通常在其所在的行业拥有一定的市场知名度和用户忠诚度，并且在产品、服务和客户体验等多个方面具有优势，拥有一定的市场占有率。

领导品牌在其所在的行业占据主导地位，通常拥有最大的市场份额和最高的品牌价值，并且具备多项明显的优势。

4.2 成为新锐品牌，PR 助力塑造品牌形象

在全球商业竞争中，企业的品牌建设是不容忽视的，它不仅代表着企业的形象，更是赢得市场和用户信任的关键。

企业如何通过创新和差异化加速品牌积累，通过 PR 助力塑造品牌形象，跨越白牌成为新锐品牌呢？

4.2.1 创新和差异化，加速品牌积累

品牌建设是一个长期的过程，需要企业展现出战略决心和耐心。特别是在海外市场，中国品牌面临着比国内更大的挑战，包括克服文化差异和固有偏见。因此，企业需要深入了解目标市场，制定符合当地文化和用户需求的品牌战略。

虽然品牌对于企业的长远发展来说至关重要，但也要分析现实情

况，很多企业早期确实没有多余的资源和精力去投入品牌建设，我建议这些企业不要着急进行过多的品牌投入，只需要有基本的品牌基础设施，然后集中精力先将产品或服务卖出去，度过企业生存期，积蓄好资本后，再拿出一部分资金投入品牌建设。

对于预算不多的早期企业，也可以通过一些工作来提升产品的"品牌感"，比如可以通过写好品牌故事来吸引潜在用户的关注，建立情感连接；做好产品的视觉包装，品牌视觉是用户最直接的感受，能够建立良好的第一印象；在推广上，重视打磨文案的调性，多产出营销内容，引发用户的共鸣，通过品牌积累，可以帮助企业逐渐走出白牌阶段。

品牌积累的过程无法跨越，但是可以加速，在出海过程中，新锐品牌可以通过创新和差异化策略，以及独特的市场定位，特别是打破一些传统和常规的方法，或者找到新的渠道，从而迅速吸引用户，尤其是年轻一代的注意。

（1）Posee（朴西）：产品设计独特，品牌主张愉悦，深受用户喜爱。

成立于 2013 年的 Posee 是一个中国拖鞋品牌，以舒适度和设计时尚著称。

2019 年开始 Posee 通过入驻 Shopee 等电商平台，正式开启了品牌出海之路，将商品售卖至东南亚及欧美地区。Posee 的产品设计理念是打造具有"自在感"的生活，通过自研设计和与艺术家合作，提升居家生活品质，让用户感受到舒适和自在。

Posee 品牌主张"穿悦人生"（Ease your life），致力于激发用户的创意和家居美学，提升居家愉悦感。

尽管出海仅仅数年，但是 Posee 凭借其高品质、舒适度和时尚设计，成功地将中国拖鞋品牌推向了国际市场，尤其是在东南亚地区取得了显著的成功。

（2）Simplus：精准定位，重视产品，布局 TikTok 新渠道。

2021 年在泰国创立的小家电品牌 Simplus，其创始人曾担任 Lazada

的泰国 CEO，Simplus 的品牌理念是"美好生活，好用不贵"，致力于成为年轻人家电的首选品牌。

公司不仅仅关注技术壁垒构建和产品研发，还非常重视品牌构建，将市场嗅觉、产品理念、设计风格、整体质量、运营及供应链效率、内容输出能力、服务等方面视为构建整体化品牌认知的重要组成部分。

Simplus 在东南亚市场迅速崭露头角，特别是在 2023 年 3 月，凭借其精准的市场定位和创新的产品策略，成为 TikTok 直播间家电类目销售额 TOP1，并在 Shopee 和 Lazada 平台上位列东南亚地区小家电品牌 TOP3，成为名副其实的新锐品牌。

（3）Outer：中国供应链和本土品牌故事。

Outer 的创始人刘佳科最早在亚马逊上开店销售，但是他发现了产品同质化的问题，且质量评价不高。于是他找到美国某高端家居品牌的总设计师特里·林（Terry Lin），合伙打造高端户外沙发 Outer。他们的第一款沙发的研发时间超过了 1 年，并且售价高达 5000 美元，但就是这一款沙发成了爆款，让 Outer 崭露头角。Outer 的研发中心一直放在本地市场，本地化的产品和设计团队让他们对用户生活方式有深刻的认知，也是产品创新的来源。而品牌方面，主要也是委托给本地专家来做，通过讲述本土品牌的故事，来吸引用户。

另外值得注意的是，Outer 的销售渠道主要是独立站，这样更能够保持品牌调性，但是对传播和营销能力的要求较高。

4.2.2　海外 PR，助力塑造品牌形象

对于新锐品牌来说，通过公共关系助力塑造品牌形象也是一种有效的方法。

公共关系（PR）是指企业或组织通过各种信息传播方式与公众进行沟通，以建立相互理解和信任的关系。这种关系有助于企业在公众心中树立良好的形象，促进目标的实现。在海外市场，PR 工作可以帮助企业改善与公众的关系，增进公众对企业的了解、理解和支持。

海外 PR 在品牌建设中扮演着多重角色。首先，它通过各种媒介宣传渠道，如 Facebook、YouTube 等，通过与 KOL 合作，帮助企业在目标市场中建立公司形象和品牌认知度；其次，有效的 PR 活动可以显著提高产品或品牌的知名度和曝光度，吸引更多潜在客户，增强品牌的市场影响力；此外，PR 还可以帮助企业应对全球化带来的挑战，实施有效的危机管理和公关应对策略。

PR 工作一般有四种媒体渠道：Owned、Paid、Earned、Shared，也就是 OPES 模型。

Owned 是自有媒体，指企业官网或者自有的媒体渠道；Paid 是付费媒体，指企业在各种平台或媒体渠道付费进行曝光；Earned 是赢得媒体，指通过品牌、产品或内容吸引来的，帮助企业主动推荐或宣传的媒体，也就是不用付费就能带来曝光；Shared 是共享媒体，指企业发布到社交媒体、短视频平台等渠道的内容。企业需要了解四种不同媒体渠道的属性和作用，才能更好地发挥其价值。

一些企业在海外做 PR 的时候，经常犯的错误就是喜欢走捷径，比如付费发稿、发硬广等做法。实际上，权威的外媒记者是比较中立的，有自己的职业准则，一般不会按照企业的要求去对稿件进行美化、删减等。海外媒体发稿的准备时间通常在 1 ～ 3 个月，而且权威媒体不会保证一定发稿，特别要注意的是不允许旗下记者收费写稿。

因此企业在做海外 PR 时，需要精心策划和执行 PR 流程，包括明确目的、制定策略、媒体关系建立、内容发布和事件营销、持续跟进及效果评估，如图 4-4 所示。

图 4-4　海外 PR 流程

（1）明确目的。

明确企业做 PR 的目的是品牌推广，还是市场进入、产品发布，抑或是加强社会责任、危机公关等。不同的目的应采取不同的方法，选择不同的渠道。比如品牌推广的重点是调性和声量，市场进入需要面向更精准的潜在用户，危机管理的重点是选择官方渠道、投资人群体和面向危机人群的渠道，而且文案上也会有区别。

（2）制定策略。

企业需要提前了解目标市场的文化、媒体环境、行业特点和公众需求，为制定 PR 策略提供依据。然后根据市场研究和 PR 目标，制定具体的沟通策略和传播计划，也就是确定关键信息、目标媒体、传播渠道和 PR 目标、预期成果等，并且要制定危机管理计划，以应对可能的产品问题或负面报道。

（3）媒体关系建立。

企业还需要提前与海外媒体建立良好关系，针对 PR 活动识别关键媒体，收集记者和影响者名单，制定接触计划。

对于中国企业的海外 PR，我认为有四种媒体可以进行针对性的联系。

第一种是主流媒体，比如彭博（Bloomberg）、《金融时报》（*Financial Times*）、路透社（Reuters）等，它们的受众是主流的投资人、企业管理者，这些媒体是欧美权威媒体的代表，内容一般比较严肃，比较重要的信息才会引起它们的注意，比如上市、投资、并购、新产业等。

第二种是《连线》（*Wired*）、《纽约时报》（*The New York Times*）等，它们的权威性很强，但是内容风格比较轻松，如果能找到相关的记者，他们也会对企业的品牌故事、发展历程或者有趣的产品感兴趣，从而进行报道。

第三种是 TechCruch、TechRadar、Engadget 这样的垂直媒体，它们比较关注创新企业，并且内容特点比较偏重互联网，被它们报道往往也会产生意想不到的效果。

第四种是一些垂直的行业名人，类似国内的 KOL，海外一般称为 Influencer，他们能够在自己的粉丝群体中产生影响，企业与他们合作的方式比较灵活多样。

（4）内容发布和事件营销。

虽然记者和影响者会创作内容，不过一般是媒体测评（Media Review）、媒体推荐集（Collections）或专访（Interview）的形式，企业也需要提前创造有吸引力的内容，通过自有媒体或嘉宾投稿（Guest Post）、集锦（Collections）的方式来传播。

这里需要介绍一下，企业与媒体建立联系的时候，合作形式主要分为四种：Guest Post、Media Review、Collections、Interview，当然如果是和影响者合作，还可以是种草型短视频的制作、品牌宣传的视频制作等，比如我投资的海外 MCN 团队，就服务过数百家国内外企业，帮助它们找到并对接本地达人制作内容来做 PR，这种新的方式也逐渐变得流行。下面我们会对这四种合作形式做详细说明。

首先，我们来看 Guest Post，要注意它和 News Article 的区别，前者属于嘉宾帖子，就是企业自己准备好内容，然后投递到对应的网站或编辑的邮箱，如果内容合适，对方会进行发布。News Article 是由记者或媒体机构撰写的报道，向公众提供关于当前事件和新闻的信息。

关于 Media Review，它和 Sample Review 都是由媒体机构或专业评测人员对产品进行全面评估。这种评估往往包括对产品性能、设计、使用体验等方面的深入分析，并最终形成一份详细的评测报告，只是 Sample Review 的评测简单一些。

Collections 通常指的是将多个相关项目或产品放在一起进行展示或推广。如"年度最佳产品 TOP10"或"节日礼物 TOP10"等，如图 4-5 所示，就是在 Google 中搜索"best mobile phones in 2024"的结果。

TechRada 就曾经评选了"2023 年最适合宠物毛发清洁扫地机 TOP6"，其中追觅科技的 L10s Ultra 扫地机入选，就给这款产品带来的巨大的曝光量、正面品牌影响力和不错的销量。

图 4-5   在 Google 中搜索 "best mobile phones in 2024" 的结果

Interview 在品牌推广中通常指的是对企业高管、创始人或行业专家的采访。这些采访可以是文字、音频或视频形式，旨在分享行业见解、品牌故事或个人经验。

另外，事件营销也是海外 PR 的一种策略，通过创造性和引人注目的事件来吸引目标受众和媒体的注意力，从而提升品牌知名度和形象，常用的方式有媒体发布会、快闪活动、品牌活动等。事件营销可以结合内容进行，在事件之后，继续与记者和影响者保持联系，分享后续故事，创造更持久的影响力。

值得注意的是，PR 不是打造爆品，而是持续影响用户的心智。Insta360 就多次在新品上市的时候有节奏地进行 PR，坚持品牌调性，得到了《福布斯》、Engadget 等多个媒体、数百位 KOL 的曝光，帮助其成为欧美市场上最受欢迎的运动相机品牌之一。

（5）持续跟进。

相关稿件发布前后，企业需要持续跟进记者和 KOL 的内容发布情况，统计发布数据，这既是为了保障 PR 的内容质量，也是为了确保所有 PR 材料都经过跨文化审查，避免文化不敏感问题。

（6）效果评估。

在 PR 工作过程中或结束后，企业需要跟踪不同渠道和平台的公关报道的价值，来进行定性和定量评估。

常见的评估指标有媒体曝光率、热门社交媒体发帖数量、用户情绪、社交媒体分享数量、与竞争对手相比的声量、话题趋势等。

海外 PR 是企业在全球市场中建立和维护品牌形象的关键方法。美讯创始人彭家荣还首创了"海外市场拓展 5R 合一"的方法论，即以 PR 的内容（讲好故事）、渠道（长期运维）为抓手，实现企业在海外市场政府关系（GR）、品牌关系（BR）、投资者关系（IR）、企业社会责任（CSR）和人力资源（HR）协同下的最大合力，逐步打造得到当地受众认可的本地化品牌。通过有效的 PR 策略，企业不仅能够提升品牌的知名度和市场影响力，还能够应对全球化带来的挑战，实现可持续的品牌增长。

如果企业缺乏海外 PR 能力，可以选择与海外公关公司合作，来推进品牌落地。

比如某智能设备品牌在欧洲推出新产品，其 PR 团队与海外公关公司合作，首先通过市场调研了解欧洲市场，然后确定以技术创新和环保为关键信息，制定了一个包括媒体发布会、社交媒体活动和影响者营销在内的 PR 策略。

在世界移动通信大会（MWC）上，该品牌举办了一场盛大的产品发布会，吸引了众多科技媒体和博主的关注。发布会后，PR 团队迅速向媒体分发新闻稿，同时在社交媒体上分享精彩瞬间和用户评价，增加互动。

为了持续与公众互动，该品牌还在 Facebook 上发起了一个话题挑战，邀请用户分享他们使用新手机的照片，同时鼓励用户在 TikTok 上分享视频，并提供奖品。此外，该品牌还与当地的影响者合作，展示产品的日常生活使用场景。

在 PR 活动进行的同时，PR 团队使用专业工具监测媒体报道和社交媒体反馈，以评估 PR 效果，并及时调整策略。

通过这一系列精心策划的 PR 活动，该品牌成功地在欧洲市场提升了品牌知名度，并建立了积极的品牌形象。

4.3　积累核心优势，打造强势品牌

打造一个强势品牌，不仅能够带来顾客忠诚度和品牌影响力，还能够让企业在激烈的市场竞争中保持盈利能力，是企业获得市场地位的关键。

企业应该如何通过积累核心优势，打造强势品牌呢？ToB 企业又该如何打造品牌呢？

4.3.1　打造强势品牌

典型的强势品牌通常是用户购买产品时的首选之一，强势品牌和品类强挂钩，拥有一定的忠诚用户，其新品能够赢得媒体的自发报道。

从新锐品牌到强势品牌的阶梯跨越，企业需要采取一系列的策略和动作，我认为主要集中在产品创新、品牌本土化和文化认同等方面。

韶音科技成立于 2004 年，早期主要是为专业音频耳机设备代工，2011 年成立自主品牌，开展海外业务，经过 10 多年的发展，公司已经在全球运动耳机和不入耳蓝牙耳机市场中处于领先地位。根据国际数据公司 IDC 调研数据显示，2020 年到 2022 年间，韶音中国区蝉联骨传导耳机市场出货量和销售额第一，在 2022 年更是获得了 71.4% 的市占率。在海外市场，其品牌"Shokz"的运动耳机产品已经在全球 60 多个国家和地区有售，门店数量超过 2 万家，全球用户超过

1000 万人。

　　除了线上线下全渠道布局、多维度打造强势品牌之外，我认为最值得关注的是韶音科技在产品上的持续创新，打造了极致的用户体验。

　　韶音科技经常通过与主播合作，向观众演示如何佩戴骨传导耳机，从而"种草"；又因为聚焦了运动场景，于是通过与线下的骑行店、户外用品店合作来进行体验式营销，帮助韶音科技形成了线上线下的全渠道布局，截至 2023 年底，公司已在全球入驻了超过 20 000 家门店；同时公司还赞助了如铁人三项、马拉松、越野跑等运动赛事，提倡运动健康的生活方式，这给予了韶音科技很好的背书。

　　在产品创新方面，韶音科技拥有自研的骨传导和定向声场等多项核心技术，在音质、功耗等方面的技术处于行业领先，如 2011 年的 PremiumPitch1.0 复合振动技术，再到 2018 年的 2.0 整体化技术，2013 年的 LeakSlayer 漏音消除技术，再到 2023 年的 DirectPitch 定向声场技术和 Shokz OpenBass 低频增强算法等。结合公司的相关技术，韶音科技在 2015 年推出的骨传导耳机 Titanium 一举成为业内的爆款。在产品设计方面，韶音科技与清华美院的工业设计团队以及美国 Frog Design 工作室长期深度合作，并且获得了多个设计大奖，又提升了品牌的美誉度。正是强有力的技术和产品能力，加上全渠道布局给用户带来的极致体验，让韶音品牌能够在海外竞争中保持中高端的品牌调性，成了行业的强势品牌，甚至是领导品牌。

　　不同于韶音科技产品创新和技术领先路线，名创优品就是典型的从"白牌"走到"大牌平替"，再成为"大牌"的强势品牌，仅用了不到 10 年的时间，就赶上了曾经学习的"无印良品"和"大创百货"，除了其强大的供应链管理能力，海外品牌的重新定位的作用非常重要。

　　其实在国内，名创优品在大多数用户的心中，到现在为止依然是一个"平替品牌"的印象，但在海外，通过品牌升级与持续的本土积累，早已是一副"轻奢品牌"的形象了，在国内卖 5～10 元的产品，在东南亚卖到 10～20 元，而在欧美地区基本卖到 10～20 美元，甚至让留学生都惊呼"高攀不起"，这正是出海后的品牌塑造和重新定价策略的成功，名创优品在海外很多国家，已经被视为中产品牌。

品牌本质上是一套信任系统，需要产品力、品牌力、营销力等多种能力的支撑。名创优品依托中国强大的供应链，实现了"三高""三低"的产品输出，即高颜值、高品质、高效率和低成本、低毛利、低价格；与全球知名 IP 如迪士尼、NBA、三丽鸥、宝可梦等进行合作，通过 IP 联名产品提升品牌吸引力和市场竞争力；通过社交媒体品牌的营销拉近与用户的距离，和本地 KOL 合作提升品牌影响力；在海外市场打造沉浸式的 IP 主题门店，为用户提供独特的消费体验。

通过持续的产品迭代和品牌积累，名创优品在全球市场实现了从白牌到新锐品牌再到强势品牌的跨越，并实现了海外业务的快速增长。

添可（TINECO）则是在产品理念、品牌情感上持续积累，创造了百亿单品，实现了强势品牌的打造。

成立于 1998 年的泰怡凯最初主要为海外吸尘器品牌代工。2006年，泰怡凯成立科沃斯品牌，专注于研发家庭服务机器人，特别是扫地机器人等智能清洁设备，2018 年公司创立了 TINECO 品牌，定位为中高端智能家电品牌，专注于智能小家电赛道。

TINECO 的诞生也是源自深刻的用户洞察，公司对"精致生活""懒人经济"中的家电消费需求进行了研究，瞄准了"90 后""00 后"中的新中产群体，生产了芙万洗地机，解决了市面上的产品不能将扫地、拖地和自清洁功能融合的痛点，从而创造了用户价值。科沃斯发布的 2023 年报显示，TINECO 的营收达到了 72.7 亿元，其中海外业务收入增长了 40%，达到了 31 亿元。

出海 5 年，TINECO 以智能科技创造梦想生活的企业使命，"生活白科技、居家小确幸"的价值主张，高效、节能、环境友好的可持续理念等，得到了用户的认可，也实现了在洗地机领域强势品牌的积累。

由上面的案例也可以看出，企业需要明确品牌的发展阶段，并根据不同阶段的特点制定相应的策略。从新锐品牌到强势品牌，再到领导品牌，每个阶段都需要企业不断创新、满足用户需求并建立良好的品牌形象。

4.3.2 ToB 企业的品牌打造

品牌并不是 ToC 企业的专属，虽然国内 ToB 企业基本都不太重视品牌，但是对于出海的 ToB 企业来说，品牌依然非常重要。因为国内外竞争环境的差异，容易让重视销售的国内 ToB 企业产生误解，以为海外也可以只靠销售，就能够开拓市场。

据《领英中国 B2B 企业品牌全球化调研报告》，对于中国 ToB 企业而言，海外市场营销的首要目标是大客户维护及实现营收增长（36%），其次才是提升品牌认知度（28%）。

由此可见，营销资源的紧张和增长的压力，使 ToB 出海企业往往将营销重心放在短期业务增长的目标上，而忽视了对品牌的长期投入。但是不可否认的是，品牌能够带来信任，信任感又是海外决策者最为关注的供应商品牌维度之一。

报告中也提到，中国 ToB 企业在海外推广最希望突出的是品牌真实可信赖（51%），其次就是希望传递该品牌是领导者（45%）的形象，再次是品牌和客户的相性（40%）也就是能给客户创造的价值。

因此我认为 ToB 企业做品牌，一定要深耕行业，有明确的客户群体，并在垂直领域建立自己的口碑；还要做好内容营销，比如专业内容、短视频和领英平台的经营；可以建立好行业背书，做好专业机构的认证和奖项，比如 Gartner 的"魔力象限"（Gartner Magic Quadrants），对于客户来说，会有更强的信任感。

具体到工业品和科技产品，我推荐大家使用要素品牌的方法来建立品牌。"要素"就是对产品质量和功能起关键作用的零部件、材料和技术。比如英特尔的 CPU、高通基带、杜比全景声、莱卡镜头、宁德时代锂电池等。大家可能对手机、电脑等品牌有一定的认知，但因为产品的同质化，用户在选择产品的时候，关注点可能会转移到关键要素上，比如 CPU 的品牌、显卡是英伟达还是 AMD、屏幕的种类等。

"要素品牌"战略就是突出这些关键"要素"，作为品牌传播的重点，让用户在认识品牌的同时也认知这个关键要素。比如对一些特定技术和材料进行命名，并且按照品牌基础设施的方式来进行包装，让终端用户对要素形象加深认知，比如 3M 无纺布技术、杜邦特氟龙、CoreTex 防水尼龙、利乐无菌包装等。

因为客户对要素品牌的认知需要通过终端产品来形成，这个行为需要下游企业的配合，因此需要对其进行让利或者补贴，这就需要企业做到让要素真的具备较为核心或关键的价值。

希望中国 ToB 企业能在海外打造出属于自己的强势品牌，赢得自己的一席之地。

4.4   领导品牌，引领行业发展

企业只有成为领导品牌，才能成为行业的翘楚，更好地吸引用户，这也是很多企业出海之初的战略目标之一。

但是我们应该如何理解领导品牌？企业如何成为领导品牌？有没有中国品牌发展成为全球领导品牌的案例？环境、社会和公司治理（Environmental，Social and Corporate Governance，ESG）又是如何影响企业品牌的？

4.4.1   打造领导品牌

领导品牌是指在特定领域中占据领先地位的品牌，通常享有卓越的声誉、拥有最大的市场份额和最高的品牌价值，并且具备多项明显的优势。它们通过持续的创新、卓越的产品、有效的市场营销和一致的品牌体验，赢得了用户的信任和忠诚。

在全球商业竞争中，打造一个领导品牌能够让企业拥有更加强大的生命力以及对用户、对人才的吸引力。

典型的领导品牌是苹果（Apple），苹果公司以创新的电子产品、优质的用户体验和独特的品牌形象而闻名。苹果以其创新文化著称，始终致力于开发具有革命性的产品，如 Mac 电脑、iPod、iPhone、iPad、M1 芯片等，其 iPhone、iPad 和 Mac 系列产品在欧美市场上占据主导地位，并且用户的品牌忠诚度非常高。同时公司注重提供卓越的用户体验，产品设计简洁直观，软件和硬件的无缝集成为用户提供了流畅的使用体验。已故的联合创始人史蒂夫·乔布斯（Steve Jobs）的远见和领导风格也对企业文化和品牌塑造产生了深远影响，他也因此被称为"乔帮主"，很多理念被认可与传颂。

正是多种因素的影响，带来了领先的市场份额和卓越的财务业绩，使苹果成为全球科技行业的领导品牌。曾经还有传言说，为了建立苹果领导品牌的形象，在好莱坞的电影中，反面角色是不能使用苹果相关产品的。

另一个广为人知的从白牌到新锐品牌、强势品牌再到领导品牌的案例，就是安克。经过十多年的发展，当年的白牌安克，已然成为数码配件领域的领导品牌，并且其多品牌战略也取得了不错的成绩，在持续的品牌发展过程中，我认为其主要经历了白牌、新锐品牌、强势/领导品牌 3 个步骤，如图 4-6 所示。

图 4-6　安克的品牌发展阶梯

安克以充电宝销售起家，早期利用国内的供应链优势，立足于亚马逊等电商渠道开始海外销售。早期销售获得成功之后，安克对用户进行持续的分析，并将用户群体定位为愿意为产品品质支付溢价的 iPhone 用户，从而在充电器、数据线这个"浅海"市场中进行差异化的竞争。

这一时期，安克刚刚起步，用户对安克品牌的认知度不高，于是安克在挑选高质量的产品进行销售的同时，始终跟随着 iPhone 的市场节奏进行品牌营销，不断提升市场份额，确定了"渠道品牌"的定位。

在多个产品赢得市场认可之后，安克认识到仅靠"贴牌、代工、内卷"难以实现长久发展，积累品牌还需要好的产品质量和创新，于是开始积累独立研发的能力，对产品的痛点进行深挖和突破，因此赢得了用户的喜爱，并且持续锚定 iPhone 的品牌策略，比如在 iPhone 出现的媒体平台，进行 PR 合作，在 iPhone 新品发布的前后，持续宣传自己的新产品，在用户心智中锚定 iPhone 品牌。同时安克还在搜索广告中关联 iPhone 相关的关键字，用户在搜索 iPhone 的时候，安克的充电器产品能够持续曝光，从而实现精准营销，将"Anker"品牌植入 iPhone 用户的心智中。

随着产品和品牌的深入，安克在亚马逊平台也多次成为"Best Seller"产品，用户评分位列行业高位，获得多个行业奖项，逐步成为新锐品牌。

从新锐品牌到领导品牌的跨越，我认为对技术的投入和用户洞察，能够推出引领行业的新产品非常重要，在第 3 章，我们也提到了截至 2023 年，安克的研发人员数量为 1918 人，占公司总人数的 47.75%，研发投入也逐年增加，可以看出安克对产品的投入极其重视，其全品类高端定价也是有其道理的。

在其他竞品还在打价格战的时候，安克于 2019 年，成为获得苹果 USB-C to Lightning 数据线第三方授权的唯一中国大陆品牌，让其具备了成为强势品牌的能力。安克得到的 MFi 认证是苹果公司对厂商生产外置配件的使用许可标识，其认证通过率不到 2%，是苹果公司对配件制造商的技术和质量的充分认可。从而让安克借助苹果的认可，实现了高端品牌的定位。

安克通过产品力、渠道力和营销力上的沉淀，成功打造了 Anker 的品牌资产，实现了品牌发展阶梯的跨越。品牌形象能带来更好的产品溢价和用户黏性，公司又能有足够的资金和资源投入到各项能力的建设中，支撑建设更加强势的品牌，从而形成了良好的正循环，最终形成了充电类品牌 Anker，无线音频类产品 Zolo、Soundcore，以及创新类品牌 Eufy、Roav、Nebula 的多品牌矩阵，其中 Anker 的产品销量和评分均在行业中处于领先地位。

除此之外，大疆是全球无人机市场的领导品牌，以高性能的产品和持续创新的技术而闻名。而且大疆是少有的一出海就定位为高端品牌的中国企业，其产品在海外摄影、航拍爱好者和从业者中都积累了很好的口碑，在好莱坞和硅谷也获得了高度认可。

在技术方面，大疆不断推出创新产品，保持技术领先，全球累计申请专利超过 18 000 件，其中专利合作条约（PCT）国际专利申请 5000 多件，连续 5 年 PCT 专利申请量排名国内前 10；在市场方面，大疆在全球多地设有办公室，业务遍及 100 多个国家与地区，在消费级无人机领域保持超过 90% 的市场占有率；在营销方面，大疆利用 YouTube 和 Instagram 等海外社交媒休平台，选择了科技、摄影等相关领域的 KOL 进行内容输出，通过 KOL 的流量与传播声量，实现从产品到品牌的全方位宣传营销；在收入方面，大疆 2022 年的营业收入达到了 301.40 亿元，海外收入占总收入的 80% 以上，北美地区是其第一大市场，欧洲是其第二大市场。多个因素的综合影响，奠定了大疆在无人机及相关领域的技术创新、市场领导地位和全球影响力，成为"中国制造"走向"领导全球"的典范。

打造领导品牌是一个涉及品牌故事、产品能力、市场营销、全球视野、社会责任和持续改进等多方面因素的综合过程。通过这些要素的有机结合和持续努力，中国出海企业可以在竞争激烈的市场中建立起自己的领导地位，并引领行业的发展潮流。

4.4.2 ESG 提升企业品牌

在出海企业品牌打造的过程中，有一个很重要的工作就是 ESG。ESG 是一个涵盖环境、社会和公司治理三个维度的评价体系，用来衡量企业在可持续发展方面的表现。

环境（Environmental）涉及企业对自然资源的使用，如能源消耗、碳排放、废物管理和污染控制等，包括企业对生物多样性的影响、绿色采购政策以及对环境友好型产品或服务的开发；社会（Social）关注企业如何管理其社会影响，包括员工福利、工作条件、健康与安全多样性和包容性等，还涉及企业对用户权益的保护、社区参与、以及社会责任项目等；公司治理（Governance）涉及企业的领导结构、决策过程、股东权利、道德行为准则和透明度等，还包括风险管理、合规性、董事会的多样性和独立性以及反腐败政策等。贝恩分析总结的 ESG 主要议题如图 4-7 所示。

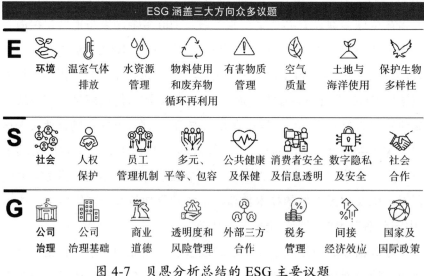

图 4-7 贝恩分析总结的 ESG 主要议题

注：《企业可持续发展报告指令》（CSRD）于 2022 年通过，要求企业聘请独立机构对 ESG 报告鉴证，以证实其有效性。

对于出海企业来说，ESG 的关键在于认识到它不仅是一种评价工具，而且是一种战略框架，可以帮助企业在追求经济效益的同时，考虑长期的环境保护和社会责任。

而做好 ESG 的关键，首先是将其理念融入战略，包括设定清晰的环境保护目标、社会责任计划和良好的治理机制。其次要建立有效的 ESG 治理结构，比如在公司高管层面建立 ESG 委员会，设置一些日常的考核。在环境保护方面，企业可以通过节能减排、选择环保材料、优化能源等方式来展示企业的承诺，某 DTC 企业通过宣传其鞋子的生产材料是环保可循环的，赢得了不少用户的喜爱。在社会责任方面，可以关注员工与供应商，以及企业与社区的关系，确保工作环境健康，提供公平的职业发展机会，参与社区活动等。某出海欧美的服饰企业，就通过实施改善工厂环境、增加女性管理者比例等措施，拿到了更多的订单。

良好的 ESG 实践有助于企业国际形象和品牌影响力的提升，也能让企业的运营更加透明和高效，吸引投资，响应全球市场趋势，并在不断变化的全球市场中保持竞争力，值得所有的中国出海企业重视。

通过本章的内容，我们可以发现，品牌建设是一个长期而复杂的过程，它要求企业不仅要有清晰的战略规划，而且需要企业在战略规划、产品开发、市场营销、客户服务等方面进行持续投入和优化。通过讲述引人入胜的品牌故事、实施有效的品牌战略以及融入 ESG 原则，企业可以在全球化的市场中建立起强大的品牌影响力，实现可持续的发展和成功。

4.5　企业品牌能力评分

品牌能力决定了企业能否在海外市场建立起差异化的品牌形象，并通过持续的品牌建设赢得用户的信任和忠诚。一个强大的品牌不仅是企业的核心竞争力，也是其在海外市场中生存和发展的关键。

为了更好地让企业了解品牌能力现状，我制作了出海企业品牌能

力评分表（见表 4-2），大家可以参考后进行自评。通过这个评分过程，
企业可以清晰地识别出当前品牌能力的优势和改进空间，也可以进一
步修订和完善这些标准，使其更贴合企业自身的发展需求，并将其作
为内部运营和提升的指南。

表 4-2　出海企业品牌能力评分表

能力分值	描述	标准
1分	品牌在海外市场刚刚起步，品牌知名度和影响力非常有限	品牌在目标市场几乎没有知名度，缺乏明确的品牌定位和品牌故事，没有系统的品牌推广活动
2分	品牌开始在海外市场获得一定的认知度，但影响力较弱	品牌在特定圈子或小范围内有一定的知名度。开始进行初步的品牌推广和营销活动。品牌定位和信息传递尚不清晰或一致
3分	品牌在海外市场建立了一定的知名度和影响力	品牌在目标市场有明确的定位和较一致的品牌形象。拥有一定数量的忠实客户和积极的市场反馈。品牌推广活动开始产生效果，市场份额逐步增长，成为新锐品牌
4分	品牌在海外市场具有较高的知名度和较强的影响力	品牌在目标市场有广泛的知名度和良好的品牌形象。品牌与用户之间建立了较强的情感联系。品牌推广活动有效，能够吸引新客户并保持现有客户的忠诚度，成为强势品牌
5分	品牌在海外市场具有领导地位，拥有极高的品牌忠诚度和影响力	品牌在目标市场成为行业标杆或领导者。品牌具有强大的市场影响力，能够引导市场趋势和用户行为。品牌推广活动创新且高效，拥有卓越的客户服务和品牌体验，成为领导品牌

第5章

营销拓市场，影响更多用户

在全球商业环境中，出海企业会面临复杂的市场与多样化的用户，为了在竞争中脱颖而出，企业需要开展海外营销工作，让用户了解自己。

海外营销能力是指出海企业在全球范围内推广产品或服务，并有效触达目标用户的能力，主要通过市场研究、客户细分、营销策略、独立站、搜索引擎优化（SEO）、搜索引擎营销（SEM）、内容营销、社媒营销、网红营销、私域营销、邮件营销等多项工作来实现。通过这些工作，企业就能够影响海外潜在用户，取得他们的认知和信任并实现转化。

在本章，我们将对海外营销的主要内容进行逐一讲解。

5.1 分析用户旅程，理解用户需求

企业在进行海外营销前，首先要了解目标市场的特点，比如消费习惯、文化差异、购买渠道等，其次要了解用户在不同阶段的需求，

更好地理解用户的需求和期望，从而制定个性化的营销策略，提高转化率。

我们通常使用用户旅程（Customer Journey）工具来分析用户会去哪里、会干什么、接收什么信息，从而在用户旅程的合适节点做好营销准备，以便更好地影响用户。

在传统营销时代，企业主要注重前端广告曝光效果和后端转化（销售）效果，但在目前流量红利逐渐消失的时代，企业应把营销重心更多地偏移到用户和内容身上，通过内容快速占领用户心智，继而影响用户行为。

菲利普·科特勒提出了数字时代的用户路径 5A 模型，也就是 Aware（了解）、Appeal（吸引）、Ask（问询）、Act（行动）、Advocate（拥护）。在本书中我们将 5A 模型与用户旅程结合进行分析。

在不同阶段，用户有着不同的关注点和行为，通过对用户旅程的分析，企业就能识别不同用户群体的特征和所处漏斗的状态，了解每个环节的痛点和瓶颈，从而有针对性地吸引和引导用户，图 5-1 就是一个典型的 5A 模型下的用户旅程与营销动作示意。

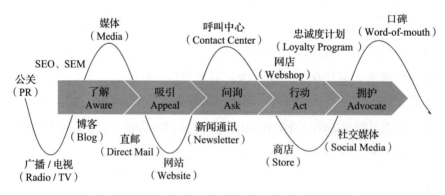

图 5-1　5A 模型下的用户旅程与营销动作示意

了解阶段是旅程的开始，目标是获取用户，让用户知道、注册、收藏企业的信息或产品。主要的营销工作包括公关（PR）、电视广告、线上直播、独立站、SEO、SEM 等。

吸引阶段和问询阶段的目标是培育用户的兴趣和信任。这两个阶段的用户会开始考虑和评估产品或服务，他们会查找更详细的产品资料、关注新闻通讯、查看用户评价甚至通过线上或电话咨询等来进一步了解。

行动阶段，用户将做出购买决定。这一阶段企业可以通过电子邮件营销提供特别优惠，可以通过线上沟通等来促进购买，也可以将用户引导到网店、线下门店来进行交易。

拥护阶段，需要提供良好的客户体验、忠诚度计划等来建立客户忠诚度，通过高管演讲、网络研讨会、博客文章、客户评价和视频教程等增强客户关系，最终让客户产生复购和转介绍。

通过这样的用户旅程分析，企业就能初步了解到用户在不同购买阶段的不同行为，而想要影响这些不同阶段的用户，就需要全周期的多个营销工作的配合。

5.2　搭建独立站，开启 DTC 之旅

随着亚马逊、阿里巴巴国际站、应用市场等传统线上渠道越来越成熟，新进入者的增长难度越来越大，也随着企业对用户数据和私域营销的重视度的提高，以独立站为标志的 DTC 模式越来越受到出海企业的关注。

独立站将是出海企业必备的营销阵地，虽然不一定要进行很大的投入，但一定要拥有。

5.2.1　了解 DTC 与独立站

很多人会将 DTC（Direct To Consumer）与独立站的概念混淆。

其实 DTC 是一种直接触达消费者的商业模式，指的是企业绕过传统的分销渠道，如批发商、零售商或其他中间商，通过独立的互联网

线上销售渠道，直接面向用户出售商品或服务的商业模式。

独立站是指企业或个人自主建立和运营的网站，不依赖于第三方平台（如亚马逊、eBay 等）。独立站通常拥有自己的域名、品牌标识、支付系统。企业可以通过独立站直接向用户销售产品，拥有网站独立的控制权。

独立站是实现 DTC 的一种手段，但并非所有 DTC 企业都必须拥有独立站，有些企业可能选择在第三方平台上开设旗舰店或利用社交媒体渠道，以及使用当地流行的私域方式来进行销售。

有人会疑惑，为什么要自己搭建独立站，而不是通过第三方渠道来实现交易呢？这里就涉及海外用户的习惯，国内几乎是没有独立站的概念的，用户的线上消费主要是在第三方电商平台，如淘宝、京东、拼多多等，而欧美用户在线上消费时，对独立站的需求占比还比较大，eMarketer 的数据显示，近年来美国电商平台的集中度，除了亚马逊以 37.8% 的市场份额遥遥领先，其他电商平台渠道的市场份额都没有超过 10%，还有大量的销售发生在独立站上，如图 5-2 所示，一些优质的独立站深受欧美用户的喜爱。

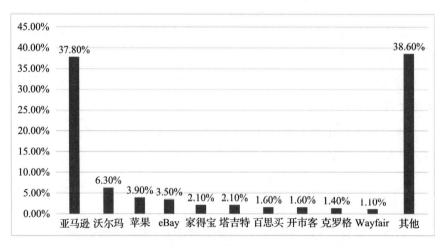

图 5-2　2022 年美国电商平台销售额占比情况

另外，随着电商平台的规则调整、各种营销限制等问题的出现，也倒逼入驻企业，特别是中国出海企业逐步重视独立站，除了能拿到用户数据、分析用户行为，独立站还可以便利地使用设置优惠、放置优惠卡等更符合中国企业玩法的营销方式。

一个优质的符合海外用户习惯的独立站，对于企业的国际化扩展至关重要，它不仅是企业对外展示的窗口和流量转化的阵地，更是企业进行全球市场拓展和品牌宣传的前沿。

5.2.2　搭建独立站，实现流量引入

虽然优点众多，但独立站也有一些天然的缺陷，比如从 0 到 1 建站需要一些专业知识，独立站本身并没有流量，也就意味着建站后用户可能不知道，需要企业进行营销和运营，才能提升流量的留存和转化度，这些都需要资金和资源的投入，整体成本会比较高。

当企业决定搭建一个独立站的时候，需要先做好需求调研，也就是了解目标市场的具体需求、用户的在线行为特点、竞争对手的市场布局以及品牌自身的定位等，为后续的设计和开发提供明确的指导，确保网站能够满足业务需求。

知名数字营销服务商"增长超人"的创始人大志总结了独立站建设的三角模型，也就是品牌建设、海外营销和销售转化，如图 5-3 所示。这个模型显示了为什么建站前需要调研，因为一个网站既需要承接品牌建设，也就是品牌定位、品牌故事和品牌视觉的内容，也要承担海外营销，也就是产品展示、服务优势、营销策略等内容，还要进行销售转化，无论业绩还是用户体验、沟通渠道、支付端口等，任何一个细节不到位，都有可能造成用户的流失。

当然在建设独立站之前，企业还要申请好域名以及购买好服务器。网站域名应该针对目标市场，简单易懂，易于记忆，一定要注意符合海外用户的习惯，不要使用拼音、数字等字符，尽量选用 .com 的后缀。而购买服务器，则要选择适合企业业务地域的，比如面向北美，最好购买美国的服务器，而面向欧洲就可以购买英国或德国的服务器，

当然一些大型云厂商比如华为云、亚马逊云等都有全球节点的部署，更能确保网站访问速度和稳定性。

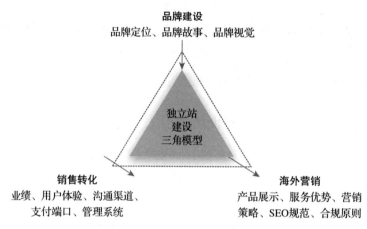

图 5-3   独立站建设的三角模型

对于电商类型独立站的搭建，建议企业使用 Shopify、Shoplazza、Shopline 等，而 ToB 企业或工具、游戏企业可以使用 WordPress、Joomla、Drupal 等程序来快速搭建企业的网站。当然并非每个企业都具备自己建站的能力，如果做出一个非常不专业的网站，会影响品牌的可信度。据我了解，越来越多的企业，特别是有一定规模的 ToB 企业，在出海的时候，往往会定制开发更加高级的官网。

首先是因为企业采购的决策者更加重视有一定品牌影响力的服务商，而官网刚好是 ToB 企业线上最好的品牌阵地。其次，海外客户想要了解企业的时候，除了搜索线上内容，比如新闻、社媒等，更主要的还是通过官网开始了解，一个专业、清晰的官网能够带来更多的访问和停留，一个用户体验良好、营销策略完整的官网能够带来更好的线索转化，一个内容层次分明、用户证言翔实的官网能够带来更好的信任。

增长超人梳理了高转化独立站建设 6 步法，即梳理品牌定位、策划品牌展示、落地营销布局、视觉与用户体验提升、海外合规开发、规划转化路径，如图 5-4 所示。

图 5-4 高转化独立站建设 6 步法

企业首先要梳理好品牌的定位与自身的业务体系，并通过梳理结果来策划站内的品牌建设与产品展示，以便达到品牌调性与视觉的一致性。

在营销布局与网站原型设计方面，通过对 100 多家优秀出海企业的官网进行分析，我发现电商类型的企业官网一般会采用如下结构公式：企业官网结构 =（品牌名或 Logo+ 产品介绍 + 公司介绍）× 购买流程 × 页面设计，而 ToB 企业的结构则是：企业官网结构 =（品牌名或 Logo+ 产品介绍 + 解决方案 + 客户案例 + 价格体系 + 公司介绍）× 注册流程 × 页面设计。

可以看出电商类企业官网更重视产品页面与购买转化，ToB 企业的官网更加突出解决方案、客户案例等，如图 5-5 所示。

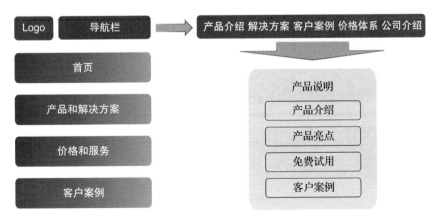

图 5-5 ToB 企业官网结构示意

良好的用户体验不仅能延长用户在官网停留的时间，还能提高用户的满意度和忠诚度，增长超人总结了优秀用户体验的 5 个关键因素。

- 视觉引导设计：好的视觉引导设计能够增加网站转化率，降低访客跳出率。

- 适应性设计：确保任何访客使用何种设备都能流畅访问网站，适应性设计能够极大提升访客满意度和品牌忠诚度。

- 互动和可参与性：可以提供互动性和参与性元素，增进访客与品牌之间的互动，是建立访客忠诚度和信任感的关键。

- 访问便利性：便利性直接影响访客的印象和满意度，是保持访客停留和回访的重要因素。

- 持续优化：确保用户体验始终处于最佳状态是网站能够持续吸引和留存访客的关键。

比如大族激光海外官网，在视觉设计和用户体验方面都值得参考，它将品牌 VI 与目标市场相结合，布局直观，用户访问旅程流畅。而时代能创的官网则规划了很多有趣的动效以及多样的用户引导，体验中充满着细节感与灵动感，如图 5-6 所示。

时代能创官网

大族激光官网

图 5-6　大族激光与时代能创官网示意（增长超人案例）

企业官网还需要注意 URL 的规范化、网站结构的合理化、网站目录的清晰化，比如标题、描述、关键词的 TDK 规范，也就是每个页面的标题标签（Title Tag）、元描述（Meta Description）和关键词标签（Keywords Tag）等，要准确地反映页面的内容，吸引用户点击；合理使用 H1 标签，层次化展示内容，帮助搜索引擎理解页面的结构；注意 Robots 和 Sitemaps 的配置优化、SSL 证书等。

销售转化力是衡量官网是否能够成功促进访客转化为购买者的关键指标。比如通过网站内链的优化、面包屑导航$^{\ominus}$等，为访客提供清晰的购买路径，并在每一个营销漏斗上引导潜在用户深入参与，并通过挖掘潜在用户的需求，逐步提升他们的注册或购买意愿，最终实现销售转化。

比如增长超人为寻汇打造的官网，就符合了网站转化中的 20 秒原则，即让访客在 20 秒后仍然停留在网站中。通常，在企业官网的首页，很多企业会先介绍"我是谁"，其实如果优先让访客看到产品和产品的吸引力，就能让访客更有兴趣往下阅读，如图 5-7 所示。

图 5-7　寻汇的官网的结构示意

独立站建设完成后，不应置之不理，而要匹配对应的营销策略，

$\ominus$　Breadcrumb Navigation，一种网站或应用程序中的用户界面设计元素，用于帮助用户追踪自己在网站或应用中的位置，并提供便捷的返回路径。

并保持持续地运营。

网站的营销策略主要包含搜索营销、内容营销和多渠道整合营销。

搜索营销包含了 SEM 和 SEO，能够让更多的潜在访客发现网站；内容营销不仅可以吸引潜在用户，还能建立品牌形象；而多渠道整合营销则是将企业的各种营销渠道进行整合，构建一个以企业网站为核心的营销网络，比如将社媒营销、本地营销策略、SEM 和 SEO 以及线下营销渠道与企业的营销自动化（Marketing Automation，MA）和客户关系管理（Customer Relationship Management，CRM）打通，形成获客、培育、转化的整合营销，如图 5-8 所示。

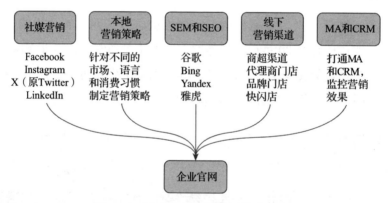

图 5-8　增长超人的官网整合营销

我了解过一些企业的网站，虽然也会做一些营销，但是在内容上却不再更新，一些功能也没有根据数据反馈来迭代，这会让前面投入的成本都付诸东流，这些网站在互联网上会逐渐"消失"，很难被潜在用户访问到，即便花钱引流了访客，也会因为用户体验不好，导致转化率较低。

网站运营是指对一个已经投入使用的网站进行持续的日常管理和运营，不仅涉及技术维护，还包含了用户体验优化、内容更新和数据分析，通过这些工作，能够让网站具备更好的曝光度。

在技术维护方面，除了服务器配置、缓存配置和 CDN 加速外，还包括通过 JavaScript、CSS、HTML 等进行代码的压缩、图片视频素材的优化、结构化数据标记、优化 ALT 属性和元数据以及响应式布局等，这些技术优化有助于提升用户体验和搜索引擎排名。

数据分析也是网站运营不可或缺的一部分。企业可以使用网站分析工具，如 Google Analytics 来跟踪用户行为和关键指标，评估营销活动的效果，并根据数据反馈调整营销策略。

用户在网站上的行为，也是符合营销漏斗的，而且每个阶段会有不同的重点，比如在展现环节，企业需要通过曝光来增加访问，在浏览阶段，企业需要通过落地页和行动号召（CTA）来引导访客点击商品或注册，接下来还要设置优惠或用户挽回来提高网站的转化率等，如图 5-9 所示，这就要求运营人员，通过对网站营销漏斗的数据分析，通过各环节的转化率数据来优化用户体验与引导，从而实现更高的转化率。

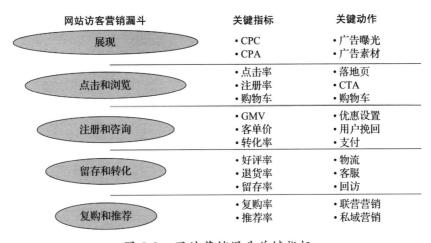

图 5-9　网站营销漏斗关键指标

5.2.3　SEO 和 SEM，持续获取流量

网站需要通过多种营销动作来获取流量，那么网站的流量来源一般有哪些呢？如果企业并没有一套成形的经验，我建议通过研究对标

企业、竞争对手的网站，来学习对方的策略，从模仿开始入手。

通过 SEMrush 等工具，就可以对任何网站进行分析。比如我们来看看安克（anker.com）网站 2024 年 1 ～ 6 月的流量分析，可以看到流量的几个来源，主要有直接流量、引荐流量、搜索流量、自然社交流量、电子邮件流量、展示广告流量等，如图 5-10 所示，

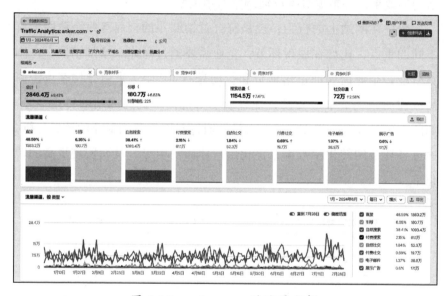

图 5-10　anker.com 的流量分析

可以看到最主要的流量是直接流量和搜索流量，其中直接流量是访客直接打开网址，可能是点击了社媒上的网址，也可能来自收藏夹，这就需要企业社媒运营得较好，或者有较好的品牌力，能让用户记住或者愿意收藏，而搜索流量主要是企业的 SEO 和 SEM 工作带来的，其展示区别如图 5-11 所示。其实这类流量也需要品牌的运营维护，否则即便用户搜索了关键词，也不会愿意访问一个陌生企业的网站。

其中，SEO 是一种通过优化网站和在线内容，来提高网站在搜索引擎结果页（SERP）中的自然排名的策略。SEO 的目标是增加网站的有机（非付费）流量，其优点很多，比如可以低成本增加流量、提高

品牌的可见度和积累品牌资产，使其具备长期效益，但见效比较慢，通常需要 1 ～ 6 个月才能见到效果。

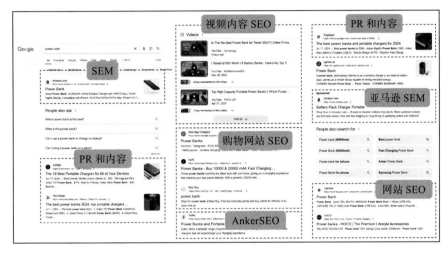

图 5-11　Google 搜索"power bank"的 SEO 和 SEM 示意

SEM 是一种通过付费广告来提高网站在搜索引擎结果页中的可见度的策略。SEM 通常包括 PPC 广告和其他形式的付费搜索广告，通过付费，能够在数小时内帮助企业快速获得流量，但企业一旦停止付费投放，其流量就会消失。

企业在做海外 SEO 的时候，需要先深入了解目标市场的特点，包括语言、文化、消费习惯以及搜索行为等。这有助于企业确定合适的关键词和内容策略，以满足目标市场用户的需求。然后再深入地了解搜索引擎的规则和核心算法等。在 2023 年全球搜索引擎市场中，Google 以 92% 的比率占绝对领先优势，其次才是 Bing、Yandex、雅虎，各个平台的算法规则大多参考 Google，因此企业在做 SEO 的时候，主要是符合 Google 的规范和标准。

在 Google 的算法中，非常重视用户体验，涉及页面的加载速度、内容质量、页面交互性等，而 EEAT 水平就是 Google 评估网站内容质量的重要标准，也就是网站运营者是否具备对应的经验，是否具备对应领域的专业知识，网站内容是否具备权威性，网站页面的准确性、安全性如何。只有更加符合 Google 的规则，才能实现更好的 SEO 效果。

接下来，企业可以通过如 Google Keyword Planner、Ahrefs 等工具进行深入的关键词研究，找出与自身产品或服务相关的高搜索量、低竞争的关键词。同时，也要考虑长尾关键词，以降低竞争和成本。

随着 AI 的发展，企业进行 SEO 内容创作的难度也在降低，我经常使用的 QuickCreator 就能够快速生产优质博客文章，并通过适配 Google SEO 规则，提升博客收录量，从而获得更多精准流量和客户线索，而且其"分步式"写作引擎机制——找关键词、找热门话题、精选标题、确认大纲、文章内容生产、发布至博客，可以帮助企业 10 分钟生成 1 篇优质的千字博客文章，如图 5-12 所示。

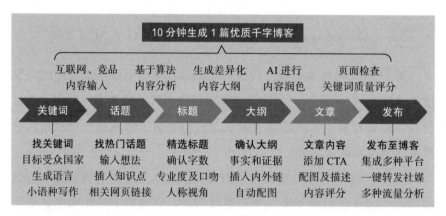

图 5-12　QuickCreator 的"分步式"写作引擎机制

在网站搭建上，我们强调了"网站结构的合理化"，这是因为一个清晰、合理的网站结构有助于搜索引擎更好地抓取和索引网站内容，而内容是吸引用户和搜索引擎的关键。企业应根据关键词研究结果，创作有价值、有吸引力的内容，包括博客文章、产品描述、行业资讯等。内容应针对目标受众，易于搜索引擎抓取，并定期更新以保持网站的活跃度。

　　高质量的外部链接可以提高网站的权威性和信任度。企业应通过内容营销、建立合作伙伴关系、参与行业论坛等方式，自然地构建外部链接。同时需要充分利用社交媒体分享网站内容，吸引用户参与和分享，从而增加网站的外部链接和流量。而内链则可也以通过锚文本来优化，还要避免所有的链接都跳转到首页，要合理地指向，每个页面的内链数量也要合适，以免影响用户体验。

　　针对不同地区的 SEO 优化，企业需要考虑语言、货币、文化习俗等因素。例如，为不同国家和地区的用户提供本地化的网站版本，使用本地语言进行关键词优化和内容创作。

　　通过 Google Ads 的优化，可以提高网站的曝光量，快速地吸引流量，以及快速测试产品的投资回报率（Return on Investment，ROI）。

　　Google Ads 需要企业首先基于市场和关键词研究的结果，制定一套关键词策略，包括选择核心关键词、长尾关键词以及否定关键词。长尾关键词通常具有较低的竞争度和更高的转化率，是 SEM 中不可忽视的部分。

　　接下来，企业可以根据产品和关键词的匹配来创建着陆页。着陆页是用户点击广告后首先到达的页面，它的设计和内容对转化率有着直接影响。着陆页和关键词的内容需要高度相关，要提供清晰的信息和明确的行动号召（CTA），优化页面加载速度，并进行移动端适配。然后在 Google Ads 的后台合理设置广告预算，根据关键词的竞争程度、预期的转化率和成本进行调整。

　　在进行投放的时候，企业还需要撰写吸引人的广告创意和文案，要能够使用户产生访问和购买欲望，可以利用后台的定位和筛选功能，比如用地理位置定位、语言定位、兴趣定位、人群画像等来精确地将广告展示给目标用户，从而提高广告的相关性和转化效率。

　　企业还需要使用 Google Ads 提供的分析工具，跟踪广告的点击率、转化率、成本和 ROI 等关键指标。企业应根据数据反馈，不断优化关键词、广告文案、着陆页和竞价策略。

企业需要了解 SEO 是一种长期策略，而 SEM 可以用于短期促销和快速测试市场反应。因此在初期阶段，SEO 是关键，因为它有助于建立品牌权威性和长期价值。当产品或服务准备就绪时，就可以开始 SEM 活动，快速提高可见性并吸引流量。在此过程中，还可以使用 SEM 来测试哪些关键词表现最好，然后将这些信息应用于 SEO 策略，以便持续优化投入产出，实现可持续增长。

5.2.4　精细化运营，实现流量转化

网站的运营是一个系统和精细化的过程，我们可以通过案例来学习。UNice 是一个来自中国的知名假发品牌，当用户搜索 UNice 或假发相关的关键词时，会出现一些视频 SEO、图片 SEO 和社交媒体的展示。

点击进入 UNice 官网后，首先视觉上就能看到一组显眼的 Banner（横幅广告），有模特、有产品、有优惠，还有引导点击的按钮，访客通过左右滑动，能看到不同系列的产品。网站顶部有详细的产品分类和不同的栏目，来满足用户快速找到自己所需要产品的需求。往下滑动的话，就能看到优惠专题，方便用户选择，并且都配上真人产品展示，来提升信任，促进用户消费，如图 5-13 所示。

图 5-13　从搜索到访问 UNice 官网首页

在网站营销上，从 Google 结果也可以看出，UNice 布局了多个社媒，以及视频平台，并且精细化地给很多图片、视频都做了 SEO 优化。除了社媒，UNice 也入驻了大部分的第三方电商平台，如亚马逊、eBay 等，将其产品进行线上销售，增加了品牌曝光。同时 UNice 还拥有自己的 app，在 App Store 和 Google Play 均可下载，这让公司能够沉淀忠实用户，还能持续获取有兴趣的新用户。

在用户体验上除了详尽的分类、随处可见的优惠信息、无处不在的 CTA 等，UNice 还强化了互动，比如在商品下的产品评价（Reviews）以及问题与回答（Q&A），并且还与线下的发型师合作，为用户提供造型设计服务。

在内容设置上，UNice 做得也非常好，除了和网红联合出品的很多视频、图片以及产品介绍等，还有不少用户上传的内容，并且设置了很多帮助内容，尽量提高用户信任，打消其购买疑虑。

与 ToC 的电商型网站运营类似，ToB 企业的网站运营也主要体现在视觉设计、用户体验和内容制作上，只是风格上更加严肃、科技和专业。

5.3　重视内容营销，积累社媒影响力

内容营销和社媒营销是海外数字营销的重要组成部分，两者有所区别又相互关联。内容营销更注重创造和分发高质量内容，以吸引和留住用户；而社媒营销则通过社交平台与用户互动，增强品牌的在线存在感和影响力。内容营销产生的内容，可以在社交媒体上分享，以增加覆盖和参与度，社交媒体又是内容营销的主要载体，能够分发和推广内容，从而实现营销的目的。

企业出海如何做好与内容营销相关的社媒营销、视频营销、达人营销和私域营销呢？

5.3.1 内容营销，带来用户信任

海外内容营销是指企业在国际市场上，通过创造、发布和分发有价值的、相关的和吸引人的内容，来吸引目标受众、建立品牌认知度、增强客户关系，并最终推动商业目标的实现。

随着越来越多的企业出海，"产品同质化""渠道同质化"等问题日益严重，用户的注意力越来越被分散。目前这个阶段，缺乏显著竞争力的产品，想要大卖已经变得很难。

如果能够另辟蹊径，比如给产品赋予一个含义、写一个品牌故事、增加一些包装等，植入情绪价值，给用户一个购买的理由，就可能带来意料之外的突破，这就是内容营销的魅力。因为优质的内容能被潜在用户搜索到，有趣的故事能够引起用户的兴趣，从而影响用户的购买决策。

我认为，从产品到品牌，从独立站到 SEO，从社媒到活动等营销的本质其实都是内容营销。如果大家经常浏览海外社媒，会发现很多欧美企业的创始人都自带内容营销技能，他们自信且充满表达欲，直言快语又乐于分享，时刻不停地推销他们的理念和产品，而其营销团队也善于结合热点和"玩梗"，一点都不严肃与死板，这一点非常值得我们学习。

企业开展内容营销之前，需要根据目标市场的风俗文化、用户习惯、语言习惯、法律法规等制定内容营销策略，内容营销策略需要确定内容营销的目标、内容形式、核心信息、目标受众以及内容渠道。

内容的主要形式有图文、图片、短视频、长视频、音频、AR/VR 等，这几种形式对应 6 种传播渠道，比如以图文为主的 Facebook、X（原 Twitter）、Reddit 等，以图片为主的 Instagram、Pinterest 等，以短视频为主的 TikTok、Snapchat 等，以长视频为主的 YouTube 等，以音频为主的 Spotify 等，以 AR/VR 为主的 Oculus 等。

内容的创作主要有 BGC、PGC、UGC 3 种形式，其中 BGC 是指品牌创造的内容，用于品牌形象广告、官网和社媒的推文等；PGC 是指专业人士创造的内容，比如 KOL、专家等，用于品牌背书、内容共创、粉丝渗透等；UGC 是指用户创造的内容，比如用户发布的评论、

体验内容、产品反馈等，能够提升品牌的声量与口碑，主要是用户自行发布或者在品牌引导下发布，如图 5-14 所示。

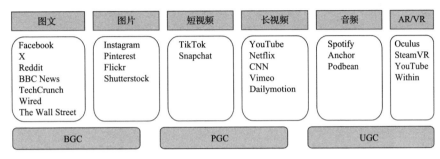

图 5-14　海外主要内容形式与渠道

在内容风格上，ToC 的内容讲究创意、故事、视觉和风格，偏重品牌故事，重在广泛传播；ToB 内容讲究专业，偏重客户故事，重在精准地影响潜在决策者。

ToB 的内容还需要注意深浅结合。比如既需要有日常的新闻和常见问题等基础内容，也需要有白皮书、技术文档等专业内容，以满足高水平客户的需求。

本地化是确保内容与目标市场文化相契合的关键。企业应考虑语言翻译的准确性，并调整内容以适应当地的文化和消费习惯。建议招聘有海外背景的专业人士、海外兼职或者本地职员来生产内容。当然随着 AI 的发展，AI 在内容的创作中能够起到的辅助作用越来越大。

国内有很多出海企业的内容营销也做得非常好。比如华为在全球化的过程中，采用了多元化的内容营销策略。它通过社交媒体、博客、视频等多种形式传播品牌故事，强调技术创新和用户体验，通过在全球范围内发布高质量的品牌故事和技术创新内容，提升了其作为科技领导者的形象。

OPPO 和 vivo 也通过在海外市场进行内容营销，比如发布新产品特性、摄影比赛、用户故事等内容，来吸引目标用户。这些内容不仅展示了手机的技术优势，也增强了用户对品牌的情感认同。

名创优品在海外市场的内容营销策略非常多元化和具有创新性，

除了企业内容创作，还与多个全球知名 IP 版权方，如迪士尼、三丽鸥、Chiikawa 等进行合作，推出联名产品和内容。这些内容不仅在社交媒体上成为热门话题，还在线下店铺吸引了大量用户。

5.3.2　社媒营销，建立用户互动

在全球营销过程中，社交媒体已经成为重要的工具和渠道，它不仅可以帮助企业与目标市场的用户建立联系，还能够帮助企业扩大品牌影响力。

海外社媒营销是企业利用海外社交媒体平台来推广其产品或服务、与目标受众建立联系和互动的营销策略。通过这些平台，企业可以分享品牌故事、产品信息和用户评价，增强品牌的社会认同感，对于一些转化路径较短的产品，还可以直接产生转化。

社媒营销之所以重要，是因为其有着明显的优势，比如受众较多、影响广泛、传播较快、内容沉淀等。据 Meltwater 统计，全球 10 大社交媒体平台的活跃用户数量已经超过 50 亿，这样海量的用户群体能够带来巨大的影响力，而且有足够广泛的用户覆盖度。

不同于传统的报纸、电视、户外广告等营销渠道，企业可以在社交媒体的平台规则之内自由自主地发布内容以影响用户，可以与用户直接互动，通过用户的反馈来了解市场需求和用户偏好，还能通过评论、点赞、分享等方式增强用户参与度和忠诚度，增强品牌传播力。

企业可以利用平台工具实现精准的广告投放，通过分析用户的标签，比如身份、爱好、年龄、地域、线上行为等，进行有效的推广，快速实现增长目标。

据市场研究公司 eMarkerter 调查，对于海外的主要社交媒体平台 Facebook、Instagram、TikTok、X 等，不同的平台有着不同的人群属性与内容喜好，企业需要根据自身的品牌定位和目标受众，选择最合适的社交媒体平台进行营销。

例如，Facebook 是世界上最大的社交媒体平台，用户数量最多，

互动性较好，起量过程较短，适合品牌广告营销；Instagram 是一个图片和视频分享社区，企业可以在上面展示企业品牌、创建企业社区、发布故事内容，因为其女性用户较多，特别适合较高质量的视觉内容营销；LinkedIn 是一个专业的社交网络平台，其职场人士、实名的属性，更适合 B2B 的专业交流。在社交媒体平台，企业可以通过参与讨论、发布文章来提高知名度。

为了更好地帮助大家了解，我从不同平台的月活跃用户数量（来源为各平台官方报告，截至 2023 年底）、核心人群、平台特点、适合企业几个维度对全球主要社交媒体平台的特点进行了详细梳理和总结，如表 5-1 所示。

企业进行海外社媒营销时，首先要确定目标市场的主流社交媒体平台，并创建官方账号。企业在社交媒体平台创建账号的时候，要注意对名称、头像和简介的包装，海外的平台一般都不限制外链和联系方式，可以直接放上官网链接、WhatsApp 号码、800 电话等联系方式，将潜在用户引导到企业的私域中。如果是多品牌的企业，可以为每个品牌创建账号，通过品牌矩阵拿到更多的传播量，而且垂直品牌的账号可以获得更加精准的关注。

正因为拥有海量的用户和超长的使用时长，社交媒体几乎贯穿了用户旅程的全过程，而多元化的内容又是影响用户心智的关键因素，这就要求企业必须制定社媒内容策略和营销策略，包括内容的主题、风格、话题、发布频率等，比如发布什么类型的内容，是图文、视频还是直播，内容形式是搞怪还是严肃，抑或是常规的企业新闻宣发等。

除了自己发布内容，企业还可以积极参与平台活动，与 KOL、网红等影响者合作，通过第三方产生内容，扩大品牌的影响力；还可以主动发起活动，创建带有品牌的标签和相关话题，来拿到更多的流量，得到更多的关注；还可以在很多社媒平台建立群组，也就是我们所理解的"私域"，通过策划活动和提供奖励，促进粉丝的互动和传播，通过数据分析和用户反馈，不断优化社媒营销策略。

表 5-1　全球主要社交媒体平台特点总结

平台名称	月活跃用户数量	核心人群	平台特点	适合企业
Facebook	约 28 亿	年龄在 18~49 岁的用户使用频率较高。主要为家庭、朋友之间的社交互动	有文字、图片、视频、直播、群组等多种互动形式，广告投放精准，数据分析功能强大	大多数企业与品牌
Instagram	约 20 亿	年龄在 18~34 岁年轻人居多，尤其受女性用户欢迎。用户主要关注时尚、美妆、旅游、食品等视觉吸引力强的内容	以图片和短视频为主，支持 Stories、IGTV、Reels 等多种内容形式，互动性强，视觉效果好。用户可以使用合适的标签（hashtags）增加曝光度	时尚、美妆、旅游、食品、健身、艺术等行业
X	约 3.5 亿	年龄在 18~49 岁的男性用户略多，主要分布在美国、日本、印度等国家。用户关注新闻、时事、科技、体育等更新速度快的信息	以短文本为主，支持图片、视频、直播，信息传播速度快，适合实时互动和新闻发布	消费、科技、体育、硬件等男性关注的行业
Pinterest	约 4.5 亿	女性用户居多，主要在美国、欧洲等地，兴趣爱好广泛，关注时尚、家居、手工艺等	图片分享和发现平台，用户通过"Pin"收藏和分享图片及视频	时尚、家居、手工艺、食品、婚庆等行业

（续）

平台名称	月活跃用户数量	核心人群	平台特点	适合企业
Snapchat	约 7 亿	年龄在 13～24 岁的年轻用户，主要在北美和欧洲地区	分享即时照片和短视频，支持故事、滤镜、AR 等功能	消费、游戏、体育、时尚等行业
Tumblr	约 1 亿	年龄在 18～34 岁，主要在北美，对艺术、时尚、文化等内容感兴趣的年轻用户	博客和社交网络平台，用户可以发布和分享多媒体内容。内容需创意和个性化，互动性强	艺术、时尚、文化、媒体等行业
Vkontakte (VK)	约 7 亿	主要在俄罗斯及周边国家，覆盖各年龄段用户	综合性社交媒体平台，支持文字、图片、视频、音乐分享和群组互动	几乎所有类型的企业，特别是希望进入俄罗斯市场的企业
LinkedIn	约 9 亿	年龄在 25～54 岁，以专业人士和企业决策者为主，主要用于职业发展、招聘、B2B 营销等	专业社交平台，支持发布文章、招聘新闻等，提供丰富的职业发展资源和网络。内容需专业、有价值，可以展示企业文化和专业形象	B2B 企业、人力资源、教育培训、咨询服务、科技等行业

比如华为在海外市场通过社交媒体展示其技术创新和产品优势，同时通过与当地 KOL 合作，提升品牌知名度和信任度。华为活跃在 Facebook、X、Instagram、LinkedIn 等多个社交媒体平台，粉丝数量众多，公司根据不同平台的特点发布内容，展示华为最新的产品和技术，包括智能手机、平板电脑、可穿戴设备等，讲述华为的品牌故事，强调其创新精神和对未来技术的贡献。

针对不同国家和地区的市场，华为还结合语言、文化习俗和相关事件，发布众多的本地化内容。在面对国际贸易挑战和舆论危机时，社交媒体成为华为与公众沟通的重要渠道。

其实 ToB 企业也有很多好的社媒营销案例，但是主要来自大型跨国公司，目前国内 ToB 企业出海还有比较长的路要走，应尊重营销、了解营销、重视营销。比如 IBM 的全球社媒营销就通过各种平台分享与受众相关的内容，使用社交媒体提供有价值的内容，帮助其粉丝改善业务，如图 5-15 所示。

图 5-15　IBM 的全球社媒营销

除了主流的社交媒体之外，还有一类渠道不属于社交媒体，即论坛或者内容、兴趣社区。它们是全球范围的在线讨论区，用户可以在这些平台上分享信息、讨论话题、提出问题和提供解决方案。这些平台通常涵盖广泛的主题，从技术、游戏、健康到投资、旅游等，用户可以根据兴趣爱好加入不同的社区。

　　一些知名的海外社区论坛平台包括 Reddit、Quora、Stack Overflow 等，企业在这些平台进行营销，可以在目标市场中建立起品牌忠诚度和口碑。值得注意的是，内容社区的用户更加垂直，企业应该提前深入了解和选择，以避免目标人群的定位错误。

　　比如 Reddit 是一个基于社区的社交新闻和讨论网站，就像国内的贴吧。用户可以订阅各类主题的子板块，每个子板块都是一个独立的社区。这时候企业可以寻找与其产品或服务相关的子板块，并积极参与讨论，提供有用的信息和资源，避免直接广告。

　　如果企业没有太多的精力来进行 Reddit 营销，我推荐大家使用 Idea Hunt 来辅助。这个平台通过监听相关子社区的新帖，使用 AI 技术判断品牌方的产品是否有助于解决 Reddit 帖子中阐述的问题。如果是，则基于品牌方的知识库等信息自动生成一个留言，并通过第三方（或品牌方自己）的账号将留言自动回复到帖子下方，使留言依附于帖子形成曝光最大化和长期 SEO 化，如图 5-16 所示。

图 5-16　Idea Hunt 的 Reddit 营销示意

　　企业还可以联合专家举办 AMA（Ask Me Anything）活动，与社区成员互动。当然也可以展示广告和赞助帖子。比如小米的国际团队在 Reddit 上举办了多次 AMA 活动，回答用户关于新产品、技术和公司战略的问题，通过参与与科技和电子产品相关的子板块讨论，建立品牌知名度。

而 Quora 是一个基于问答的社交平台，用户可以提出问题并获得答案，类似国内的知乎。在 Quora 上，企业可以通过回答相关领域的问题，展示企业的专业性；可以参与热门话题的讨论，以获取更多曝光；企业可以将博客或白皮书内容改编成 Quora 答案；还可以提供基于兴趣和关键词的广告投放。

比如华为的技术专家和员工在 Quora 上回答了大量关于 5G 技术、智能手机和网络设备的问题。通过详细、专业的回答，展示了华为在通信技术领域的领先地位。

Stack Overflow 是一个面向程序员和开发者的问答社区，隶属于 Stack Exchange，专注于编程和技术问题的讨论。腾讯的工程师在 Stack Overflow 上回答了大量关于其开放平台、API 和开发工具的问题，还赞助了与其技术相关的标签，以增加品牌曝光。

为了更好地帮助大家了解，我同样从不同平台的月活跃用户数量（来源为各平台官方报告，截至 2023 年底）、核心人群、平台特点、适合企业和注意事项几个维度对全球主要内容社区的特点进行了梳理和总结，如表 5-2 所示。

5.3.3　视频媒体，算法驱动内容传播

在过去，社交媒体上的用户大多使用图文进行传播和交流，但近年来，视频内容正在变得越来越重要，据调查，到 2024 年，视频内容已经逐渐超过图文内容，YouTube 和 TikTok 平台就是两大海外主流视频媒体。

YouTube 成立于 2005 年，是全球最大的视频网站，也是全球第二大搜索引擎。很多用户都会在上面搜索相关的视频去解决问题。在欧美，大家像看电视一样浏览 YouTube 上的视频，并且发表评论，目前平台每月活跃用户数超过 26 亿、日均视频播放量超过 40 亿。

表 5-2　全球主要内容社区的特点总结

平台名称	月活跃用户数量	核心人群	平台特点	适合企业	注意事项
Reddit	约 4.3 亿	18～34 岁的年轻用户，主要集中在北美和欧洲，对技术、娱乐、新闻等内容感兴趣	社区论坛平台，用户可以在不同的 Subreddit 中讨论特定话题	科技、游戏、媒体、娱乐等行业	内容真实、有价值，遵守各 Subreddit 的规则，积极参与社区讨论
Quora	约 3 亿	全球用户，年龄范围广泛，注重知识分享和问题解答，用户大多具有较高的教育水平	问答社区，用户可以提出问题，回答问题并进行讨论，内容覆盖各个领域	科技、教育、咨询、医疗等行业	内容专业、有价值，企业在回答问题时要避免自我推广。积极参与问题解答，展示企业专业形象
Stack Overflow	约 1.5 亿	开发者、程序员、技术爱好者，主要为科技和 IT 领域人士	问答社区，用户可以提出技术问题并得到专业解答，涵盖多个专业领域	科技、软件开发、IT 服务等行业	内容专业、技术性强，提供高质量的解答，展示企业的技术实力
Medium	约 1 亿	内容创作者、读者、专业人士，关注科技、创业、社会等领域的用户	博客和内容平台，用户可以发布长篇文章并进行讨论和分享	媒体、出版、科技、教育等行业	内容高质量、有深度，利用平台的推荐算法增加曝光度，积极与读者互动
Discord	约 4 亿	游戏玩家、社区成员、兴趣小组，主要为年轻用户群体	即时通信和社区平台，支持文字、语音和视频聊天，用户可以创建和加入不同的服务器（群组）	游戏公司、兴趣社区、教育培训机构等	积极运营和管理社区，提供有价值的内容和活动，利用平台的互动功能增强用户黏性

YouTube 非常适合企业发布品牌视频、产品视频和一些场景化的视频，企业可以和平台的 KOL 合作来进行植入。在海外，视频营销是比较常见的，中国企业出海也要迅速适应这样的节奏，我曾经帮助多家企业制作视频或寻找合适的 KOL 来帮助企业迅速地传播相关信息。

因为中长视频的制作门槛比较高，所以近年来，YouTube 持续推出了短视频频道，让企业能够低成本地制作发布短视频，并享受平台的流量。

UNice 很早就在 YouTube 上进行品牌宣传了，发布频率还不低，基本上做到了周更，官方频道视频数量超过 1400 条，其中有些短视频的播放量已经超过 5 亿次。在视频发布后，UNice 与粉丝的互动、话题互动、节日问候都运营得很好，并且目前其账号的关注者已经超过120 万，在 YouTube 算大号了，给品牌带来了巨大的曝光，提升了影响力。

小米的粉丝数量已经超过 300 万，它在 YouTube 的运营也值得学习：日常会发布新产品介绍或发布会的视频，详细展示新产品的功能和优势；邀请科技领域的 KOL 进行产品评测，借助他们的影响力提升品牌信任度；举办用户体验分享活动，鼓励用户上传使用小米产品的视频，增加用户参与度；发布品牌故事和企业文化视频，展示小米的创新精神和企业愿景，在视频标题、描述和标签中使用相关关键词，提升视频在搜索结果中的排名。

TikTok 则是海外最新，也是最大的短视频内容平台，虽然其用户体量还无法和 Facebook、YouTube 等老牌平台相比，但它是有史以来发展最快的社交平台，截至 2023 年底，全球月活跃用户数已超过15 亿。

TikTok 的用户起初以年轻人为主，尤其是 Z 世代[○]，但近年来，其用户群体正在逐步扩展到各个年龄段。TikTok 的内容以 15 秒到 1 分钟的短视频为主，近期也在逐步增加更长的视频选项。该平台具有很

○ 通常是指 1995 年至 2009 年出生的人。

高的互动性和用户参与度，用户通过点赞、评论、分享和参与挑战等方式积极互动，对于企业营销来说是非常好的机会。

随着 Google、Facebook 等平台流量越来越贵，TikTok 正在成为全球企业营销获客和品牌传播的价值洼地。

比如 Posee 就以 TikTok 为主要经营阵地，依托网红打造矩阵，在 TikTok 上更新产品宣传、用户开箱视频等。2021 年，一位泰国用户在 TikTok 上发布了一个开箱视频，并且称赞其拖鞋柔软和舒适，形容为"踩屎感"，视频迅速蹿红，目前已经播放量上亿，并且在全球鞋子产品领域掀起了一股"踩屎感"的风潮。然后 Posee 以此为灵感依托，在 TikTok 开展了一系列的营销，最终在东南亚市场取得了很好的成绩。

华为也通过 TikTok 吸引年轻用户群体，推广其智能手机和其他电子产品，引导用户做了一系列有趣的、互动性强的短视频，展示华为产品的独特功能和使用场景。华为发起品牌相关的挑战赛，鼓励用户参与并生成与华为产品相关的内容。例如 #HuaweiChallenge 挑战赛，鼓励用户展示使用华为手机拍摄的创意视频。同时与 TikTok 红人合作，发布产品展示和使用体验视频，借助他们的粉丝基础扩大品牌影响力。最终吸引了大量年轻用户的关注和参与，提升了华为品牌在年轻用户群体中的知名度和喜爱度。

关于 YouTube 和 TikTok 两个平台的特点，包括月活跃用户数量（来源为各平台官方报告，截至 2023 年底）、核心人群、平台特点、适合企业、注意事项，如表 5-3 所示。

视频平台庞大的用户基础，和高频次、高时长的用户互动，能够为品牌提供广泛的曝光机会，帮助出海企业迅速扩大国际影响力。

不过视频的内容制作比之图文有着显著的差异和难度。视频内容的制作一般需要制作团队具有专业的摄像设备、剪辑软件和相关技能，确保视频质量达到观众期望。制作视频通常需要耗费更多的资源和时间，包括脚本编写、拍摄、剪辑、配音、后期制作等工作，这比制作图文内容复杂得多。

表 5-3　YouTube 和 TikTok 的特点

平台名称	月活跃用户数量	核心人群	平台特点	适合企业	注意事项
YouTube	约 26 亿	年龄在 18～49 岁，用户覆盖全球	视频分享平台，支持长视频、短视频、直播，有强大的搜索和推荐算法	媒体、娱乐、教育、科技、食品、旅游等行业	内容高质量、有吸引力，优化视频标题和描述，积极与观众互动，利用广告和赞助视频增加品牌曝光
TikTok	超过 15 亿	年龄在 16～24 岁，年轻用户为主，分布在全球各地	以短视频为主，内容多样化，注重创意和娱乐性，算法推荐精准，用户黏性高	娱乐、时尚、美妆、食品、旅游、健身等行业	内容创意十足，娱乐性强，跟随潮流和热点，积极与用户互动，利用平台的广告工具提升品牌曝光度

但是视频能够结合动态画面、声音和特效，更具吸引力和感染力，而且视频平台通常使用复杂的推荐算法，可以根据用户的观看行为推荐内容。

比如 TikTok 上关键的 2 秒跳出、5 秒完播等，都要求企业花费更多的时间在内容创作上，内容要在几秒内就抓住用户的注意力。另外，视频的观看量、完播率、点赞评论的互动情况以及重播率也是最为关键的几个维度。

经常有人问我，企业做海外视频营销的时候，应该重视长视频还是短视频。我认为，长短视频的受众和习惯都有差别，长视频制作成本高，有利于提高品牌专业度和信任度，短视频短小精悍，内容传播速度特别快。企业不妨在做视频内容的时候，规划好长短视频，比如制作一段长视频的同时，剪切或者同步制作多段短视频，以便适应更多的平台，带来更好的传播效果。

5.3.4　达人营销，借助影响力吸引用户

据我了解，中国出海企业的内容创造能力普遍比较弱，企业如果依靠自己产出内容来进行社媒营销，积累到一个有效的粉丝量（如 1 万粉丝），是一个长期的过程，短则几个月，长则数年。但是企业不可能等到官方账号成长到 1 万粉丝再进行营销和转化，而是应该快速地进行品牌的市场传播和产品的市场验证。

这时候选择达人营销（Influencer Marketing，IM），借助这些已经有一定影响力和粉丝量的人，通过内容或话题来快速地影响潜在用户，就成了不二的选择。

达人营销，指的是品牌与那些在社交媒体上具有影响力的人合作，以此来推广产品或服务。影响者不仅限于社交媒体上的网红，也包括了具有一定社会或行业影响力的关键意见领袖（KOL）。

其中网红通常是指那些通过社交平台吸引大量粉丝的人。他们可能不具备专业背景，但通过娱乐性、幽默、亲民的内容获得了大量的

粉丝。网红的影响力更多来自粉丝互动和娱乐价值，品牌可与网红进行合作推广，以提升品牌曝光度，吸引粉丝参与。KOL 是指那些在某一行业或领域具有专业性、权威性的人物，他们的意见得到粉丝或消费者的广泛认可。与网红相比，KOL 的影响力更多来源于其专业知识、经验和行业权威性。KOL 的内容通常较为深入，涉及行业分析、产品评测、技术解读等。他们的粉丝通常更加精准和专业，对他们产出的内容具有更高的信任度。

企业在进行达人营销时，需要先分析营销目标，确定好预算，再找到合适的网红或 KOL，沟通需求，也就是行业常说的"Brief"，然后由网红或 KOL 进行内容制作，经企业审核后进行修订和发布，最后做好复盘和数据分析。

选择合适的网红或 KOL 是达人营销的关键步骤。需要考虑平台属性、达人属性、粉丝数量、粉丝黏性、内容风格，以及和品牌的契合度。

企业要根据产品特性和营销目标选择合适的达人和平台，例如，Facebook 适合大多数的企业，而 Instagram 适合美妆时尚类产品展示等，不同地域、不同粉丝量和不同平台的达人营销价格，可以参考 Nox 聚星（Noxinfluence）的 4 次展示成本（CPM）均值参考表，如表 5-4 所示。

表 5-4　Noxinfluence 的 CPM 均值参考表

平台名称	粉丝数	北美 / 日韩 / 中西欧（美元）	南美 / 东欧 （美元）	东南亚 （美元）	中东 （美元）
YouTube	100k 以内	40 ~ 85	38 ~ 80	8 ~ 20	30 ~ 75
	100k ~ 300k	38 ~ 78	35 ~ 75	8 ~ 17	25 ~ 68
	300k ~ 1M	36 ~ 70	30 ~ 65	6 ~ 17	20 ~ 60
	1M+	30 ~ 65	28 ~ 60	4 ~ 14	15 ~ 55
TikTok	100k 以内	30 ~ 75	25 ~ 65	8 ~ 18	18 ~ 35
	100k ~ 300k	25 ~ 68	20 ~ 60	6 ~ 16	10 ~ 30

（续）

平台名称	粉丝数	北美 / 日韩 / 中西欧（美元）	南美 / 东欧（美元）	东南亚（美元）	中东（美元）
TikTok	300k ～ 1M	23 ～ 60	18 ～ 55	6 ～ 14	10 ～ 20
	1M+	23 ～ 53	18 ～ 50	3 ～ 15	5 ～ 15
Instagram	100k 以内	35 ～ 80	30 ～ 80	13 ～ 19	20 ～ 40
	100k ～ 300k	33 ～ 72	25 ～ 65	10 ～ 17	18 ～ 35
	300k ～ 1M	30 ～ 64	20 ～ 55	8 ～ 15	15 ～ 25
	1M+	28 ～ 56	20 ～ 50	3 ～ 13	8 ～ 20

注：k 表示 10^3，M 表示 10^6，余同。

资料来源：基于 Nox 聚星研究中心数据整理，2022 年 12 月。

海外对不同粉丝量的达人也有着不同的称呼，一共将其分为 5 个等级，分别为：Nano、Micro、Mid、Macro 和 Mega，按照国内的叫法大概就是素人、普通达人、腰部达人、头部达人、超级达人，不同粉丝数量的达人特征与营销价值，如表 5-5 所示。

表 5-5　不同粉丝数量的达人特征与营销价值

网红称呼	粉丝量级	达人特征	营销价值
素人（Nano）	1k ～ 10k	素人就是普通内容创作者	适合营销预算有限的中小型企业。素人的内容往往能够获得普通用户的信任和更高的参与度
普通达人（Micro）	10k ～ 100k	相较素人，普通达人的费用可能会贵一点，但他们的内容创作能力与服务能力更加专业，受到不少品牌主的青睐	普通达人的性价比高，通常在其利基市场拥有一定权威。而且因为他们对涨粉与合作的需求比较大，往往更愿意用心去创作内容，效果一般很好。不过，因其粉丝量不大，影响的范围较为有限

（续）

网红称呼	粉丝量级	达人特征	营销价值
腰部达人（Mid）	100k～500k	腰部达人，粉丝数量超过普通达人，粉丝黏性也较强，愿意参与到互动中来	腰部达人能够带来比普通达人更广泛的影响力，性价比也不错
头部达人（Macro）	500k～1M	头部达人的内容具有一定的特色，并且在特定领域具备较强的影响力	头部达人和超级达人适合于预算较多的活动。企业可能只会与一两个头部或超级达人合作来提升品牌知名度和影响力，然后与数量较多的普通达人、腰部达人合作来扩大影响面
超级达人（Mega）	1M+	超级达人通常拥有超过100万的粉丝。他们的受众多种多样，能够带来广泛的传播效应	

选择了合适的平台与达人后，企业与他们的具体合作有产品评测、产品发布、产品赞助、联合营销、达人带货、品牌代言等多种形式。

产品评测就是企业将产品寄给达人，让他们进行独立评测，并在其社交媒体平台上发布评测内容。比如知名科技博主 MKBHD 评测了大疆多款无人机，评测视频获得数百万次观看，极大提升了大疆品牌在全球市场的知名度和信任度。

产品赞助是企业赞助达人的内容或活动，达人在其内容中植入企业的产品或品牌信息。比如安克赞助了 Linus Tech Tips 的多期视频，通过视频中的植入广告和产品展示，安克的品牌知名度和产品销量均有显著提升。华为与 Casey Neistat 合作制作了一系列内容，包括拍摄高质量的品牌故事和产品使用场景视频，成功塑造了品牌形象，吸引了大量科技爱好者关注。SHEIN 是利用达人引流、带货的高手，其通过与时尚博主合作开展限时优惠活动，吸引了大量年轻用户参与，极大提升了其品牌在欧美市场的知名度和销售量。

无论如何，企业在与达人合作前，都需要明确合作目标和预期效果，如品牌曝光、销售提升等，以便评估合作效果。

值得注意的是，海外达人特别是 Mid 级别以上的达人，比较注重内容的专业性、原创性，也非常重视给粉丝传递的意见。建议企业不要给达人做太多限定的营销模板，也不要植入硬广告，避免过度商业化，因为粉丝追随达人本身就是喜欢其内容或风格，脱离这种风格，粉丝容易不买账，造成营销的失败。

比如我曾经帮助国内某知名品牌寻找 TikTok 达人，但是因为其产品和海外某大牌类似，就被很多知名达人拒绝，认为产品没有创新。后来这家企业推出一款创新产品，受到很多达人的喜爱，甚至愿意给出一些营销费用的折扣。

很多中国企业并不愿意给出太多的达人营销预算，尤其是一些达人虚构数据，导致企业花费巨大但效果不佳。虽然有很多数据平台可以查询达人的相关数据，但是还是需要企业多去观察、选择和测试，才能找到合适的、能给品牌带来效果的达人。

其实 ToB 企业也可以利用达人来进行营销，不过 ToB 企业要找的主要是专业人士，也就是 KOL，而非偏娱乐的网红，这一点是需要企业注意的。并且企业找的 KOL，其专业和粉丝群体需要与企业产品匹配，比如我曾经帮助某游戏开发引擎在 YouTube 上寻找游戏开发类的KOL，当时的合作费用就已经达到了一个视频 8000 美元，这样的合作需要 KOL 深度体验客户的产品之后再来制作视频，并且能够展现其产品优势。当然，不菲的费用和 KOL 的用心制作，再通过其影响力带来的广泛传播，最终的转化效果也比较好。

5.3.5　邮件营销，引导订阅促进互动

邮件营销（Email Direct Marketing，EDM）是一种通过电子邮件与潜在客户或现有客户进行沟通的营销方式。虽然在国内邮件营销使用得比较少，但是在海外特别是欧美地区，这是一种比较常见的营销方式。相比于传统的广告和推广方式，邮件营销的成本较低且具有高

回报率。

　　邮件营销能够促进用户与品牌之间的互动，提供有价值的信息、促销活动或产品更新，增强用户黏性。通过定期的邮件沟通，还可以有效提升品牌在目标市场中的知名度和形象，这对于新市场开拓尤其重要。

　　通过精准的邮件内容和促销策略，能够有效促进销售增长。特别是在国际市场上的特定促销活动或新产品发布活动，邮件营销能够迅速传递信息。比如爱彼迎（Airbnb）曾经根据用户的搜索历史和兴趣爱好定制邮件内容，利用邮件营销推送个性化的推荐和促销信息，提升了用户的参与度和转化率。

　　企业还可以分析邮件营销的反馈数据，如打开率、点击率和转化率，更好地了解用户需求和行为，优化营销策略。

　　企业进行邮件营销时，需要经过定义目标受众、建立邮件列表、设计邮件内容、选择邮件营销工具、测试和优化等过程。

　　进行邮件营销首先要确定目标受众的特征，包括地理位置、行业、兴趣爱好等，要根据这些特征制定个性化的邮件内容。只有确定了受众，才能更好地通过网站订阅、社交媒体活动、线下活动等收集潜在客户的邮箱地址。一定要注意确保邮件列表的合规性，遵守相关的数据保护法规（如欧盟的《通用数据保护条例》（GDPR））。

　　确定受众之后要针对不同的受众，定制个性化的邮件内容，提供有价值的信息或优惠活动，增加邮件的打开率和点击率。建议使用邮件营销平台，如 Mailchimp、Sendinblue、HubSpot、MambaSMS 等来管理邮件发送、数据分析和自动化营销流程。

　　比如我曾使用 MambaSMS 进行邮件短信的自动化营销，它基于用户旅程的完整环节，从用户首次接触到最终流失，系统管理并服务用户，然后再通过邮件及短信等不同类型的触达方式高效触达用户，从而带来更好的营销效果，其后台也能较好地显示数据以检测效果，涉及联系人、标签管理、用户分组、实时取景、用户生命周期等，图 5-17 展现的就是邮件营销系统对用户生命周期的管理。

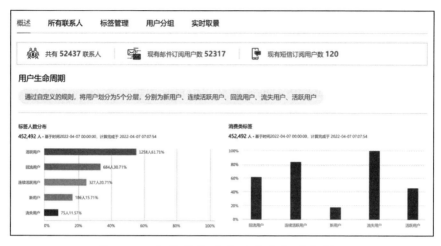

图 5-17　邮件营销系统用户生命周期管理

邮件发送之后，一般数天内就能进行数据分析以了解效果，如果要进行优化，可以使用 A/B 测试，比较不同邮件的内容、标题或发送时间的效果，根据数据反馈调整邮件策略。

在进行邮件营销时，还有很多需要注意的地方。比如企业需要根据目标市场的语言和文化特点调整邮件内容，避免使用可能冒犯当地文化的词汇或图片；进行合理的时间安排，考虑不同地区的时区，选择合适的发送时间，以提高邮件的打开率；控制邮件发送的频率，避免过于频繁导致被系统视为垃圾邮件，同时确保不会错过与用户的关键沟通机会；邮件内容要有实际价值，而不是单纯的广告，要提供有用的信息、行业洞察或实用的建议；邮件标题的长度最好控制在 4 ~ 8 个单词，以便能在移动设备完整显示；在邮件主题中加入订阅者的名字，能带来更好的体验；确保邮件的内容简洁明了，邮件的主题和目标要清晰，最好具有明确的行动召唤（CTA）；使用企业域名的电子邮箱，可以增加邮件的可信度，还有助于增加企业品牌的熟悉程度以及官方的访问量。

安克就经常对订阅用户发送关于产品使用技巧、技术支持和维护指南的邮件，帮助用户更好地了解和使用产品；定期推送促销活动、折扣信息和限时抢购活动，吸引用户购买；通过邮件收集用户的反馈和评价，了解用户需求并改进产品。这些工作都能够在一定程度上提升用户的购买意愿和忠诚度，同时加强了品牌的客户关系管理。安克对用户的洞察和其邮件内容的多样性，值得其他企业学习。

5.3.6　私域营销，中国玩法海外移植

在前面所提到的各种营销方法中，大多数还是借助公域进行营销，即通过社交媒体或视频媒体、内容社区等公共平台来获得流量，在这些平台上，企业需要遵守平台的规则，不能过度打扰用户，也不能发布违规内容。

但是对于企业来说，并不愿意一直受到平台的限制，而是希望将用户引导到属于自己的"阵地"。独立站可以说是为数不多的、企业拥有较大自主权的阵地。因为在国内缺少独立站，所以就衍生出了微信私域的概念，随着出海的中国企业越来越多，私域营销这一玩法，也逐步被引入了海外市场。

私域营销是指企业通过自有或可控的渠道，与用户建立直接联系和互动关系，培养用户的忠诚度，并提升用户价值的一种营销方式。与公域营销如搜索引擎、社交媒体广告等不同，私域营销强调通过自有渠道，如独立站、WhatsApp、邮件等进行精准营销和深度互动。

在海外，企业之前更多的是用邮件营销的模式，因此一些欧美的朋友告诉我，他们一天收到 100～200 封邮件也是常事。但是中国企业本身就对邮件营销不够熟悉，如果我们能够将国内私域营销的打法移植到海外，就能够解决邮件营销或官网弹窗那种单向输出、信息轰炸的问题，通过差异化的竞争更好地实现增长。

WhatsApp 其实和微信非常类似，是一款聊天 app，其几乎在全世界都拥有用户，月活跃用户已经超过 20 亿人，因此我经常说"国内私域看微信，海外私域看 WhatsApp"。因为各国使用的即时通信软件（Instant Message，IM）存在差异，只要是本地流行的 IM，都可以做私

域，比如俄罗斯的 Telegram，如果企业的华人客户比较多，也可以用海外版微信（Wechat）。像智齿科技的产品就能够对接全球多个主流 IM，如 WhatsApp、Facebook Messenger、LINE、Telegram、微信（Wechat）等。

关于不同 IM 的私域特点，我们从覆盖区域、引私域方式、优劣势、运营技巧几个维度对全球主要私域营销工具进行了梳理（见表 5-6）。

在海外做私域营销的方法和国内类似，首先需要搭建私域流量池，也就是使用 WhatsApp、Telegram、微信等即时通信工具添加用户，创建用户群组，或通过邮件列表、会员系统建立私域流量池。

目前在 WhatsApp 上是无法直接搜索用户名称的，企业需要将自己的号码或者链接（二维码）发布到官网、社媒等平台上进行引流，让感兴趣的用户主动来添加好友，然后把人群按照国家、产品、获客方式等进行分组后，放入不同的群组中，最后通过群公告和群运营方式来触达客户。

但是要注意，运营群组有一定风险，运营不当很可能会被封号。特别是国内私域经常用的大刷屏方法，海外用户不太能接受，所以我建议大家最好使用内容来影响用户，比如产品使用指南、品牌故事、用户评价、优惠信息等，保持用户的关注和互动。当然还可以通过定期组织私域用户专属活动，如新品试用、限时优惠、抽奖活动等，激发用户的活跃度和参与度，最终实现用户信任和营收增长的目标。

比如瑞幸咖啡在新加坡市场就利用 WhatsApp 进行了私域营销，成功吸引了大量用户。其策略也是通过各种方式邀请用户加入瑞幸的 WhatsApp 群组，如线下门店二维码、社交媒体推广等；群组中定期推送优惠信息、新品介绍、品牌故事等内容，保持用户的活跃度和关注度；根据用户购买记录和偏好，推送个性化的优惠信息，提升用户的消费频率和忠诚度。用户还可以通过 WhatsApp 群组及时回应用户的问题和反馈，建立与用户的紧密联系。通过高频次、高质量的内容推送和互动，瑞幸迅速提升了品牌在新加坡市场的认知度，个性化营销和优惠活动显著提高了用户的重复购买率和品牌忠诚度。

表 5-6 全球主要私域营销工具

平台名称	覆盖区域	引私域方式	优劣势	运营技巧
WhatsApp	在全球范围内广泛使用，特别是在东南亚、印度、巴西、欧洲等地区	• 只要有客户手机号（全球各户手机都可以），且手机号注册过WhatsApp，无就可以直接发消息 • 加好友/同意等门槛 • 创建品牌社群，方便与用户进行一对一或群组互动。利用广播列表向多个用户同时发送消息	优势 • 高使用率：全球用户广泛，覆盖面广 • 加密安全：端到端加密保护用户隐私 • 即时沟通：即时消息传递，沟通效率较高 劣势 • 隐私问题：用户存在隐私保护的担忧，尤其是在处理敏感信息时 • 商业功能有限：相比其他工具，商业功能较为基础	• 定期互动：通过定期更新、促销信息和活动通知维持用户活跃度 • 自动回复：设置自动回复功能，提升客户服务效率 • 用户细分：根据用户行为和兴趣进行消息的个性化和精准投放
Facebook Messenger	在北美、欧洲、东南亚等地区特别受欢迎	• 通过Facebook Messenger页面与用户建立联系，进行私信互动 • 通过Facebook Messenger广告引导用户与品牌进行互动	优势 • 多功能：支持文字、图片、视频、语音等多种消息形式 • 商业工具：提供丰富的商业工具，如聊天机器人和广告集成 • 跨平台支持：支持在移动设备和桌面端使用 劣势 • 隐私问题：用户对Facebook数据隐私的担忧 • 广告成本：广告投放成本较高，特别是在竞争激烈的市场	• 聊天机器人：使用聊天机器人自动处理常见问题，提高响应速度 • 定期活动：通过Facebook Messenger举办活动和促销，吸引用户参与 • 个性化沟通：根据用户行为和兴趣进行个性化消息推送

（续）

平台名称	覆盖区域	引私域方式	优劣势	运营技巧
LINE	主要在日本、泰国、印度尼西亚等地使用	• 创建品牌官方账号，通过 LINE 进行用户沟通和推送信息 • 利用群组功能与用户进行互动，促进用户社区的建立	**优势** • 本地化优势：在东亚地区有广泛的用户基础 • 丰富的功能：支持多种功能，包括支付、购物和社交功能 • 高互动性：用户互动性强，品牌能与用户建立紧密联系 **劣势** • 覆盖区域有限：主要集中在东亚，全球覆盖较弱 • 功能复杂：多种功能和工具可能导致操作复杂	• 内容丰富：发布有趣的内容，促销活动和品牌新闻，增加用户黏性 • 本地化策略：根据地区文化和用户习惯调整内容和沟通策略 • 社群管理：积极管理和维护用户社群，提升用户活跃度
Telegram	在全球范围内都有用户，特别是在俄罗斯、中东和东欧等地区	• 创建品牌频道和群组，通过这些平台与用户进行互动和内容推送 • 利用 Telegram 的 Bot 功能自动处理用户查询和提供信息	**优势** • 隐私保护：较高的隐私性，支持加密聊天 • 功能丰富：支持丰富的功能，包括频道、群组、Bot 和大文件传输 • 免费使用：完全免费，没有广告 **劣势** • 用户群体有限：相比于其他平台，用户基础相对较小 • 较少商业功能：商业功能和工具相对较少	• 内容创作：通过高质量内容和互动提升用户的关注度和活跃度 • 自动化：利用 Bot 自动化处理用户查询，提高效率 • 群组管理：建立和管理活跃的群组，增强用户参与感

（续）

平台名称	覆盖区域	引私域方式	优劣势	运营技巧
微信	在中国使用广泛，也在全球华人社区中有一定用户基础	• 通过微信公众号和小程序与用户进行互动和提供服务 • 创建和管理微信群，与用户建立紧密的联系	**优势** • 多功能：包括社交、支付、购物、娱乐等功能，综合性强 • 本地化：在华人市场具有很高的用户渗透率 • 支付和电商功能：集成微信支付和电商功能，支持在线交易 **劣势** • 市场限制：主要集中在华人市场，国际化程度较低 • 隐私问题：关于数据隐私的担忧，特别是在处理敏感信息时	• 内容营销：通过微信公众号发布高质量内容和活动，吸引用户关注 • 社群运营：利用微信群进行用户互动和社区管理，提升用户黏性 • 支付集成：结合微信支付功能提供便利的购物体验

瑞幸的私域营销有两个重要的环节，首先是注册 WhatsApp 企业号，客户注册瑞幸之后，瑞幸就拿到了客户的手机号，然后就可以在 WhatsApp 上做直接的触达。其次是当客户到店后，店员会引导客户添加店内 WhatsApp 个人号的群组，后续做群组运营。做到了个人号与企业号的相互配合，既能够通过企业号进行群发和配置优惠券，又能够方便地考核店员的个人号运营情况。根据其 WhatsApp 官方 BSP 服务商智齿科技透露，瑞幸最终营销打开率在 80% 以上，ROI 提升超过 20%，客户到店满意度超过 97%，证明了私域营销这种从国内发展起来的方法，在海外还有很大的空间，可能是中国出海企业的营销撒手锏。

类似的还有莉莉丝游戏在执行"全球本地化"战略过程中，就希望将游戏玩家引流至私域渠道，实现海外私域用户运营，从而拓展游戏玩家全生命周期体验，提升游戏用户的黏性和满意度。于是公司通过智齿科技对接了 WhatsApp、Facebook Messenger、LINE 这 3 个渠道做营销。针对活跃玩家发送游戏内通知与邮件通知，点击通知内链接会引导到不同的 IM，再通过跳转完成游戏及社媒身份绑定。然后通过不同的 IM 发送游戏交易通知、营销通知等，进行运营培育，同时基于全渠道对用户进行玩家召回、玩家服务等，最终实现私域玩家用户生命周期价值（LTV）提升超过 12%，为游戏带来了不小的增长。

3 个不同的渠道分别覆盖不同地区的玩家，其中 WhatsApp 用在东南亚，Facebook Messenger 用在美国，LINE 用在泰国。最早智齿科技在北美用过 WhatsApp，后来发现打开率等数据比较低，又尝试了 Facebook Messenger，效果好了很多。由此可见，企业需要根据客户所在区域，去选择合适的 IM 渠道做触达，才能更好地保证私域营销的成功。

5.3.7 海外增长，学习安克的全域营销

在本章，我们分别讲述了独立站、SEO、SEM、内容营销和社媒营销等内容，但是对于企业来说，海外的营销动作从来都不是孤立的，

而是相互渗透、相互关联的。我在研究企业全球增长的过程中发现，国内出海头部企业基本都在做全域营销，其中安克是一个很好的、值得学习的案例。

安克专注于消费电子领域，目前已经建立多个子品牌矩阵。在品牌营销上，安克的海外营销策略全面且多样化，涵盖了数字营销、内容营销、社媒营销、视频营销、达人营销和私域营销。

在发展初期，公司通过在亚马逊平台的销售积累品牌知名度，并且在公域流量积累粉丝的关注度；在中期阶段，公司开始打造独立站私域，采用电子邮件和短信营销直接触达用户，官方社交账号用户体量逐渐增长，用户黏性增强。到现在，公司的营销方式已经是呈立体矩阵式的全域营销。

在数字营销上，安克持续优化其官网和产品页面的 SEO，包括关键词研究、内容优化和外链建设，确保在 Google 等搜索引擎上获得高排名；通过 Google Ads 等平台投放针对性强的广告词，例如"best portable charger"，精准吸引潜在用户；还在 Facebook、Instagram 等平台上进行精准广告投放，根据用户行为和兴趣进行定向营销。比如公司曾在 Facebook 上投放精美的产品广告，并使用重定向广告策略，吸引曾访问过官网的用户进行购买。

在内容营销上，安克在其官网和知名科技博客上发布关于产品创新、使用指南、技术趋势等的高质量内容。比如发布关于新款便携充电器的详细使用指南和对比评测，吸引大量科技爱好者阅读和分享。

在社媒营销上，安克在 Facebook、Instagram、X、LinkedIn 等多个平台上运营官方账号，包括发布产品信息、品牌故事以及和用户互动。比如其在 Instagram 上通过精美图片和短视频展示新产品，并通过限时优惠活动吸引用户购买。公司于 2012 年开通了在 YouTube 的官方频道，发布产品演示、使用教程、客户评价视频，包括"Anker Nano""charge everything faster""use Anker instead"等，吸引大量用户观看。

在达人营销上，安克与众多的知名科技博主、数码评测师合作，通过他们的推荐和评测扩大品牌影响力。如邀请科技博主 MKBHD 评测新款耳机，其发布的评测视频获得数百万次观看，极大提升了产品曝光度；与多个 YouTube 科技频道合作，博主在视频中展示和评测产品，吸引了大量观众关注。

安克也进行了私域营销，通过 WhatsApp 建立用户社群，与用户进行深度互动。比如在印度尼西亚，利用 WhatsApp API 的自动化功能，团队能够实现大规模的营销信息群发。安克通过将营销信息与显眼的"立即购买"按钮相结合，引导客户跳转至折扣价产品的落地页，并享受额外 10% 的折扣。这种个性化的推广方式增加了客户的参与度和购买意愿。安克通过多媒体消息模板功能，传递吸引人的优惠活动，从而在耳机营销活动中取得了成功。其负责人在一次分享中透露，私域营销带来的转化显著，加购率超过 27%，销售转化率达到 6.65%。

通过对安克的全域营销策略进行拆解，我将其总结为全渠道布局、精准投放、内容为王、重视 KOL、建立私域。大家也可以对自己对标的优秀出海企业的营销策略进行拆解、模仿和学习，以便在出海过程中走得更稳更好。

5.4　展会营销，深入行业客户

展会营销是指企业通过参加各类展会，展示产品和服务，与潜在客户和合作伙伴进行面对面交流，获取市场信息，推广品牌，达成商业合作的一种市场营销方式。

在全球化商业活动中，展会营销是企业推广的重要手段之一。通过参加合适的展会，企业能够实现诸多好处。比如展示企业品牌和产品，吸引大量潜在客户和合作伙伴的关注；展会提供了与客户面对面交流的机会，可以获得客户反馈，增进客户关系；展会还汇集当地的分销商、服务商等潜在合作伙伴，以及各类企业和专家，有助于企业建立和拓展行业人脉，寻求合作机会；企业通过展会可以直接展示和销售产品，签订订单，提升销售业绩。

不可忽视的是，中国企业去海外参展的成本远高于国内，参加一场国际展会的成本少则几万元，多则上百万元，这笔费用对企业的压力不小。

因此，企业参与海外展会的时候，需要采用合适的策略，并且提前做好调研和准备。比如在参展前，确定参加展会的主要目标，如品牌曝光、市场调研、拓展客户、签订订单等。

接下来，要根据企业的所属行业和市场定位，选择与企业产品和市场定位相匹配的展会，以提高参展效果。随着全球展会的日益细分，企业选择海外展会时，需要全面评估各方面要素。首先要了解海外知名展会的专业定位与行业导向、举办地文化、主办历史和影响力细节等。然后结合企业自身产品特点、行业地位以及实力状况，进行全面的分析比较。企业发展早期，可以选择影响力广泛、举办经验丰富和行业知名度高的展会主办方。如果确实不了解，可以通过过去展会的参展商情况以及企业的参展经验，来评估展会的历史和影响力。企业可以选择那些在过去吸引了大量参展商、有高知名度和影响力的展会。同时还要注意参展时间，如果同时有多个同类型展会举办，观众会顾此失彼，造成数量不足，每年的4～5月和9～10月是采购高峰期，也是行业展举办的旺季。

确定好参展计划后，就可以进行展会营销规划，我们一般将展会营销分为三个阶段，也就是参展前、参展中和参展后。

（1）参展前。

参展前要做好展位设计、宣传材料、互动体验、人员安排、人员培训和客户邀约等工作。

展位设计：展位是企业在展会上的名片，企业应设计具有创意和吸引力的展位，确保品牌信息的传达，并提供足够的空间与客户进行交流，便于展示产品和进行客户交流。

宣传材料：企业要准备好宣传册、产品手册、名片、视频演示等宣传材料，确保内容翔实、设计美观。

互动体验：设置互动体验区，进行产品演示、客户试用、互动游戏等，增加客户参与度。

人员安排：合理安排参展人员，确保展位上有足够的人员接待客户、演示产品、解答问题。

人员培训：对参展人员进行专业培训，确保他们熟悉产品、掌握销售技巧、具备良好的沟通能力。

客户邀约：提前通过邮件、电话、社交媒体等渠道，邀请潜在客户和合作伙伴来展位参观。

（2）参展中。

参展中企业要积极地展示产品，进行展会中营销、收集客户信息、客户互动等工作。

展示产品：通过产品演示、案例分享、客户见证等方式，展示产品的优势和价值；还可以积极与参观者互动，通过发放宣传资料、赠送小礼品、举办抽奖活动等方式，增加客户对企业的印象和记忆。

展会中营销：企业可以将参展的计划和参展中的信息发布到官网和社交媒体，吸引潜在用户来现场交流。

收集客户信息：通过扫描名片、填写表格等方式，收集潜在客户的信息，建立客户数据库。

（3）参展后。

参展后企业要及时跟进在展会上的潜在客户，并且进行总结和复盘。

及时跟进客户：展会结束后，企业应及时根据收集到的客户信息，进行电话、邮件等多种方式的跟进，推动商机转化。

总结和复盘：对展会进行总结，分析展会期间的数据，如参观者数量、咨询内容、品牌曝光度、客户反馈、销售线索等，收集参展人员的反馈，以评估展会效果，发现问题并改进，为下一次参展营销策略调整提供依据。

很多大型跨国企业都非常重视展会营销，比如华为每年都在 MWC 上展示最新的技术和产品，通过大规模展位设计和丰富的互动体验，吸引了大量参观者和媒体的关注。华为还通过高层论坛、技术演讲等形式，展示其在 5G、人工智能等领域的领先地位，提升了其品牌的全球影响力。

大疆则在 CES 上展示其最新的无人机和影像技术，通过精心设计的展位和现场演示，吸引了大量科技爱好者和媒体的关注。大疆还通过与客户的深入交流，获取了大量的市场反馈，进一步改进了产品和服务。

中国企业在海外参加展会是一个重要的营销策略，通过精心的准备和执行，可以实现品牌曝光、市场调研、客户拓展和销售提升等多重目标。企业在参展过程中，要明确目标、合理预算、专业设计、积极互动，并在展会后及时跟进和总结，不断优化参展效果，实现出海战略的成功。

最后，对于预算确实紧张的中小企业，我还有一个不用出国就能在海外参展的经验分享。企业可以借助海外兼职平台，找到那些有地推经验的海外兼职人员，与他们沟通，让其代企业去展会参展、发送传单（通常是国内制作，快递到海外），并且收集潜在客户的联系方式，企业可以支付基础费用以及按照联系方式的精准性来给出酬金，提高兼职参展人员的积极性。

5.5　企业营销能力评分

出海企业需要通过多样化的营销手段，将产品或服务精准传达给目标市场的用户。营销能力决定了企业能否有效拓展市场并提高品牌知名度。

为了更好地让企业了解自身营销能力的现状，我制作了出海企业营销能力评分表（见表 5-7），大家可以参考后进行自评。通过这个评分过程，企业可以清晰地识别出当前的优势和改进空间，也可以进一步修订和完善这些标准，使其更贴合企业自身的发展需求，并将其作为内部运营和提升的指南。

表 5-7　出海企业营销能力评分表

能力分值	描述	标准
1 分	企业刚开始考虑或尝试进入海外市场，营销能力非常有限	• 基本没有海外市场经验 • 缺乏针对海外市场的营销策略和计划 • 没有专门的海外营销团队或仅处于筹备阶段
2 分	企业已建立初步的海外市场营销结构，但营销活动和策略尚不成熟	• 有基本的海外市场调研和营销计划 • 开始建立海外营销渠道，如社交媒体账号 • 创作了一些海外营销内容
3 分	企业在海外市场有一定的营销活动，但效果和策略需要进一步优化	• 有一定的海外市场营销经验，能够执行基本的营销活动 • 营销策略开始考虑本地化需求，但不够深入 • 拥有专门的海外营销团队，但团队经验有限
4 分	企业在海外市场具有成熟的营销能力，能够制定并执行有效的本地化营销策略	• 有明确的海外市场定位和深入的市场理解 • 营销策略和活动，能够适应不同市场的特点和需求 • 拥有经验丰富的海外营销团队，能够有效地管理多渠道营销活动
5 分	企业在海外市场具有领先的营销能力，能够创新并引领市场趋势	• 对海外市场有深刻的洞察力，能够预测和引领市场变化 • 营销策略高度本地化，能够满足特定市场的独特需求 • 拥有创新的营销技术和方法，能够实现高效的品牌传播和客户互动 • 营销团队具有国际视野，能够在多个市场同时执行复杂的营销计划

CHAPTER 6

第 6 章

渠道建联盟，深入本地市场

渠道能力是指企业在海外市场中建立、管理和优化产品或服务分销渠道的能力。它涵盖渠道开发、合作伙伴管理、分销网络建设以及渠道冲突管理等多方面的能力。

在面向陌生的海外市场时，仅凭企业自身的力量想要赢得市场竞争已经越来越难了，这就要求企业要善于借力，借助成熟的线上、线下渠道快速进入市场，还要使用合作伙伴策略，吸引本地代理商和分销商，搭建一个海外合作伙伴联盟，来助力深入本地市场。

6.1 借力线上渠道，降低试错风险

海外的渠道既包括传统的线下商超、社区和地方商店、品牌门店等，也包括线上电商平台、B2B 平台、社交媒体、行业网站和移动应用等。

虽然上一章，我们了解了独立站与社媒营销，但是独立站的营销和运营对于不少企业来说有一定的难度，而社媒营销更多的是影响用户心智而非直接转化。为了直接达成交易，第三方线上渠道，特别是电商类平台，就成了很多企业快速起步的不二选择。

对于跨境电商和外贸企业来说，独立站＋电商渠道的组合也变得越来越普遍，而 app 和游戏等企业也有很多应用平台，软件和 SaaS 企业也有相应的第三方渠道。

本节我们将对 B2C 平台、B2B 平台、应用市场与工具平台等线上渠道进行系统的介绍。

6.1.1　B2C 平台，帮助企业低成本卖货

对于中国出海企业，特别是跨境电商企业来说，亚马逊（Amazon）是一个绝对绕不开的平台。安克的董事长阳萌曾说过"亚马逊平台可以说是打造全球品牌的最佳渠道"。安克正是从亚马逊起家，成长为头部品牌，并在亚马逊平台的收入长期占集团总收入的一半以上。同时，安克也依靠在亚马逊平台上良好的销量，积累了较强的品牌影响力。

据移动分析公司 GWS 的数据，截至 2023 年底，亚马逊是全球最大、覆盖国家最多的电商平台，月活跃用户超过 3.1 亿。据深圳跨境电商协会的数据显示，亚马逊平台上的第三方顶级卖家中有约 50% 来自中国，贡献了超过 2000 亿美元的 GMV（商品交易总额），亚马逊平台对中国出海企业的价值，由此可见一斑。

全球类似亚马逊这样的电商平台还有不少，它们提供了一个较为成熟的卖货模式和数量众多的平台用户，使得进驻平台的企业能够快速地触达这些用户，通过上架产品产生收入。这些平台不仅降低了新兴品牌进入本地市场的难度，还提供了丰富的一站式解决方案。正因如此，一些出海企业会将产品上架到多个跨境电商平台，以降低风险、寻求更多的流量。

对于还未出海的企业来说，入驻电商平台前需要了解不同平台的

差异，如覆盖的国家和地区、目标消费群体、主要的品类、平台费用等，以选择合适的平台。入驻后还要遵守平台的规则，上架优势产品，通过优化产品标题、描述和图片等工作吸引平台用户，利用平台的营销工具和促销活动提高产品的可见度和销量。

关于全球主要的 B2C 电商平台，我对用户数量（资料来源于各官方报告，截至 2023 年底）、平台简介、平台特色、面向国家和地区、热销品类进行了梳理，如表 6-1 所示。

正如前文所述，安克最早崛起于亚马逊。在亚马逊平台运营的核心是"做 listing"，而"做 listing"的核心就是要在亚马逊的算法中保持领先，这样就能在用户浏览和搜索产品的时候，出现在前列，增加该"listing"的曝光与转化。影响亚马逊算法的七大重要因素包括销量排名、Review、问答区域、转化率、客户满意度和留存率、产品清单完整性、相关度。在这样的算法之下，早期卖家的优势非常明显，一般来说，越早进入的卖家，产品的销量都会比较高，积累的 Review 也会比较多，如果产品有竞争的话，各项指标都会高于精品，这样企业只需要长期精细化运营 listing，就能带来源源不断的流量和转化率。

安克作为亚马逊最早的品牌之一，其先发优势明显，其很多 listing 的销量、评价均占据高位，即使有同品类的竞争者进入，安克的 listing 依然能够被最多的用户看到和购买，进而又带来了销售和评分的提高，形成了良性循环。

在其他电商平台上，也存在类似的逻辑。早期领先的卖家可以在电商平台上占据较大的流量和转化优势。正因为这样的规则存在，建议新进入的企业在选择电商平台前，要先看看平台上的 best seller（畅销榜）及其对应的销量和评价，如果平台存在多种断崖式领先的产品，比如安克的充电宝、数据线，大疆的无人机等，这些产品的 listing 都遥遥领先，这时新进入的企业的竞争难度就非常大，除非拥有独特的创新或者较强的价格优势。否则，新进入的企业还是需要避其锋芒，选择那些还没有形成头部品牌的平台。

表 6-1　全球主要的 B2C 电商平台

平台名称	用户数量	平台简介	平台特色	面向国家和地区	热销品类
亚马逊	约 3.1 亿月活跃用户	全球最大的在线零售平台之一，提供各种商品和服务	覆盖广泛的产品类别，拥有强大的物流和配送网络	全球	电子产品、家居用品
eBay	约 1.7 亿月活跃用户	全球知名的在线拍卖和购物平台，允许用户买卖各种商品	竞拍和一口价销售模式，全球覆盖、二手商品市场	全球	二手商品、收藏品
Etsy	约 1.2 亿月活跃用户	专注于手工艺品、复古商品和独特商品的电商平台	手工艺品和独特商品市场，小规模制造商和手工艺者的理想平台	全球	手工艺品、珠宝饰品
Wayfair	约 3000 万月活跃用户	美国知名的家居电商平台，提供各种家具和家居装饰品	专注于家具和家居装饰，丰富的产品选择	美国	家具、家居饰品
Walmart	约 1.5 亿月活跃用户	全球最大的零售商之一，提供各种商品和服务	全球覆盖，线上线下整合，产品类别广泛	全球	电子产品、日用品
SHEIN	约 2 亿月活跃用户	全球领先的快时尚电商平台，提供时尚服饰和配饰	快时尚、快速的库存更新，全球配送	全球	时尚服饰、美妆、饰品
Temu	约 1 亿月活跃用户	新兴的电商平台，提供各种低价商品和跨境购物服务	低价商品，全球范围内的物流网络	全球	电子产品、家居用品
TikTok Shop	约 1 亿月活跃用户	社交媒体平台 TikTok 内部的电商功能，支持用户直接购买产品	社交电商，短视频带货	全球	时尚、美妆产品
WISH	约 8000 万月活跃用户	面向全球用户的低价电商平台，提供各种商品	价格竞争力强，全球覆盖	全球	电子产品、家居用品

如果企业专注于特定的区域或者细分的品类，就可以多关注区域性电商平台和特色垂直细分平台。比如东南亚的 Shopee、Lazada 和 Tokopedia，日本的 Rakuten，韩国的 Coupang，俄罗斯的 OZON，欧洲的 Cdiscount、Zalando、Allegro 和 Worten，印度的 Snapdeal 和 Flipkart，非洲的 Jumia，拉美的 Mercado Libre 等，本文按照不同平台的用户数量（资料来源于各官方报告，截至 2023 年底）、平台简介、平台特色、面向国家和地区、热销品类等对全球区域性或特色 B2C 电商平台进行了梳理，如表 6-2 所示。

对于出海企业来说，一般会先从一个平台开始，积累运营经验，同时也在运营中获得用户反馈来迭代产品，在完成一定的销量后，逐步向多平台布局。比如泡泡玛特在出海初期，也就是 2019 年，选择入驻速卖通与亚马逊两大平台，将产品出口至美国等多个海外市场。经过一段时间的积累，2021 年，泡泡玛特又入驻了 Shopee，同时还通过海外独立站的方式进行海外销售。

除了上述的 B2C 平台，企业还应关注另一类特色的线上渠道，也就是众筹平台。虽然众筹平台并不等同于电商平台，但已成为出海企业十分重视的渠道。

众筹平台是指通过互联网平台让个人或企业向大众筹集资金，以支持项目或业务发展。该平台通常会为项目提供展示、宣传和资金管理的工具，支持不同类型的筹资需求，包括创业投资、产品开发、社会事业等。

最早的众筹平台出现于 21 世纪初期，主要集中在美国和欧洲，通常以项目展示和资助为主要功能。近年来，随着全球互联网的普及和投资者对创新项目的兴趣增长，众筹平台数量迅速增加，涵盖了更广泛的行业和地域。现在的众筹平台不仅仅是资金募集的渠道，很多平台还提供市场验证、产品预售、用户反馈等功能，目前主要的众筹平台有 Kickstarter、Indiegogo、Patreon 等。

表 6-2　全球区域性或特色 B2C 电商平台

平台名称	用户数量	平台简介	平台特色	面向国家和地区	热销品类
Shopee	约 4 亿月活跃用户	东南亚地区的主要电商平台，提供多样化商品	便捷的移动购物体验，促销活动频繁	东南亚	时尚服饰、家居用品
Lazada	约 1.2 亿月活跃用户	东南亚领先的电商平台，提供各种商品和服务	阿里巴巴旗下平台，支持多种语言和支付方式	东南亚	时尚服饰、电子产品
Tokopedia	约 1.5 亿月活跃用户	印度尼西亚领先的电商平台，提供各种商品和服务	印度尼西亚市场领导者，产品类别广泛	印度尼西亚	时尚服饰、电子产品
Tiki	约 3000 万月活跃用户	越南领先的电商平台，提供各种商品和服务	越南市场领导者，提供快速的配送服务	越南	时尚服饰、家居用品
Rakuten	约 1.2 亿月活跃用户	日本最大的电商平台之一，提供各种商品和服务	积分体系，产品类别广泛	日本	电子产品、时尚服饰
Coupang	约 1700 万月活跃用户	在韩国市场具有强大的用户基础	提供快速的配送服务，特别是其"Rocket Delivery"（次日达）服务，提供当天或次日配送服务	韩国	电子产品、家居用品、服饰
Lotte	约 2000 万月活跃用户	韩国大型零售集团 Lotte 的电商平台，提供各种商品和服务	大型零售集团，丰富的商品选择	韩国	电子产品、家居用品
OZON	约 2.5 亿月活跃用户	俄罗斯领先的电商平台，提供各种商品和服务	俄罗斯市场领导者，产品类别广泛	俄罗斯	电子产品、家居用品
Cdiscount	约 1500 万月活跃用户	法国领先的电商平台，提供各种商品和服务	法国市场领导者，产品类别广泛	法国	电子产品、家居用品

（续）

平台名称	用户数量	平台简介	平台特色	面向国家和地区	热销品类
Zalando	约5000万月活跃用户	欧洲领先的时尚电商平台，提供各种服装、鞋类和配饰	专门的时尚平台，丰富的品牌时尚服饰、鞋类选择、提供快速的配送服务	欧洲	时尚服饰、鞋类
ASOS	约2000万月活跃用户	英国知名时尚电商平台，专注于年轻人的时尚和美妆产品	专注于年轻人的时尚、丰富的商品选择、提供快速的配送服务	欧洲	时尚服饰、美妆产品
Allegro	约2000万月活跃用户	波兰最大的电商平台，提供各种商品和服务	波兰市场领导者、产品类别广泛	波兰	电子产品、时尚服饰
ePRICE	约1000万月活跃用户	意大利领先的电商平台，提供各种商品和服务	意大利市场领导者、丰富的商品选择	意大利	电子产品、家居用品
OTTO.de	约2000万月活跃用户	德国领先的电商平台，提供各种商品和服务	德国市场领导者、产品类别广泛	德国	时尚服饰、家居用品
Bol.com	约1200万月活跃用户	荷兰最大的电商平台，提供各种商品和服务	荷兰市场领导者、丰富的商品选择	荷兰、比利时	电子产品、家居用品
Noon	约6000万月活跃用户	中东地区领先的电商平台，提供各种商品和服务	中东市场领导者、产品类别广泛	中东	电子产品、家居用品
Flipkart	约2亿月活跃用户	印度领先的电商平台，提供各种商品和服务	印度市场领导者、产品类别广泛	印度	电子产品、时尚服饰
Jumia	约6000万月活跃用户	非洲领先的电商平台，提供各种商品和服务	非洲市场领导者、产品类别广泛	非洲	时尚服饰、电子产品
Mercado Libre	约1.3亿月活跃用户	拉丁美洲最大的电商平台，提供各种商品和服务	拉美市场领导者、产品类别广泛	拉丁美洲	电子产品、时尚服饰

据 Indiegogo 统计，2022 年该平台上位列前 10 的品牌有 7 个来自中国。2023 年，储能品牌 Bluetti 在 Indiegogo 上线的 AC500&B300S 家用储能电源，众筹总额达到了 1219 万美元，创下中国企业最好众筹纪录。

对于出海企业来说，众筹可以作为一种低成本的市场进入策略，尤其适合缺乏市场知名度和资源的企业。如果企业的产品具有创新性，并且能够吸引用户的注意，或者能够解决特定问题，通过众筹平台来展示产品并验证市场也是可行的。

一个产品的众筹通常要经历前期准备、上线、推广、众筹结束、打款、发货这几个阶段，整个周期约为 3 ~ 12 个月。

企业在选择众筹平台之前需要进行充分的市场调研，了解不同平台的用户画像、地域覆盖和成功案例，选择与目标市场和项目类型相匹配的众筹平台。比如 Kickstarter 和 Indiegogo 适合科技产品和创意项目，Patreon 适合创作者，GoFundMe 适合公益项目。

接下来，企业需要制订清晰的众筹计划，包括项目目标、预算分配、时间节点和回报方案；可以制作高质量的项目介绍视频、图片和文案，充分展示产品的独特性和市场价值；还可以通过社交媒体、邮件营销和 PR 活动提升项目曝光率，吸引潜在投资者。在众筹的过程中，企业需要与支持者保持沟通，及时更新项目进展和回应反馈，增强信任和支持。在众筹成功后，还可以感谢支持者，并引导他们到独立站、社交媒体或者私域进行持续经营。

国内有很多企业都利用众筹平台拿到了不错的成绩，值得我们去拆解和学习。比如小米手环（Mi Band）曾在 Kickstarter 上成功募集大量资金，提升了品牌知名度，并迅速进入国际市场；大疆的 Mavic Pro 无人机以其紧凑的设计、卓越的飞行性能和高质量的摄影功能，在 Kickstarter 上引起了轰动，获得了市场验证和用户反馈；Insta360 ONE R 运动相机以其模块化设计、多功能性和高质量的全景视频拍摄功能，成功募集资金并进入市场，获得了积极评价。

为了让大家更好地了解不同平台的差异，我对全球主要众筹平台的特征按照平台简介、平台特色和众筹费用进行了梳理，如表 6-3 所示。

表6-3　全球主要众筹平台的特征

平台名称	平台简介	平台特色	众筹费用
Kickstarter	全球知名的众筹平台，专注于创意和创新项目。平台允许项目发起人展示他们的创意、并通过公众支持筹集资金	• 强调创意和创新项目，提供项目展示、资金募集，支付处理等服务，项目一般需要设定筹资目标和回报方案 • 适合企业/产品：科技产品、设计作品、艺术项目等创意和创新项目	• 筹资成功费用：5% • 支付处理费用：3%～5%
Indiegogo	全球第二大众筹平台，提供灵活的筹款选项，包括固定筹款和灵活筹款，支持各种类型的项目和企业。它不仅限于特定类别，还支持众多领域的项目	• 支持固定筹款和灵活筹款，强调产品预售和市场验证，提供多种项目管理工具 • 适合企业/产品：创新产品、创意项目、社会事业等多种类型的项目	• 筹资成功费用：5% • 支付处理费用：3%～5%
GoFundMe	主要用于个人和社会公益项目，平台关注募捐而非商业销售，支持各种社会和个人筹款需求	• 主要关注公益和个人项目，提供免费筹款选项，侧重于社区支持和个人影响力 • 适合企业/产品：公益项目、个人筹款、医疗费用等	• 筹资成功费用：0% • 支付处理费用：2.9%+0.30美元
Patreon	提供定期订阅模式，支持内容创作者通过会员制度获得持续的资助，适用于长期支持内容创作者	• 定期订阅模式，提供会员制度和长期支持功能，强调创作者与粉丝的关系 • 适合企业/产品：内容创作者、艺术家、博主	• 平台手续费：5%～12%（依据不同方案） • 支付处理费用：2.9%+0.30美元

6.1.2　B2B 平台，赋能工厂全球生产

对于工厂来说，除了传统参展，B2B 平台也是很重要的渠道。B2B 平台是为企业间进行商品、服务或信息交换提供在线交易和交互的电商平台。平台上的交易通常是大宗采购，涉及较高的交易金额和数量。

B2B 平台可以帮助企业接触更广泛的潜在客户和供应商，减少中间环节，降低交易成本，提高利润空间，同时减少传统采购和销售的时间和成本。

企业选择 B2B 平台的时候，首先需要明确自己的目标，如提高采购效率、提升销售业绩、优化供应链管理、增强客户服务等。其次，企业需要进行市场调研，了解当前 B2B 平台的整体状况，包括 B2B 平台主要服务的企业类型、覆盖的国家和地区、平台费用（包括按年付费、按交易额付费等不同的计费模式）、已入驻企业或者第三方的评价等。最后，企业根据需求和预算进行综合选型决策，选择最符合企业需求的 B2B 平台入驻。

我将全球主流的 B2B 平台特征按照平台简介、面向的国家和地区、平台费用、评价进行了梳理，如表 6-4 所示。同时建议，除非企业面向特定的市场，否则最好选用中国的 B2B 平台，因为使用这些平台的客户可能本身就是为了中国制造而来。

除了以上各国的 B2B 平台，企业还应该考虑通过独立站、线下经销商等多渠道布局，扩大线索来源，以降低对单一平台的依赖。比如本人目前制作的一系列关于中国产业的视频，即"了不起的特色产业"节目，海外名称为"IndustriChina"，获得了数万人的关注和数百万的播放量，不仅让世界看见中国产业，也帮助不少企业收到了线索与询盘，建议企业自行制作相关视频，以获取更多的流量，同时积累品牌价值。

表 6-4 全球主流的 B2B 平台特征

平台名称	平台简介	面向的国家和地区	平台费用	评价
阿里巴巴国际站（Alibaba）	全球最大的 B2B 电商平台，总部位于中国。连接全球买家和卖家，主要用于批发和大宗采购	• 广泛覆盖各类行业，如制造业、消费品、电子产品等 • 面向全球范围，包括亚洲、欧洲、美洲等	• 基本会员：免费 • 付费会员（高级会员）：根据服务类型和级别收费 • 成交费用：平台收取一定比例的交易佣金	• 优点：平台规模大，产品丰富，适合跨境贸易 • 缺点：供应商质量参差不齐，需要仔细甄别
环球资源网（Global Sources）	提供来自中国和其他亚洲国家的产品，专注于跨境 B2B 交易	• 主要覆盖电子产品、消费品、家居用品等行业 • 面向全球，尤其是亚洲和北美市场	• 免费注册 • 付费会员：包括高级服务和广告推广，根据服务内容不同收费	• 优点：专注细分市场，提供详细的供应商信息 • 缺点：相较于 Alibaba，平台规模较小，市场覆盖面有限
中国制造网（Made-in-China）	提供中国供应商的信息，连接全球买家和卖家。总部位于中国	• 广泛覆盖各类行业，如消费品、工业产品、电子产品等 • 面向全球，包括欧洲、美国、东南亚等	• 付费会员：包括高级服务和广告推广，根据服务内容不同收费	• 优点：平台覆盖面广，供应商资源丰富 • 缺点：主要集中在中国市场，需要注意供应商质量
敦煌网（DHgate）	敦煌网是中国的 B2B 电商平台，专注于中小企业的跨境贸易。提供从小商品到大宗商品的批发交易	• 广泛覆盖各类行业，如电子产品、服装、家居用品等 • 面向全球，特别是欧美市场	• 交易佣金：每笔交易收取一定比例的佣金	• 优点：平台覆盖面广，适合中小企业 • 缺点：竞争激烈，价格压力大
ThomasNet	美国本土的 B2B 电商平台，专注于工业产品和制造商。总部位于美国	• 主要覆盖工业制造、设备和材料 • 主要面向美国市场，但也有国际供应商	• 付费广告和推广服务，根据广告类型和推广方案收费	• 优点：专注于工业领域，信息详细 • 缺点：主要集中在美国市场，国际覆盖有限

（续）

平台名称	平台简介	面向国家和地区	平台费用	评价
TradeIndia	印度最大的 B2B 电商平台，专注于连接印度供应商和全球买家	• 主要面向印度及其周边市场	• 付费会员：根据服务类型和级别收费，包括广告和推广	• 优点：专注于印度市场，适合寻求印度供应商的买家 • 缺点：主要集中在印度市场，国际覆盖有限
EC21	韩国的 B2B 电商平台，提供全球买家和卖家的连接服务。总部位于韩国	• 广泛覆盖各类行业，如消费品、工业产品、化工等 • 面向全球，尤其是亚洲和美洲市场	• 付费会员：包括高级服务和推广，根据服务内容不同收费	• 优点：多语言支持，全球供应商信息丰富 • 缺点：市场知名度较低，用户基础有限
Kompass	总部位于法国的全球 B2B 平台，提供企业信息和产品目录，帮助企业寻找合作伙伴和客户	• 覆盖全球范围的各类行业，包括制造业、服务业、贸易业等	• 付费会员：包括高级服务和推广，根据服务内容不同收费	• 优点：全球覆盖，信息详细 • 缺点：需要付费会员才能获得更多服务
TradeKey	TradeKey 是一个全球 B2B 平台，总部位于巴基斯坦，连接全球买家和卖家。专注于各类产品的跨境贸易	• 覆盖全球范围的各类行业，如电子产品、化工、机械等	• 免费注册 • 付费会员：包括高级服务和推广，根据服务内容不同收费	• 优点：覆盖面广，支持多语言 • 缺点：付费会员才能享受更多服务
Europages	总部位于法国的欧洲 B2B 平台，提供企业信息和产品目录，帮助企业寻找合作伙伴和客户	• 广泛覆盖各类行业，包括制造业、服务业、贸易业等 • 主要面向欧洲市场，但也覆盖全球	• 免费注册 • 付费会员：包括高级服务和推广，根据服务内容不同收费	• 优点：专注欧洲市场，信息详细 • 缺点：主要面向欧洲市场，其他地区覆盖有限

（续）

平台名称	平台简介	面向国家和地区	平台费用	评价
Ecplaza	Ecplaza 是韩国的 B2B 电商平台，提供全球买家和卖家的连接服务。总部位于韩国	• 广泛覆盖各类行业，如消费品、工业产品、化工等 • 面向全球，尤其是亚洲和美洲市场	• 免费注册 • 付费会员：包括高级服务和广告推广，根据服务内容不同收费	• 优点：多语言支持，全球供应商信息丰富 • 缺点：市场知名度较低，用户基础有限
IndiaMART	IndiaMART 是印度最大的 B2B 电商平台，连接印度供应商和全球买家。总部位于印度	• 主要覆盖印度及其周边市场 • 面向全球，特别是亚洲和中东地区	• 免费注册 • 付费会员：根据服务类型和级别收费，包括广告推广	• 优点：专注于印度市场，适合寻求印度供应商的买家 • 缺点：主要集中在印度市场，国际覆盖有限
GlobalSpec	GlobalSpec 是一个专注于工程和工业产品的 B2B 平台。平台提供详细的产品和供应商信息，支持工程技术解决方案	• 主要覆盖工程、工业和制造业 • 面向全球	• 免费注册 • 付费会员：包括高级服务和推广，根据服务内容不同收费	• 优点：专注于工程和工业领域，信息详细 • 缺点：主要集中于技术和工业产品，覆盖面有限
B2Brazil	巴西最大的 B2B 电商平台，连接巴西供应商和全球买家。专注于巴西及南美市场	• 主要覆盖巴西及南美市场 • 面向全球，特别是美洲市场	• 免费注册 • 付费会员：根据服务类型和级别收费，包括广告推广	• 优点：专注于巴西和南美市场，信息详细 • 缺点：主要集中于南美市场，其他地区覆盖有限
Tiu.ru	Tiu.ru 是俄罗斯的 B2B 电商平台，连接俄罗斯供应商和全球买家。总部位于俄罗斯	• 主要面向俄罗斯及周边国家	• 免费注册 • 付费会员：包括高级服务和推广，根据服务内容不同收费	• 优点：专注于俄罗斯市场，信息详细 • 缺点：主要集中于俄罗斯及周边国家，国际覆盖有限

6.1.3　应用市场与工具平台，数字产品增长必备

除了实体产业，国内的 app、文娱、游戏、软件等数字产品的出海更是如火如荼，和跨境电商类似，这些数字产品也有对应的线上渠道。

比如苹果 App Store、Google Play 商店、华为应用市场等 app，我将全球主要 app 应用市场从平台简介、平台特色和评价这几个维度进行了梳理，如表 6-5 所示。

表 6-5　全球主要 app 应用市场

平台名称	平台简介	平台特色	评价
Apple App Store	Apple App Store 是由苹果公司运营的应用程序和游戏分发平台。主要面向 iOS 设备用户	• 审核机制严格，以确保应用和游戏的质量和安全性 • 提供各种应用和游戏的详细信息和用户评价 • 支持付费应用、应用内购买和订阅模式	• 优点：质量和安全性高，用户基础庞大 • 缺点：审核严格，开发者需遵守苹果的规则和分成机制
Google Play Store	Google Play Store 是由谷歌公司运营的应用程序和游戏分发平台。主要面向安卓设备用户	• 开放性较强，允许更多类型的应用和游戏上架 • 提供丰富的应用、游戏分类和推荐 • 支持付费应用、应用内购买和订阅模式	• 优点：开放性强，用户基础庞大 • 缺点：相对较少的审核可能导致部分低质量的应用存在
Microsoft Store	Microsoft Store 是由微软公司运营的应用程序和游戏分发平台。主要面向 Windows 设备用户，包括 PC、平板和 Xbox（微软游戏机）	• 提供 Windows 应用和游戏，以及一些跨平台应用 • 支持微软账户登录和支付系统 • 提供独家应用和游戏优惠	• 优点：与 Windows 生态系统紧密结合，有独家内容 • 缺点：相对于移动设备平台，用户基础有限

（续）

平台名称	平台简介	平台特色	评价
Yandex Store	Yandex Store 是由俄罗斯 Yandex 公司运营的应用商店。主要面向俄罗斯及其周边国家的安卓设备用户	• 提供本地化的应用和游戏推荐 • 支持多种支付方式和本地支付系统 • 提供开发者推广服务	• 优点：本地化强，适合俄罗斯及其周边市场 • 缺点：国际覆盖有限，用户基础主要集中在俄罗斯
Samsung Galaxy Store	Samsung Galaxy Store 是由三星公司运营的应用程序和游戏分发平台。主要面向三星 Galaxy 系列设备用户	• 提供专门为三星设备优化的应用和游戏 • 支持三星账户登录和支付系统 • 提供独家应用和优惠	• 优点：专为三星设备优化，有独家内容 • 缺点：用户基础仅限于三星设备用户
Huawei AppGallery	Huawei App-Gallery 是由华为公司运营的应用程序和游戏分发平台。主要面向华为和荣耀设备用户	• 提供专门为华为设备优化的应用和游戏 • 支持多种支付方式和华为账户登录 • 提供独家应用和优惠活动	• 优点：专为华为设备优化，提供独家内容和优惠 • 缺点：用户基础主要集中在华为和荣耀设备用户
Steam	Steam 是由 Valve 公司运营的数字游戏分发平台。主要面向 PC 和 Mac 用户	• 提供丰富的游戏库，涵盖各种类型和平台 • 支持社区功能、云存储和多人游戏 • 提供定期的折扣和促销活动	• 优点：游戏种类丰富，社区功能强大 • 缺点：主要集中在 PC 和 Mac 用户，移动端覆盖有限

而软件、工具和 SaaS 等数字产品也有相应的线上推广渠道。其中 Product Hunt 是一个流行的发现和分享新产品的平台，尤其受到科技爱好者和早期用户的欢迎。在 Product Hunt 上进行营销可以帮助产品获得曝光率、引起关注并吸引早期用户。G2 则是一个广受欢迎的软件评价平台，它为用户提供了一个发现、评估和比较商业软件解决方案的场所。在 G2 上进行营销可以帮助 SaaS 产品或服务获得更多的曝光率和认可。长期维护第三方平台的口碑，会更有利于企业提升品牌信任度，提升市场 ROI。类似的平台还有 SaaSHub、Capterra 等。全球主要软件、工具和 SaaS 平台的简介、特色与评价，如表 6-6 所示。

表 6-6　全球主要软件、工具和 SaaS 平台

平台名称	平台简介	平台特色	评价
Product Hunt	Product Hunt 是一个发现和分享新产品的平台，主要面向科技企业和初创企业。用户可以在平台上发布、评价和讨论新产品	• 社区驱动，用户可以投票、评论和分享产品 • 每日产品排行榜，展示当天最受欢迎的新产品 • 提供产品分类和专题，方便用户发现感兴趣的内容	• 优点：高互动性，社区氛围好，适合新产品发布和早期用户获取 • 缺点：竞争激烈，新产品容易被淹没在众多发布中
G2	G2 是一个评估和评论企业软件和服务的平台。用户可以在平台上查找、比较和评价各种软件和 SaaS 产品	• 提供详细的产品分类和比较工具 • 用户的评论和评分可以帮助企业做出购买决策 • 提供市场报告和趋势分析	• 优点：详尽的用户评价和评分系统，帮助企业做出明智的购买决策 • 缺点：部分评价可能存在偏见，需要综合多方信息进行判断

（续）

平台名称	平台简介	平台特色	评价
Capterra	Capterra 是一个帮助企业找到合适软件的评估和评论平台。提供数千种软件产品的详细信息和用户评价	• 提供详细的软件分类和过滤器，方便用户查找合适的产品 • 用户可以撰写和阅读评论，对不同的软件进行评分和比较 • 提供购买指南和行业报告	• 优点：丰富的软件信息和用户评论，帮助企业快速找到合适的解决方案 • 缺点：信息量大，用户需要花时间筛选和比较
Trustpilot	Trustpilot 是一个全球知名的客户评价平台，覆盖各种行业和产品。用户可以在平台上撰写和阅读企业和产品的评论	• 提供企业和产品的评分和评论，透明度高 • 支持多语言和全球市场 • 提供企业回应和管理评论的工具	• 优点：全球覆盖，用户评论真实可信 • 缺点：部分评论可能存在偏见，需要综合多方信息进行判断
SaaSHub	SaaSHub 是一个专注于发现和评估SaaS 产品的平台。提供 SaaS 产品的信息、用户评论和市场分析	• 专注于 SaaS 产品，提供详细的产品分类和比较工具 • 用户可以撰写和阅读评论，对不同的 SaaS 产品进行评分和比较 • 提供市场报告和趋势分析	• 优点：专注于 SaaS 产品，信息详尽，适合企业选择和评估 SaaS 解决方案 • 缺点：平台知名度较低，用户评价数量相对较少

6.2 搭建渠道体系，打造本地增长生态

海外线下渠道通常是指企业在国际市场上，通过实体店铺、分销商、零售合作伙伴等线下形式进行产品销售和市场推广的各种途径。

通过拓展渠道，如代理商、分销商、经销商等，企业能够全方位

地触达用户；通过搭建多渠道体系，企业能够与不同层次的渠道建立联系，打造本地的增长生态。

本节我们将一起了解渠道体系、学会寻找合作伙伴、拓展线下渠道，并通过复盘名创优品在海外设立的 2000 余家门店，来更深入地了解线下渠道的搭建。

6.2.1 了解渠道体系，规划渠道策略

在中国企业出海的早期，大多数是通过线上渠道如亚马逊、阿里巴巴国际站等平台来快速实现增长的。但是，随着近几年入驻平台的企业越来越多，流量瓜分日益严重，一些平台也提高了门槛和规则，收紧了监管政策，企业通过这些平台出海的难度越来越大，在部分国家，线上流量成本甚至已经超过了线下。

同时，线上渠道的覆盖总是有限的，当流量红利逐渐退却时，用户重新走入线下，使得出海企业不得不重新思考渠道的布局，其中最重要的就是从单一线上渠道向多元化线下渠道的转移。

要系统地了解渠道体系，我们就得先知道品牌方（Brand）、渠道商（Channel Partner）、加盟商（Franchisee）、代理商（Agent）、经销商（Distributor）、分销商（Wholesaler）这几者之间的关系与合作模式。对不同渠道清晰的认知，有利于企业根据市场定位和目标，选择合适的合作模式，建立和管理好合作伙伴关系，实现市场的快速扩张和业务增长。

品牌方是产品或服务的所有者，负责产品的研发、生产和品牌管理。品牌方通常与各级渠道商（如加盟商、代理商、经销商、分销商等）合作，将产品推广和销售到市场。

渠道商是指将产品从品牌方传递到用户的各种途径。各级渠道商通过与品牌方建立合作关系，共同推动产品销售。渠道商也是品牌方和用户之间的桥梁，决定了产品的市场覆盖和销售效果。

加盟商通过与品牌方签订特许经营协议，获得使用品牌、商标、商业模式等的权利，并支付加盟费用。加盟商通常需要按照品牌方提

供的标准、系统和流程运营。

代理商与经销商、分销商之间有重叠、有区别，代理商代表品牌方销售产品，而经销商和分销商通常需购买产品并承担销售风险。

代理商是指与品牌方签署代理协议，代表品牌方销售产品或服务，但通常不拥有产品的所有权。代理商通过赚取佣金或固定代理费用获得收益。

经销商是指与品牌方或供应商签订协议、购买产品并拥有产品所有权，然后将这些产品销售给分销商、零售商或最终消费者。经销商承担库存和销售的风险。

分销商是指购买大宗产品并将产品以较低价格转售给零售商或其他下游渠道商的企业。分销商主要是批发产品，通常不直接向消费者销售。

加盟商、代理商、经销商、分销商虽然都属于渠道商，但是它们在与品牌方的关系、产品控制权、收益模式和合作深度上，都有着不同之处，如表6-7所示。

表6-7   品牌方与各渠道商的关系差异

	海外加盟商	海外代理商	海外经销商	海外分销商
与品牌方关系	合作关系，按特许经营协议运营，但自主性较高	委托关系，代表品牌方进行产品销售，但无独立经营权	买卖关系，从品牌方购买产品后，向下游零售商或分销商销售，具有较高自主性	买卖关系，与经销商和零售商合作，负责大宗产品的批发销售，通常没有品牌方的直接控制
产品控制权	经营较为独立，但需遵循品牌方管理标准	代理商无产品所有权，主要负责销售	经销商拥有产品所有权，可独立销售	分销商不拥有所有权，主要负责库存和物流
收益模式	销售产品赚取收益，支付加盟费用	按销售额赚取佣金	销售产品赚取差价	销售产品赚取差价
合作深度	深	中	浅	浅

品牌方与加盟商、代理商、经销商、分销商既是合作伙伴关系，也是博弈关系。品牌方希望它们支付加盟费用、代理费用或直接购买产品，而这些渠道商希望品牌方做出好的产品，多承担产品营销的义务。

在制定海外渠道策略时，企业需要根据不同的市场需求、企业发展阶段、产品特性以及可用的渠道资源进行规划。不同的渠道商各有其优势和局限，因此选择合适的渠道模型，并在企业不同的成长阶段灵活调整，是企业成功搭建渠道的关键。

当品牌方进入一个新的市场时，可以借助代理商开拓市场并进行市场测试。代理商通常不承担产品的库存和物流风险，对品牌方的品牌影响力要求不会那么高，合作也较为容易。但是品牌方对代理商的控制权较弱，代理商只负责销售产品，可能会偏离品牌方的战略目标。

当品牌方希望进行深入的市场渗透，并且有渠道方愿意负责产品销售、库存管理和客户服务时，可以通过与经销商合作来进行。经销商一般拥有较强的本地市场推广能力，能帮助企业在特定区域快速扩张，并承担产品的库存和销售风险。比如海尔刚进入美国市场的时候，就通过与代理商和经销商合作，借助它们的渠道和当地市场关系，迅速扩大市场份额。

当品牌方进入发展中期或成熟阶段，注重供应链管理时，可以通过分销商来实现大宗商品流通、批量销售。分销商能够为品牌方提供强大的物流和仓储支持，帮助企业降低运营成本。

当品牌方在一个市场已经积累了一定的品牌知名度和市场份额时，需要加强品牌建设、优化渠道布局，并增加市场渗透。品牌方可以通过招募加盟商，逐步加强渠道的管理，制定统一的市场规则和产品定位，确保品牌形象一致。例如，海底捞在国际化过程中，就在东南亚、美国等市场开设了多个加盟店，通过加盟商模式将其品牌迅速推广到全球。通过这种方式，海底捞能够利用当地投资者的资金和市场经验，快速复制成功的商业模式。

因此，中国企业在出海搭建渠道体系时，需要进行深入的市场调研，根据产品特性和目标市场，选择合适的渠道合作模式。

实体产品可以招募加盟商、代理商、经销商，或者入驻百货商场、超市等线下渠道，还可以开设品牌门店。软件和 SaaS 等 ToB 企业的海外渠道商，主要有独立软件供应商（ISV）、增值经销商（VAR）、系统集成商（System Integrator）等。

企业通常需要与这些合作伙伴签订合作协议，明确双方的权利和义务，并为合作伙伴提供产品培训、销售支持和技术支持。同时，这些合作伙伴也可以帮助企业解决本地化的售后和服务问题。比如腾讯通过与全球多个国家和地区的支付服务提供商合作，扩展了 WeChat Pay（微信支付）的全球市场。

为了有效地管理海外渠道，企业要为合作伙伴制定合理的佣金和奖励机制，激励合作伙伴积极推广和销售产品，还要定期与合作伙伴召开会议，沟通业务进展和市场反馈。

但是无论采取哪种方式进入或搭建渠道体系，对企业的现金管理、门店或货架运营、库存管理、渠道管理等能力要求都比较高。而不顺利的合作也可能导致合作伙伴的不信任，甚至丢失本地市场，因此，企业需要慎重评估，结合自身的目标与资源进行规划，并与海外合作伙伴保持良好的关系。

6.2.2　寻找合作伙伴，搭建本地生态

多年的出海实践和众多的案例已经表明，成功的全球扩张不仅依赖于产品和技术的竞争，寻找合适的海外合作伙伴以及建立本地生态系统也是至关重要的。合作伙伴能够帮助企业快速适应本地市场环境、降低市场进入障碍并加速业务拓展。

海外合作伙伴是指与企业在海外市场共同开展业务、达成合作的公司或个人。合作内容不仅限于销售产品，还可以共同参与开发新产品、开拓市场，甚至在技术、管理、品牌等方面提供支持。比如软件

和 SaaS 企业的海外合作伙伴，它们之间的合作既包括销售产品，也包括在开发新产品和技术交流方面的广泛合作。

海外的合作伙伴，不仅仅是商业上的合作，更重要的是能够给到企业本地化的经验、能力、服务甚至关系上的支持。正因为意义重大，这样的伙伴也是需要企业在有方法、有耐心且愿意利益共享的情况下，才能找到的。

例如，我曾经服务过的某企业，在落地东南亚某国的过程中，因为其创始人结识了本地中型家族基金的负责人，该负责人对这个项目非常看好，就主动提出帮忙，提供了运营支持和部分技术入股，该企业顺利地进入了该国市场，目前已经在当地规划建厂了。还有某知名连锁品牌，与墨西哥当地知名商人进行战略合作，仅仅数年，就已成为当地头部连锁品牌。我在越南投资的公司，也是借助于与本地华人的合作，才得以顺利开展运营。

那么，应该如何找到合作伙伴以及如何搭建本地生态呢？这也是企业在出海过程中的一个重要话题。

在选择合作伙伴之前，企业需要明确自己的目标、产品特点以及希望通过合作实现的战略目标。例如，要实现本地化销售和渠道拓展，就需要寻找代理商、经销商、分销商等渠道伙伴，这些合作伙伴能够帮助企业将产品带入新市场。而品牌或技术合作伙伴，则可以进行品牌的联合或者设立合资企业，或者通过技术、研发等领域的合作实现资源支持、技术转让、共同开发等，利用各自的优势共同进入市场。如果企业的产品依赖于高效的物流配送体系，可以找到物流和供应链合作伙伴，帮助企业克服跨境电商的海运、仓储等挑战。在某些国家或地区，企业还需要与政府、行业协会、投资机构等建立合作关系，获得当地政策支持或资金支持。

在选择合作伙伴时，企业需要进行几个方面的评估。例如，合作伙伴是否对目标市场有深入了解？是否有建立和维护销售渠道的能力？是否有本地市场的资源和网络？合作伙伴的品牌影响力和市场声誉会影响到企业自身品牌的接受度，特别是当企业（品牌方）没有本地知名度时。由于文化差异，合作伙伴的商业理念、工作风格和价值观应与企业保持一定的契合度，避免产生冲突。合作伙伴的资金实力及经营状况能够决定合作的可持续性。在一些有特殊监管和法律要求的市场（如欧盟市场、美国市场），要关注合作伙伴是否有足够的合规能力。

接下来，我们可以通过多个渠道来寻找潜在的合作伙伴：可以利用市场研究公司提供的行业报告和数据，了解当地市场的趋势和潜在的合作伙伴；可以使用全球知名的 B2B 平台（如 Alibaba、Made-in-China、Global Sources 等）寻找供应商和分销商；可以参加国际行业展会、投资论坛和市场推介活动找到各种潜在合作伙伴，还能够与它们面对面地交流，了解彼此的需求和能力；可以与目标市场的商会、外商投资促进机构等建立联系，获取本地的合作信息和资源；在某些复杂的市场，可以考虑聘请本地代理，帮助企业寻找合适的合作伙伴和渠道。同时，为了确保合作伙伴的真实性和能力，企业还应该尽可能地进行实地调研，通过访问潜在合作伙伴的办公室、工厂、零售终端等地，评估其实际能力，以及在当地的口碑。

在我操盘海外业务、寻找本地合作伙伴的时候，一般会先找到当地的头部企业，通过官网、展会、员工等来了解它们的合作伙伴结构，然后接触这些合作伙伴的竞争对手，寻求合作机会。

当然，企业也可以直接和这些头部企业的合作伙伴沟通，但是以我的经验，作为新进入者，想要和头部企业去争夺合作伙伴还是比较困难的，毕竟规模和品牌影响力上存在差距。另外，企业还可以寻找与自身规模相匹配的本地企业来对标，对它们在本地的合作伙伴进行分析，从而更精准地去寻找适合本企业的合作伙伴。

另外，也有一些合作伙伴可能是从老客户转化来的，企业需要认真对待海外的每一位客户，也许哪一天就会有惊喜出现。

华为在早期的海外拓展历程中，通过与当地运营商、渠道商建立合作伙伴关系，迅速进入了市场并占有一定份额。尤其是在非洲、拉丁美洲等新兴市场，华为通过与运营商的深度合作，提供定制化的通信设备和技术服务，快速获得了市场认可。

我国的新能源车企在出海的过程中，几乎都借助了海外合作伙伴的力量来落地。例如，小鹏汽车在 2020 年 9 月启动出海战略，2021 年初在荷兰设立了欧洲总部，2022 年就与欧洲头部经销商荷兰 EmilFrey NV 集团和瑞典 Bilia 集团达成战略合作协议，落地了"直营＋授权"的零售模式，并正式在丹麦、荷兰、挪威、瑞典等国开启预定，落地海外业务。

而奇瑞在 2024 年 4 月，为了拓展海外经销商体系，寻找更多的合作伙伴，耗资 1 亿元邀请了 3000 多家国外经销商来到芜湖奇瑞总部参观工厂、开展试乘试驾、参加 2024 年奇瑞全球共创大会等活动，近距离感受芜湖的汽车工业发展及相关生态链布局，感受奇瑞集团的产品实力、品牌愿景和发展理念。

6.2.3　拓展线下渠道，进入本地市场

通过入驻线上电商平台，企业能够快速地触达平台上的用户；通过建立渠道合作，企业可以快速进入新的市场；通过寻找合作伙伴，搭建本地生态，企业能够在产品、销售、营销等多个环节融入本地市场。而对应实体零售型的出海企业来说，在拓展当地市场的时候，还会涉及线下零售渠道和品牌门店等。

线下零售渠道和品牌门店是许多企业构建本地生态、增加品牌曝光率、提高消费者黏性的重要途径。这些渠道和门店的布局不仅能够帮助企业快速实现产品的推广和销售，提供与用户直接互动的机会，还可以与线上渠道相结合，形成 O2O（Online to Offline）模式，这种互动能够增强品牌体验，提升品牌在目标市场的影响力。

在国内习惯了线上消费的我们，经常会忽视一个真相，同样一款产品，特别是体验性比较强的产品，在欧美线下零售渠道的毛利可能

是电商平台的 1～2 倍。例如，某个客户的产品在亚马逊上只能标价 10 美元左右，但是在线下零售渠道却可以卖到 18 美元以上。许多在国内线上作为引流品的生活日用品，比如 1.9 元包邮的纸巾，2.9 元包邮的拖鞋，在亚非拉很多国家的便利店中，却可以卖出 3～5 倍的价格。

线下零售渠道主要包括大型连锁零售商、百货商场、连锁便利店、社区商店等，品牌门店可以分为旗舰店、专卖店、体验店和快闪店（Pop-up Store）等，企业需要先了解这些线下零售渠道的入驻要求、费用、价值以及不同品牌门店的价值、成本等信息。

大型连锁零售商：大型零售商是规模庞大、覆盖面广的零售企业，包括大型购物中心、家居卖场等，它们提供大量产品，通常以大宗商品和高流量的消费者为目标。海外的大型连锁零售商发展非常成熟，如美国的沃尔玛、百思买、家得宝、开市客，欧洲的家乐福、欧尚等，都拥有广泛的线下网络和巨大的客流量。比如小米在海外市场通过进驻大型零售商（如沃尔玛、百思买等）扩大市场覆盖，同时开设了大量的专卖店和体验店。品牌方要想进入大型连锁零售商进行产品销售，需要与它们进行详细的谈判，签订采购协议，商定合作模式、产品结构和服务内容等问题。但大型零售商超通常对品牌、产品质量和包装、市场潜力、供应链、市场销量等都有着较高的要求，比如沃尔玛就要求品牌方在美国市场的年销售额不低于 3 亿元，有国际产品认证、有完善的新品开发和营销计划等。

百货商场：百货商场是零售环节中较为传统的一类，通常将商品按照品类（如服饰、家居、化妆品、家电等）进行分区和销售，如梅西百货（Macy's）、Sears、伊势丹（Isetan）等。百货商场主要销售中高端品牌产品，品牌方与其合作可以提升品牌形象和销售额。品牌方可以在百货商场设立专柜或专卖店，直接销售产品，也可以与百货商场合作举办品牌推广活动，如新品发布会、时尚秀和会员专享活动，从而利用百货商场的高端环境和客户资源展示品牌形象和价值。

连锁便利店：连锁便利店提供日常必需品、快速消费品，通常营业时间较长，分布广泛，方便消费者随时购物。连锁便利店虽然门店不大，但其布局广泛，有很强的市场渗透能力，如 7-Eleven、全家（Family Mart）、罗森（Lawson），印度尼西亚的 Alfamart、越南的 Vinmart 等，在本地的门店众多，且影响力都较大。

社区商店：社区商店通常规模较小，服务的顾客群体是附近居民或特定社区的消费者，商品品类以日常必需品为主。在一些地区，尤其是二三线城市或者小镇，社区商店是重要的线下销售渠道。品牌方可以通过和它们合作实现产品的广泛覆盖和本地化销售。

与上述的线下零售渠道不同，还有一种主要侧重于品牌文化的展示、消费者体验的提升、品牌形象的塑造等的品牌门店。品牌门店通常定位于高端市场，并且更加注重展示品牌特色。

旗舰店：旗舰店是品牌在特定地区或市场的主要门店，代表品牌形象和文化的"象征性"门店。通常这些门店在设计、布局、服务和产品展示上都非常重视，旨在给消费者留下深刻的品牌印象。这些门店的设计非常独特，通常位于核心商业区或高端购物中心，吸引了大量消费者参观，适合定位高端市场、需要加强品牌形象并提高品牌认知度的品牌。例如，华为、小米、OPPO、大疆等在海外经常会开设旗舰店，以提升品牌认知度。

专卖店：专卖店是某一品牌单独经营的门店，专门销售该品牌的产品。专卖店可以是品牌独立运营的，也可以通过与其他零售商合作，在其门店内设立专柜（如百货商场内的品牌专柜）。例如，Zara、优衣库、阿迪达斯在全球就有很多专卖店。

体验店：体验店是以消费者体验为核心的门店，主要目的是让消费者亲身体验品牌的产品和服务。不同于传统的零售店，体验店注重感官和情感的互动，以提供与品牌相关的沉浸式体验。这种门店侧重于产品展示、互动体验、客户服务等，重在为顾客提供体验而非单纯的销售。例如，Apple Store、特斯拉、宜家，还有国内新能源汽车的线下门店等。

快闪店： 快闪店是指品牌方设立的临时性零售店，通常存在时间较短，目的是通过短期的活动吸引消费者的注意，创造话题或通过限量销售产品来刺激需求。快闪店通常设在热门的商业区或特殊活动、节庆期间。店面通常设立在短期或季节性的高流量地点，如购物中心、展览会、街头巷尾等。快闪店通常会推出限量产品或特殊产品，增强消费者的紧迫感和独特体验。店面设计和布局灵活，通常会融入互动元素或创意展示，吸引消费者主动参与。Supreme、耐克、阿迪达斯、H&M、名创优品、泡泡玛特等，都曾在不同城市开设快闪店，来快速提升品牌曝光度并增加销售。

中国企业在布局海外线下零售渠道时，是存在一定难度的，毕竟无论在国内多么知名，在海外都可能只是一个陌生的品牌。

在实践中，一些企业抱怨海外的渠道商"傲慢"，沟通难度大，其实是因为海外的商超等线下零售渠道发展较为成熟，规模较大，从而拥有较强话语权。数据显示，美国及欧洲等发达国家的电商渗透率长期保持在 15% ～ 16%，也就是说，仍有超过 80% 的消费场景是在线下发生的。

中国企业想要顺利地进入海外线下零售渠道，重要的一点就是在当地建立品牌认知。在没有品牌影响力的情况下，想要进入优质的大型连锁零售商、百货商场等渠道是非常困难的。

我曾与朋友到欧美、俄罗斯等地的连锁渠道交流考察，发现不少线下零售渠道对中国品牌缺乏了解。虽然中国产品可能价格更低，但是价格并非它们唯一考量的因素，很多优质线下零售渠道的货架早已被欧美或本地品牌占据，中国企业的品牌出海，本身就是在夹缝中求生和寻求突破，不能一味地靠着低价去竞争，而欧美品牌的供应商关系、品牌营销能力以及长期经营战略都值得国内企业多多学习。

企业布局线下零售渠道和品牌门店时，首先要根据目标市场的人口密度、消费能力、文化特点等，选择合适的区域开设门店或进驻零售商。高端品牌可以选择在核心商业区、繁华购物中心或奢侈品集中区域开设旗舰店，打造品牌形象。大众消费品适合进入连锁便利店、社区商店等，迅速占领市场。而在开设品牌门店时，需要重视设计和运营，品牌文化的本地化适配尤为重要，要考虑到文化差异和消费者的情感诉求。品牌门店不仅要提供线下购物体验，还应考虑与线上渠道的整合，例如，通过二维码、线上预约等方式增强顾客的互动体验，还可以通过开业促销、限时折扣等方式吸引顾客，提高品牌曝光度。

因为线下零售渠道的入驻和品牌门店的开设不同于线上开店，其复杂性和成本投入都比较大，为了避免风险，建议企业早期应招聘本地有经验的人来执行，或者找到专业的服务商来帮助企业进入合适的线下渠道，这样能少走很多弯路，节约很多时间和成本。

我们曾多次提到安克，其在线下渠道的布局方面非常完善，通过线下渠道，为用户构建了立体的体验场景，且大型零售商超还为其产品提供了强大的质量背书。

安克于 2014 年入驻 Staples 后，公司就持续地开展线下渠道的布局，2017 年，先后入驻了美国第一和第二大连锁超市沃尔玛和塔吉特，以及第一大电子商品连锁卖场百思买；在欧洲市场，安克入驻英国第一大电子产品零售商 Dixons、英国高端百货哈洛德、塞尔福里奇百货（Selfridges），以及德国家电零售巨头 Media Markt 和法国零售集团 Fnac Dary 等商超。

在专业渠道方面，安克与日本三大电信运营商 Softbank、KDDI 以及任天堂合作，向它们销售标准化及定制产品，并在任天堂等企业的线下门店销售产品。

在代理商、经销商方面，安克在多个国家展开合作，依靠购销关系进行二次销售，主要在东南亚、南美、中东等地，公司还在中东部分地区招募代理商开设线下品牌旗舰店，如阿联酋迪拜的 City Centre Mirdif 旗舰店。

通过这些线下渠道的布局，用户可以面对面地交流来建立品牌认知，对安克产品的功能、质量等有了更直观的感受，并且这些渠道网络实现了更加广泛的用户覆盖，让其品牌的影响力持续领先。

对于习惯于通过线上渠道出海的中国企业，建议在积累了足够多的市场经验、用户洞察和品牌知名度后，再尝试开设线下门店。

最近，我带队在东南亚游学，明显发现很多国内品牌开始大力布局线下品牌门店，不少大家熟悉的知名餐饮连锁企业都在探索出海，从东南亚到欧洲，从北美到墨西哥。例如，在新加坡，名创优品、瑞幸、蜜雪冰城、OPPO、太二酸菜鱼等知名连锁企业随处可见，还有我最爱的湘菜品牌农耕记，而喜茶则开在伦敦，海底捞和九毛九在探索美国市场。在与马来西亚的合作伙伴一起服务奈雪在吉隆坡开出第一家店的过程中，我们也积累了宝贵的经验。

品牌门店除了提供一个直接与客户互动的平台，以提升品牌认知度和忠诚度之外，还可以通过直接接触用户，收集市场反馈，帮助品牌优化产品和服务。

企业在开设海外品牌门店时，选址策略非常重要。线下门店的选址需要很多数据的支撑，比如商圈的客流量，交通便利程度，竞争门店的数量、布局、用户属性等，以便能够分析并做出决策。

同时，企业要确保全球各地的品牌门店在形象和服务上的一致性，维护品牌的全球形象；还要结合线上和线下的销售渠道，提供无缝的购物体验，进而提升客户满意度。

对于还在起步阶段的出海企业，建议更多地从战略的角度来思考，不仅仅是为了销售产品，给用户带来不同于线上的体验，更重要的是品牌认知的场景的搭建，这也是企业打造品牌的重要环节。特别是那些能够通过产品体验大大促进销售转化的产品，如大型设备、汽车、个护产品、家居家电、健身产品等。所以，品牌门店是这些企业品牌打造的必选项。

例如，泡泡玛特在海外的销售就不局限于跨境电商平台和独立站，在海外还开设了品牌门店、快闪店、机器人商店等，通过多样的体验和更大的曝光来持续吸引不同市场的用户。

华为在全球各地也设立了多个旗舰店和体验店，特别是在欧洲和东南亚市场，其旗舰店不仅展示产品，还通过互动体验增强客户对品牌的认知，提升了品牌知名度和市场份额。

6.2.4　多元化合作，名创优品海外 2000 多家店复盘

在研究中国出海企业海外渠道落地的过程中，名创优品的成长历程和策略方法非常值得广大企业学习。

据财报数据显示，名创优品自 2015 年出海以来，通过快速扩展全球门店网络，以价格合理、设计简约的产品吸引了大量用户。截至 2023 年底，名创优品的营业收入约为 138 亿元，其中海外收入接近 47 亿元，海外门店数量达到了 2487 家，2023 年净增了 372 家海外门店，其门店选址策略和本地化运营方式，确保其品牌在全球市场的成功。

名创优品在海外市场的发展，特别是渠道体系的建设，主要分为三个阶段，分别是探索阶段、扩张阶段和腾飞阶段。

探索阶段（2015～2016 年）：在探索阶段，名创优品对海外市场的扩张主要由代理商驱动。2016 年，公司主动进入了东南亚的部分国家，又在墨西哥开设了拉美第一家门店，都取得了一定的成绩。这一阶段，公司主要输出的是国内的供应链和业务模式。

扩张阶段（2017～2021 年）：在经过两年的探索之后，名创优品积累了一些海外线下渠道搭建的经验，并完成了市场验证。2018 年初，董事长叶国富提出"百国千亿万店"的目标，开始了全球化扩张。至 2021 年，公司已进入 80 多个国家，开设了近 2000 家门店，搭建了较为完善的渠道运营体系和数字化系统。

腾飞阶段（2022 年至今）：2022 年，名创优品又提出了"品牌升级"战略，并在 2023 年宣布进入超级品牌元年，持续地提升了品牌形象。经过多年的发展，公司正从超级渠道转型为强势品牌，在全球用

户心中建立了良好的品牌形象。

在这一阶段，名创优品通过本地化运营、数字化支撑及提高管理水平等，提升了品牌覆盖率和单店效率，同时，继续拓展合作伙伴，加强代理商和加盟商的开发，实现了持续的高质量增长。

鉴于全球市场的复杂性，文化习俗、营商环境的多样性，不同的市场有着不同的进入难度和战略意义。如果不做调研，不加区分，一视同仁，从国内派人出海开店运营，其压力和适应难度会很大。因此，名创优品探索出了三种不同的海外市场拓展模式，分别是直营模式、合伙人模式和代理商模式。

（1）直营模式。

名创优品的海外直营店主要分布在北美、印度等人口众多以及加拿大、新加坡、越南等潜力较大的战略市场。公司通常的做法是在当地建立控股子公司，开设直营店和标杆店。通过这种方式，公司可以有效地直接获取用户数据，更好地管控品牌，进而提高门店运营效率。

随着直营模式的成功和品牌力的提升，公司也会根据实际情况开放代理或加盟。

（2）合伙人模式。

在印度尼西亚等国家，名创优品主要采用合伙人模式，也就是加盟模式。

2017年，名创优品进入印度尼西亚，因为当地华裔较多，在早期开放加盟后，很快取得了不错的回报，也因此吸引了更多的加盟商。至今，名创优品已经开设了200多家门店，覆盖了近百个城市，成为印度尼西亚知名的连锁品牌。

2023年初，名创优品还在印度尼西亚推出了全新的概念店，打造了东南亚年轻人的潮流消费高地。

据了解，目前公司在印度尼西亚的单店模型较为成熟，月营业收入在30万元左右，毛利率在50%左右，因为租金与人工成本较低，所以利润较为可观。

（3）代理商模式。

名创优品在更多的国家和地区拓展业务时，还是通过与有着丰富的资源和零售经验的本地代理商合作来运营品牌，开设门店。

公司会通过优先寻找国家总代理的方式，来提高代理商门槛，这样既提高了成功率，也降低了管理难度。在代理商模式下，代理商可以自主地选择产品、数量、终端定价和营销模式，并采用买断产品的方式进行运营，这就极大地降低了名创优品海外拓展的风险，公司的主要工作转变为提供建议与监督，帮助代理商提高效率等。当然，在门店拓展与本地运营方面，公司还是会对代理商提出要求，如果代理商多年未能达标，代理商的权限可能会被收回。

名创优品也会根据市场情况来调整运营模式，例如，在美国、加拿大、新加坡等地，公司一开始也是代理商模式，后来转为直营模式。

墨西哥市场是公司典型的代理商样板，也是增长最快的海外市场。2016 年，名创优品在墨西哥城的 Galerías Coapa 和墨西哥州的 Multiplaza Aragón 开设了门店。经过多年的发展，目前已经拥有 200 多家门店，平均店销超过 60 万元人民币 / 月，是中国门店平均销售额的两倍。

墨西哥市场之所以特殊，除了国家的法律体系健全，营商环境较为优越，消费人口多，市场需求较大之外，更重要的是其国家代理 Eduardo Tishman 背后有墨西哥投资集团 Carso Group 的支持。而 Carso Group 不仅拥有代理公司 30% 以上的股份，旗下还有多家百货和零售商店，能够大大地赋能名创优品的门店拓展。同时，公司的品牌定位也比较准确，在海外的轻奢定位，与大量的夫妻店有所区分，深受年轻人和中产阶层的喜爱。

基于名创优品在海外搭建线下渠道的成功经验，我们可以做出一些总结。

在门店开设前，公司会通过详细的市场调研，了解目标市场的消费习惯、竞争环境、法律法规等信息，并优先选择经济发展较好、消费潜力大的市场作为试点，如东南亚、北美和欧洲等地区。

在选品和营销上，公司会根据目标市场的需求和文化特点，调整产品线和设计风格，以符合当地用户的喜好。在品牌传播中，公司注重与本地文化的融合，例如，聘用本地明星代言，参与本地节庆活动等。

更重要的是，公司会寻找本地合作伙伴，与本地知名零售商、投资公司或个人进行合作，利用它们的资源和经验迅速进入市场。在一些市场，名创优品通过设立合资公司，与本地合作伙伴共同运营门店。

在门店的选址上，公司通常会选择人流量大的购物中心、商业街区等地段，以确保门店的曝光和客流。同时，门店设计风格统一，保持品牌的全球一致性。

在门店运营的过程中，公司采用标准化的管理流程和运营模式，确保全球门店的统一管理和高效运营。同时，招聘和培训本地员工，利用本地管理层的经验和市场洞察力，确保服务质量和顾客体验。

6.3　企业渠道能力评分

企业的渠道能力决定了企业能否通过有效的分销网络将产品或服务高效地传递到目标市场的终端用户手中。强大的渠道能力不仅能扩大市场覆盖范围，还能提高销售效率和客户满意度。

为了更好地让企业了解其渠道能力现状，我制作了出海企业渠道能力评分表，企业可以参考后进行自评，如表6-8所示。通过这个评分过程，企业可以清晰地识别出当前的优势和改进空间，也可以进一步修订和完善这些标准，使这些标准更贴合企业自身的发展需求，并将其作为内部运营和提升的指南。

表 6-8　出海企业渠道能力评分表

能力分值	描述	标准
1分	企业刚开始考虑出海，尚未建立任何线上或线下渠道	• 没有入驻线上渠道或仅有非常基础的网站 • 没有线下门店或分销网络 • 缺乏海外市场渠道建设和管理的经验
2分	企业已建立基础的线上或线下渠道，但尚未形成完整的销售网络	• 拥有基础的独立站或在第三方电商平台上开设了店铺 • 拥有少量线下门店或分销商，但覆盖范围有限 • 开始进行初步的市场推广和品牌宣传
3分	企业已在目标市场建立了较为稳定的线上和线下渠道，但渠道能力有待进一步优化	• 线上渠道包括成熟的电商网站和活跃的社交媒体账号 • 线下渠道拥有一定数量的门店和分销商，覆盖多个区域或城市 • 有一定的品牌知名度和市场占有率，但与领先企业相比仍有差距
4分	企业在海外市场的线上和线下渠道能力较强，能够稳定运营并有效管理	• 线上渠道具有高效的电商运营能力，包括网站优化、SEO、内容营销等 • 线下渠道拥有广泛的门店和分销网络，覆盖主要市场区域 • 品牌在目标市场具有较高的知名度和忠诚度，能够进行有效的市场推广和客户关系管理
5分	企业在海外市场的线上和线下渠道处于行业领先地位，具有强大的市场影响力	• 线上渠道具有创新的电商技术和个性化的客户体验，如 AI 推荐、AR 试穿等 • 线下渠道拥有战略性的门店布局和高效的供应链管理，提供卓越的顾客服务 • 品牌在目标市场具有强大的竞争力，能够引领市场趋势和用户行为

第 7 章

销售做成交，达成营收目标

销售能力指的是企业在国际市场上开发客户、维持客户关系并达成交易的能力。它涵盖了销售渠道选择、销售策略制定、客户关系管理、渠道管理和售后服务等方面的能力。

虽然在线上渠道，比如跨境电商平台或独立站，主要是依靠营销或者运营来引导用户完成交易，但是经营工厂、外贸、软件、SaaS 等业务的 ToB 企业以及生产工程机械、汽车等耐消品的企业，还是要依靠销售对客户进行培育、转化和维护，以此来实现营收的增长。

出海企业应该如何搭建销售团队、设计销售流程以及使用数字化工具来实现海外销售的增长呢？

7.1 搭建销售团队，搭建销售体系

销售团队的搭建是一个系统工程，如果销售团队在国内，招聘和管理将较为方便；如果国内和海外都有销售团队，那么在不同的目标、

文化的冲突下，其管理难度将倍增。如何搭建销售团队和完善的销售体系，对中国企业出海至关重要。

7.1.1　明确销售模式，梳理团队配置

在搭建销售团队之前，企业需要进行详尽的市场研究和需求分析，以便确定销售目标和销售模式，比如是采用直接销售还是渠道销售，是线上销售还是线下销售，销售团队在国内还是海外等。

直接销售是指企业直接与客户联系并建立和维护客户关系。这种模式的优点是企业对销售过程有高度的控制权，可以直接了解客户需求和反馈，但不足之处在于在新的市场可能需要更多的时间和成本来建立客户基础。

渠道销售是指通过代理商、经销商或分销商等第三方渠道来进行销售，这种方法能够减少企业进入海外市场的时间和成本。因为需要分利润给渠道伙伴，所以会挤压企业的利润空间，甚至可能要对渠道进行补贴。依靠渠道来进行销售，业绩的增长很大程度上取决于渠道的销售能力，存在一定的风险和不可控性。

线上销售就是企业通过 B2B 电商平台（如阿里巴巴国际站、环球资源网）、企业官网或其他线上平台进行销售。这就需要企业有一定的品牌竞争力和线上营销能力来吸引潜在客户，获得销售线索，否则难以实现增长。

线下销售是指通过展会、商贸洽谈会、线下经销商等方式进行销售，优点是能够直接接触客户，进行面对面的沟通和演示。缺点是成本较高，包括差旅、展会等费用，覆盖范围也有限，主要集中在特定的市场和活动中。

销售团队在国内，通过远程手段进行获客与成交，成本会比较低，也方便集中管理和运营。但是时差和语言障碍会影响沟通效率，而且缺乏本地市场的实时反馈和进行相应动态调整的能力。此外，客户关系的建立也会较慢，信任度较低。

销售团队设立在海外，进行本地化运营和推广，就能够直接接触客户并建立和维护本地客户关系，提升信任度。但是运营成本将较高，包括人力、办公和差旅费用，还需要对本地市场有深入了解和一定的适应能力。此外，管理和沟通的复杂性也会增加。

因此，在企业发展过程中要搭建怎样的销售团队，以及如何在国内和海外配置团队，是一个需要战略性思考的问题。结合过去操盘的实践，我也做出了一些思考。

在企业的初创阶段（Start up），企业资源有限，建议在国内通过线上渠道（如电商平台、社交媒体、独立站等）开展海外业务。销售团队设立在国内，主要进行线上转化，测试产品在国际市场的接受度。同时通过派出熟悉线下销售模式的销售出国参加国际展会，获取海外客户，降低成本和风险。在这一阶段，企业应把资源集中在产品开发和完成产品的市场验证上，暂时不建议在海外搭建销售团队。

在成长阶段（Growth），如果此前已经在市场测试中取得了成功，可以考虑在目标市场设立销售代表或小型销售团队，国内的线上销售与海外的销售团队进行配合，进一步推动业务增长。此外还可以寻找当地的销售代理、分销商或合作伙伴，利用他们的渠道和资源进行市场拓展。当然更好的选择是在关键市场设立办事处或分公司，搭建本地销售团队，直接负责管理和推动销售。

在成熟阶段（Mature），企业可以在主要市场建立完善的销售和服务网络，搭建完善的"国内＋海外""线下＋线上"销售团队架构，形成全球布局。此外，还可以深入挖掘各个市场的潜力，进一步扩大市场份额，提高市场占有率，并且通过 CRM 系统和客户数据分析来优化客户关系管理，提升客户生命周期价值。

我还发现，多数企业并不是只使用单一的销售模式，而是会使用混合销售模式（Hybrid Sales Model），也就是结合直接销售、渠道销售、线上销售和线下销售等多种模式，根据市场需求和产品特性灵活调整销售策略。比如我之前在国内的销售团队主要负责线上线索的转化，而海外的七个分公司主要负责本地客户以及就近的展会营销，团队配合协作，负责好自己的区域。这样能够最大化市场覆盖和销售机会，分散风险，提升销售的稳定性。但也需要协调多种销售渠道和团队，会带来成本的增加和管理复杂度的提高，因此经常需要客户关系管理（Customer Relationship Management，CRM）的数字化工具来实现跨国的销售管理。

7.1.2　搭建销售团队，完善组织管理

企业在海外市场搭建销售团队时，销售团队的配置与组织架构至关重要。一个有效的组织架构不仅可以帮助企业更好地适应当地市场，还能提升销售效率和竞争力。

企业想要搭建海外销售团队，需要有一定的招聘策略。首先要明确销售需求和规划，明确每个岗位的职责、目标和工作内容。列出这些职位所需的技能和经验，如语言能力、行业知识、销售经验等。团队的销售岗位是负责对中小客户还是大客户的销售，是需要操作大型机械设备还是软件的经验等，都需要提前明确。因为哪怕同样是销售岗，由于目标客户以及产品，还有转化周期和客单价的不同，也会存在较大的差异。

接下来，企业需要根据市场需求和销售目标确定需要招聘的人数，再根据岗位描述和技能要求筛选出符合条件的候选人。企业可以使用 LinkedIn、Indeed 等平台发布招聘信息，寻找具有相关经验和背景的销售人才，也可以到目标国家专门的招聘网站或 app 上去发布。如果要招聘国家级别的管理者或者海外负责人，可以与专业的猎头公司合作。

企业需要了解的是，海外的招聘难度是大于国内的，不太可能出现发布一个岗位就能收到几百上千封简历的情况，而且优秀的候选人对企业的要求，对工资福利、对遵纪守法的要求都会高于国内同岗位的候选人。同时，很多国家的职场中讲究生活和工作的平衡，哪怕是

普通的求职者也不会缺乏工作机会。

也许有人会好奇，为什么要在本地招聘员工，而不是从国内外派。在我刚刚操盘国际业务，在海外搭建团队的时候，也有此疑问。我们的第一批员工就是在国内筛选过的优秀的外派销售，但是随着海外业务的落地和深入，我发现国内员工虽然能够确保公司文化和业务流程的一致性，便于管理和沟通，可以快速展开工作，但是文化差异和语言障碍并非是短时间内能解决的，更重要的是作为销售却缺乏本地资源。而且，大多数人最终还是希望回国，这对于海外分公司的长期发展也是不稳定的因素。而本地员工更熟悉本地市场、文化和法律环境，有助于企业快速融入本地社会，建立良好的本地关系网络，也适合深扎本地。不过可能需要对本地员工进行额外的培训，并花费更多的时间帮助其融入公司文化，这对企业的管理和沟通能力可能存在挑战。其实这些都是中国企业出海所要面临的问题。

值得注意的是，海外经常有一个销售工程师的岗位，从名称可以看出，这个岗位既是销售，又是工程师。我们可以从字面上拆解一下，海外销售工程师 = 海外 + 销售 + 工程师。

"海外"即面向的是国外市场，而不是国内市场，对海外市场的划分通常是亚太地区、欧洲地区、北美地区、南美地区等，不同的公司有不同的定义和划分，但都是做外国公司的生意，跟外国人打交道。

"销售"即通过潜在客户搜寻、建立联系、沟通需求、展示产品、商务谈判等工作，把公司的产品或服务卖出去，获得利润；从销售的本质上讲，海外销售与国内销售并没有太大的差异，不同的是地域、语言、文化、风俗等。

"工程师"是说你需要具备一定的技术知识，客户需要一个懂行的人与之对接洽谈，而不能浪费口舌、对牛弹琴。但当市场可选的候选人数量有限的时候，企业也会降低对于技术背景的要求，比如小语种市场的销售岗，很难找到一个既懂俄语或者德语，又懂通信技术或工业自动化技术的候选人。在这种情况下，企业会降低对技术水平的要求。

　　通过这个岗位也可以发现，因为海外成本和管理的问题，企业对销售的要求也变得更高，基本要求"一专多能"，但是其收入也是更为可观的。我也建议广大职场人勇敢地走出国门，去海外接受专业的挑战，学习本地文化，体验一下不一样的人生。

　　招聘合适的候选人也是成功的关键。因为海外销售的文化适应、语言基础、本地人脉至关重要，销售经验反而可以通过培训来学习，应该优先选择具有相关行业背景和工作经验，流利掌握目标市场的语言，如英语、西班牙语、法语等的候选人。此外，候选人还应当了解并尊重目标市场的文化差异和商业习惯。

　　有了销售团队后，就需要选择一个或几个市场作为试点，积累经验和数据，然后根据试点市场的表现逐步扩展到其他市场。

　　在团队经验积累的过程中，销售负责人要设计好适合企业的销售流程，形成工作流程文件或培训资料，确保每个销售人员都熟悉产品特点、优势和使用场景。培训包括销售流程、谈判技巧、客户关系管理等，旨在帮助销售人员了解和尊重目标市场的文化差异，提高跨文化沟通能力。

　　最后就是销售的管理和激励。企业需要设定关键绩效指标，如销售额、客户数量、市场份额等，然后定期评估销售人员的业绩，及时反馈和调整，还需要设计合理的奖金和提成制度，激励销售人员努力工作。此外，还可以利用 CRM 跟踪销售数据，分析市场趋势和客户行为，及时调整销售策略和改进工作流程。

7.2　设计销售流程，完善销售体系

　　海外销售是一个复杂的过程，涉及市场研究、产品定位、价格策略、销售流程、客户开发等多个方面。前面几个要点我们在产品和营销环节都有所涉及，本节我们主要讲述销售流程和客户开发。

　　销售流程对于海外销售至关重要，有助于提升效率、确保一致性、

优化客户体验和提高销售量。而对于早期的出海企业来说，开发客户则是增长的关键，对此我总结了常用的 10 种方法在后文介绍。

7.2.1 设计销售流程，统一成交节奏

做管理咨询时，我曾经独立拿下过 600 多万元的咨询大单；做销售管理时又带过近 600 人的销售团队，拿到过 10 亿元级营收的业绩；负责海外事业部，也从零起步搭建过海外销售和服务团队，实现了 2 亿元级的增长。在这些过程中，我深知销售流程和行为规范的重要性。

标准化流程可以使销售团队能够快速熟悉销售工作，遵循标准化的销售流程有助于销售人员提高工作效率。统一的流程、标准的动作，能够确保所有销售人员按最佳实践操作，提供一致的客户体验；过程记录有助于识别和解决问题，提高成交率和客户满意度；工具的支持能够收集数据，有助于发现改进机会和优化策略。

在多年的销售管理和出海经验中，我认为一个标准的海外销售流程一般分为客户开发、需求分析、解决方案、商务谈判、合同签署、实施交付、客户维护等步骤（见图 7-1）。

图 7-1　标准的海外销售流程

在销售流程开始前，销售人员需要了解自己的产品、目标客户、所在行业以及品牌提供的独特价值，充分的准备是完成销售流程的基础。

1. 客户开发

虽然一些企业会有营销人员负责获取线索，帮助销售开发客户，销售更多地只需要承接好线索，做好客户的转化即可。但是大多数公司还是需要销售具备客户开发的能力，比如通过线上广告、社交媒体、

展会、行业会议等渠道获取潜在客户。在找到潜在客户之后，销售还需进行筛选和评价，找到真正的高潜客户。

而且，我一直建议海外销售要学会运营自己的社媒甚至个人博客站，以此来积累自己在行业中的影响力并获取生态位，这样不仅有利于客户开发，还能提高转化效率。

2. 需求分析

在拿到潜在客户的资料之后，销售还需要进行一些调研，确定这些客户是否真的需要你销售的产品。这时候可以通过邮件或者电话来了解客户的需求、痛点、决策流程甚至预算，还可以评估一下对接的联系人是否拥有决策权。

3. 解决方案

当判断了解了客户的预算和需求之后，对于比较复杂的产品，需要根据客户需求准备定制化的产品演示和解决方案，并通过在线会议、面对面演示或演示视频等方式展示产品的价值。如果是比较简单的、可以直接交付的产品，可以跳过解决方案，直接进行商务谈判。

4. 商务谈判

了解客户的期望和底线后就可以开始制定相应的谈判策略。销售需要在谈判中保持灵活，寻找双方都能接受的解决方案。和不同国家的客户谈判也有不同的谈判技巧和风格，需要根据具体文化背景调整策略，这就需要销售深入了解本地的文化。

在进行谈判的过程中，拒绝和异议是常见的。销售人员要有耐心，有针对性地处理异议，这也是达成交易的关键因素之一。

5. 合同签署

双方完成谈判后，就需要根据谈判结果准备合同文件。合同签订的时候需要确保合同条款清晰明确，涵盖所有关键点。海外的合同最好经过专业法律团队的审核，确保合同符合当地的法律法规。

6. 实施交付

合同签署并不是交易的结束，而是交易真正的开始。接下来就是按照合同条款执行订单，确保产品或服务的交付和实施。如果是外贸公司，就要确认订单并安排生产、运输和交付。销售在交付过程中也要持续地跟进，协调内部团队，确保订单按时交付，并做到及时了解客户的需求，及时解决客户问题。

7. 客户维护

实施交付完成后，企业还需要提供持续的技术支持和售后服务，解决客户问题。这一阶段，销售人员可以定期跟进客户，收集反馈信息，从而维护与客户的长期合作关系。

成交并不意味着一个销售周期的结束，一个优秀的销售人员最大的成交来源往往是老客户的复购和转介绍。于是，成交后的客户关系维护就显得至关重要。

除了根据市场和产品特点制定详细的销售流程，确保团队高效运作之外，企业还需要定期培训销售团队，根据市场反馈和数据分析优化销售流程。作为销售也要时刻关注客户的需求和反馈，提供优质的售前、售中和售后服务，提升客户满意度，实现业务增长和市场扩展。

7.2.2　重视客户开发，多种方法尝试

目前国内更多的企业还处在出海的早期，在整个销售流程中，这一阶段最重要的工作就是海外客户的开发。开发客户的方法有很多，在此我总结了常用的 10 种方法。

1. 老客户转介绍

在我开展海外业务的时候，服务的第一个客户就是之前在国内有过合作的客户，他们当时的出海需求恰好匹配了我们正在从事的海外业务。所以，如果一家企业已经开展了海外业务，一定要广而告之，很可能会有此前在国内合作过的老客户也需要全球服务，从而直接产

生新的合作。

2. B2B 平台

对于外贸型的企业，可以选择阿里巴巴、中国制造网等平台，还可以选择海外的 Tradekey、ThomasNet 等网站，在上面可以发布产品等待客户的询盘，也可以主动搜索关键词去寻找目标客户。如果有软件和 SaaS 产品的需求，可以尝试 Product Hunt、G2 等平台，可以在上面找到潜在客户，然后与他们进行沟通。

3. 独立站

独立站几乎是出海必备了。企业搭建好独立网站，进行持续优化并做好内容铺设，针对目标市场的搜索习惯进行 SEO 优化，提高网站在当地搜索引擎的排名，或者做一些 SEM，就能源源不断地得到询盘信息。

4. 搜索引擎

通过搜索引擎开发客户，需要了解一些搜索方法，以及特殊的搜索命令。

我们可以将谷歌理解为一个巨大的数据库，如何从这个数据库里面找到精准的数据，就需要用到很多方法了。比如将产品名称与"importer""distributor"或特定国家结合，就可以缩小搜索范围并找到潜在客户；搜索"公司网址"+"Mail"，有可能搜索出有效的邮件地址；通过"人名"+"LinkedIn"可以找到本身看不到联系方式的关键人等，使用谷歌地图、谷歌图片等渠道也可以找到潜在的客户。

另外，还可以使用"filetype:""site:""inurl:""intitle:"等指令来精准地搜索。

5. 海关数据

想用海关数据开发客户，可以先确定目标客户，再通过公司名称去找到联系人方式，再使用开发信来联系客户。海关数据还可以用来了解客户的经营状况、接受价格、采购周期、进货量、采购习惯等信息，用来进行数据分析。

6. 社交媒体

在第 6 章我们详细介绍了全球社交媒体，其实 Facebook、X、TikTok 等社媒都可以开发到新客户，但是需要销售保持一定的活跃度和持续地发布专业内容。如果销售能掌握一些 SEO 技巧，很可能在潜在客户搜索的时候能够被展现在前面。

而做 ToB 销售最重要的社交媒体平台就是 LinkedIn，作为全球最大的职场社交平台，上面有很多大中型企业，并且很多关键决策者都活跃在平台上，非常适合进行客户开发。

7. 政府机构

企业可以通过行业协会和政府机构的网站找客户，主要是针对设计招投标产品的客户。

8. 企业黄页

企业可以搜索各个国家的黄页网站，查找潜在的采购商，然后通过主页或者 Google 搜索联系方式。

9. 展会

企业可以参加国际行业展会，直接面对目标客户和合作伙伴，展示产品和服务；或者加入国际商会和行业协会，参加其组织的商务交流活动来开发客户。

10. 陌生拜访

如果销售团队在海外，或者企业的客户有类似路边门店的可拜访地点，或者客户是某些特定的群体，可以尝试陌生拜访，或者用地推的方式来开发客户，在很多新兴国家也能取得好的效果。

企业拿到了潜在客户的联系方式后，与国内直接打电话或加微信不同，在海外商务场景中，通常是要写开发信进行联系的。

不直接进行电话沟通的主要原因，除了大多数销售无法用流利的外语或本地语言与海外客户沟通之外，还有时差、隐私保护等。在一些国家，甚至在休息日的邮件联系也可能被拒绝。比如我就曾经因为欧洲某国运营商的通道问题写邮件给对方的工程师，结果不仅没有得到反馈，还在两天后收到其上司的邮件，委婉地表示我不应该在休息时间打扰他的员工。这样的文化差异也是企业需要注意的。

开发信的撰写也很重要，特别是在现在这个邮件泛滥的时代。在给海外潜在客户写开发信的时候，可以在邮件中展示出对客户的了解和关注，通过提及客户的公司或行业特点，使邮件更具个性化和针对性。

在邮件中还可以强调自身所销售的产品或服务的独特价值和优势，突出为客户解决问题或带来利益的能力，并且要避免使用复杂的行话或术语，以免造成误解。

如果客户有回复，那么需要在邮件中明确表达下一步行动，例如邀请客户进行进一步的讨论或安排会议。

随着客户的增多，也可以借助 EDM（电子邮件营销）工具或者 CRM 中自带的邮件工具来提高效率。其实在东南亚、非洲等地的许多国家，大家对即时通信工具的使用也越来越多，如 WhatsApp、Telegram、LINE 等。而欧美客户如果互相熟悉了之后，也是可以用它们来进行联系的，但要注意客户所在的时区，避免在不合适的时间打扰客户。我们也要尊重客户的隐私，避免在未经允许的情况下频繁发送消息，以免引起反感。最后，涉及商务条款或者合同相关内容的事项，一定要通过邮件进行确认。

7.2.3　我如何从 0 获得 30 个客户

在我负责国际事业部时，公司已经零散地有了一些出海客户，而事业部成立后，我就开始思考该如何获客，并且进行了一些规划，具体如下。

（1）将国内有过合作的客户全部盘点一遍，询问其是否有产品需求，近期是否有出海计划。

（2）按照行业盘点国内 3000 多个出海企业的名单，交给销售团队一一建立联系，主要是通过脉脉、社群等渠道。

（3）寻找出海企业聚集地，寻找相关的社区、社群等，进行合作沟通以及赞助。比如我是白鲸出海最早的一批广告赞助商，通过其平台获得了不少获客的线索。

（4）通过搭建英语版的国际网站、开通 Google 账户、注册海外主流社交媒体等方式，筹备海外数字营销。

（5）搜集出海论坛，关注海外互联网、游戏、技术、金融类展会，利用从中择优赞助、参展等行为提升企业的知名度（参考附录 C）。

有了规划，接下来就要付诸实践，当时，国际事业部在国内的团队主要对国内客户进行挖掘，还借调了一位产品经理参与搭建官网。同时，我也开始了出差之旅，去了解本地客户真实的需求以及本地客户对产品的需求，并深入地了解了海外华人群体的工作现状，物色合适的本地负责人。

那时的出差不是漫无目的的，而是需要提前了解好展会或报名参加当地华人组织的出海考察团，去精准地获取客户。通过持续的努力，我用 3 个月时间，认识了近百位海外朋友，拿下了 30 多个客户，完成了国际事业部从 0 到 1 的积累。

同时我也深刻地体会到，在企业出海时，作为创始人如果不能去目标市场深扎一段时间，不去亲自拿下几个客户，而是指望在当地招募销售就能把市场开拓出来，是行不通的。我就曾一年多次出差海外，途中也遇见了很多同在路上的出海人，如图 7-2 所示。

出海之路，创始人必须躬身入局，完成产品从 0 到 1 的探索，感受 PMF 过程中的问题，完成 GTM 的验证，再去搭建本地团队或者扩大规模。一切虽然艰辛，但付出总有回报。

图 7-2　我在海外和偶遇的中国出海人

7.3　数字化工具，助力全球销售管理

在进行海外销售和全球销售团队管理时，企业会遇到各种内外部的困难和挑战。有一些问题可以通过建立制度、优化流程、培训学习来解决，而另一些问题则需要数字化的工具来助力。

我在管理多个国家的近百位销售的时候，就发现不同国家和地区的销售团队由于时差、语言和文化差异而沟通效率低下。有的客户信息存储在不同的系统或个人手中，导致信息不一致、更新不及时。另外，各个地区的销售流程和标准也不一致，影响了销售效率和客户体验。又因为数据的割裂，导致难以跨区域科学合理地分配线索，也无法全面、准确地进行数据分析，进而导致出现了一些客户丢失和决策失误的问题。

种种原因都使得管理全球销售团队变得复杂且充满不确定性，为了更好地应对这些挑战，数字化工具尤其是客户关系管理（CRM）就显得非常重要。

CRM 是如何帮助企业进行跨国销售团队管理的呢？

对于沟通问题，CRM 可以提供统一的沟通平台，支持多语言功能，不同国家的销售团队在使用 CRM 时均可选择本地语言，在母语下开展销售工作。利用系统的内置消息功能、任务分配和通知提醒，可以提高沟通效率和协作效果。

比如我曾服务过的某企业，它们驻美国的销售经理由于时差问题经常需要在凌晨与国内总部进行沟通，这不仅影响了他的工作效率，也让他感到身心疲惫。公司引入 CRM 后，总部和各地团队可以通过系统随时查看和更新客户信息，不再依赖实时沟通。这位销售经理的工作压力因此大大减轻，销售效率也明显提高。

而客户信息就更好解决了，CRM 集中管理所有客户的信息，提供统一的客户档案，包括联系方式、交易记录、沟通历史等。通过权限管理，可以确保相关人员及时获取和更新信息。

在前公司，我们一位负责印度尼西亚市场的中国籍销售，在一次拜访客户的过程中，注意到客户对她的销售方案表现得不太热情。通过 CRM 中的文化背景资料，她了解到该客户所在地区有不同的商业礼仪和沟通方式，于是她调整了沟通策略，最终赢得了客户的信任和订单。

销售必须遵守流程和录入信息，可以设定标准化的销售流程，确保各地团队按照统一的流程操作。通过自动化工作流程和模板，可以减少人为错误，提高一致性。

有了以上数据的录入，CRM 就能提供全面的数据分析和报告，实时跟踪销售数据、客户行为和市场趋势，并通过自定义报表和仪表盘帮助管理层做出数据驱动的决策。

而在 CRM 选择的过程中，我还发现有一些 CRM 不仅仅支持销售的管理，甚至还能够将前后事项打通，进行客户全生命周期的管理。

比如 Zoho 的 CRM，最初的定义和设计是为了改善客户关系。时至今日，它已经涉及了企业的整体战略层面。系统可以将营销推广、转化和交易、生产管理和底层能力支撑等活动整合在一起，并打通 OA（办公自动化）、ERP（企业资源计划）等业务环节，以客户为中心，在一个平台中简化流程和策略、提高人效、改善工作效率、降低成本、提高客户满意度，最终获得销售业绩的提升（见图 7-3）。

Zoho CRM 还支持多渠道营销，包括邮件营销、社交媒体营销、电话营销等，通过多渠道触达客户，提供个性化的营销方案，提高客户参与度和转化率。

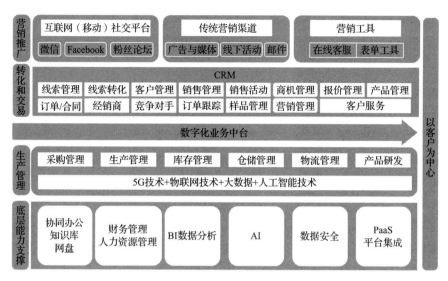

图 7-3　Zoho 的 CRM 解决方案

我曾经为某企业进行过 CRM 选择服务，因为该企业已经有了一套系统，因此对于数据迁移和系统简单易用比较关心，于是我和他们一起进行了市场调研，对国内服务出海企业的 CRM 进行了系统地了解。在此过程中，我发现原来 Zoho 的客户映翰通也有过类似的经历。

在出海过程中，映翰通也遇到了一系列的问题，比如海外业务团队的同事分布在不同的地区，存在着时差和工作方式上的差异，如何高效推进市场拓展并维系客户成为首要问题；业务跨区域快速拓展，导致市场数据和客户数据的归集和整理遇到前所未有的挑战；各国、各地区不同的法律法规、文化习惯和市场环境，这些因素都可能成为制约其发展的难题。

并且，映翰通之前使用的是开源系统 Sugar CRM，老的系统中还有上万个客户的联系方式，因此如何便捷地更换系统和迁移数据，也是他们考虑的重点之一。

据了解，在部署了 Zoho CRM 之后，Zoho 的团队仅用数天时间就帮助映翰通完成了数据迁移，基本是无缝完成了新老系统的更替。在这之后，映翰通的数字营销部门在两个月内形成了一套稳定的新模式，从收集线索到客户转换再到最终赢单，形成了标准化流程。

另外，在2020年下半年，映翰通还成立了海外电商平台，搭建了基于Shopify的独立电商网站，通过与Zoho CRM互通形成了完整的线上销售流程。到了2022年，公司的线上交易额实现了20倍的增长。我想，这大概就是在企业出海过程中，优秀的数字化工具能够带来的价值。

当然，不同的企业在选择CRM的时候，需要根据企业规模、业务需求和市场特点选择合适的CRM，确保系统功能和性能满足需求。同时要对销售团队进行全面的CRM培训，确保每个成员都能熟练使用系统，提高工作效率。通过设计和优化销售流程，再借助CRM解决内外部困难和卡点，企业可以更好地进行海外销售和全球销售团队管理，从而实现业务增长和市场拓展。

7.4　企业销售力自评

出海企业需要制定针对性的销售策略，以满足不同市场客户的需求。销售能力直接影响企业在海外市场的盈利能力和市场份额。

为了更好地让企业了解其销售能力现状，我制作了出海企业销售能力评分表（见表7-1），大家可以参考后进行自评。通过评分的过程，企业可以清晰地识别出当前的优势和改进空间，也可以进一步修订和完善这些标准，使其更贴合企业自身的发展需求，并将其作为内部运营和提升的指南。

表7-1　出海企业销售能力评分表

能力分值	描述	标准
1分	企业刚开始探索海外市场，销售能力非常基础，缺乏海外市场运作经验	• 刚开始接触海外市场，几乎没有销售记录 • 缺乏海外销售渠道和客户基础 • 对海外市场法规、文化和商业环境了解有限

（续）

能力分值	描述	标准
2分	企业正在学习海外市场的运作方式，开始尝试销售但尚未形成稳定的销售模式	• 有一些初步的销售尝试，但销售量较小 • 开始建立基本的销售渠道和客户关系 • 对目标市场有一定了解，但市场渗透和品牌知名度有限
3分	企业已有一定的海外销售经验，能够执行基本的市场销售策略	• 拥有稳定的海外销售渠道和一定规模的客户基础 • 能够制定并执行简单的海外市场销售计划 • 对目标市场有更深入的了解，开始实施本地化的销售策略
4分	企业在海外市场销售方面表现出专业能力，拥有成熟的销售策略和稳定的客户群体	• 销售业绩稳定，拥有良好的客户关系和市场反馈 • 能够根据市场变化灵活调整销售策略 • 拥有本地化的营销和销售团队，对目标市场有深刻理解
5分	企业在海外市场销售方面处于行业领先地位，具有创新的销售模式和强大的市场影响力	• 销售业绩卓越，拥有强大的品牌影响力和市场份额 • 能够创新销售模式，引领市场趋势 • 拥有高效的销售团队和先进的销售工具，能够跨文化、多渠道进行销售

第 8 章

服务增黏性，提升客户忠诚度

客户服务是指企业给客户提供的一系列服务，包括客户支持、售后服务、投诉处理和客户体验管理等，涵盖产品售前、售中、售后整个过程。

在企业出海卖货和打造品牌的过程中，客户服务是赢得市场竞争和用户信任的重要因素。通过提供优质的客户服务和有效地处理客户问题，企业能够在海外市场建立良好的品牌形象，赢得客户的信任，提升客户忠诚度。

而客户服务能力则是企业提供这些服务的能力。客户服务能力的提升主要依靠售后、客服等团队的搭建，客服系统的引入，体系的完善等工作来实现。

8.1 海外客户服务，贯穿营销到经营

通过第三方渠道或独立站开展业务只是企业海外增长的第一步，接下来如何通过售后服务和处理客户投诉来维护客户关系才是客户体

验的重要环节，也是保障企业赢得市场口碑、实现持续增长的重要手段。

海外客户往往对新品牌持观望态度，良好的客户体验可以帮助企业建立信任，增加品牌的美誉度。通过及时解决问题，快速有效的客服响应可以减少客户的负面情绪，还能更好地满足客户需求，增加客户满意度，从而提高客户的忠诚度和重复购买率，扩大品牌的影响力。

同时，通过与客户的互动，企业可以收集客户的真实需求和意见，及时调整产品和服务策略，以更好地适应当地市场，提升竞争力。

在搭建客户服务体系的过程中，也会遇到不少问题，比如企业资源不足，多语言、不同时区导致的沟通问题，客户触达方式的选择，数据和隐私需要符合当地法规等。

多数企业在出海的早期还是以产品出海为主，而随着出海企业越来越多，竞争越来越激烈，在产品趋于同质、价格相近的时候，客户服务又成了影响购买决策的关键因素。但是不管是售后服务，还是客户联络中心的搭建等活动，都需要企业付出相当的成本，并非一蹴而就，需要根据企业的所处阶段和资源来逐步搭建。

在提供服务的过程中，还会存在文化和语言的障碍，主要表现为不了解海外市场的文化、习惯，或者语言不熟练，这些问题都可能造成客户的不满甚至投诉。企业需要思考如何设计服务规范、语言支持等方案来解决这些问题。

同时，客户与企业的触达方式的多样化，也会造成提供服务的难度。比如在欧美，大多数人还是习惯用邮件来沟通解决问题，但是相对地，东南亚地区对语音电话、即时通信工具的接受度比较高。而当客户在社媒或官网上进行咨询的时候，企业的客服人员能够越早介入，客户的满意度就越高。这就要求企业要深入思考如何通过多个渠道触达、联络客户，包括用什么方式来触达不同地区的用户，用什么触达策略来提升用户满意度等。

日益严格的全球数据和隐私合规等要求也需要重视，因为做客户服务势必会沉淀大量的隐私数据，比如身份信息、联系方式、家庭地址等，目前全球大部分的国家都已经完成了数据和隐私方面的立法或者提出了草案，这就需要引起出海企业的充分重视，避免出现相关的问题。

此外，还有如何设计客户服务业务流程，如何采购或开发客户服务工具，如何自建客服团队等种种问题，都需要企业逐步解决。

接下来我们将对客户服务中比较重要的售后服务、搭建客服团队以及引入客服系统等内容进行拆解。

8.2　做好售后服务，选好服务模式

对于任何产品出海型的企业，售后服务都会是最先面临的客户服务问题。售后服务是指客户购买产品或服务后，企业提供的一系列支持和服务，主要内容包括产品的保修、维修、退换货、技术支持等。这些服务是为了确保客户能够顺利地使用产品或服务，并解决客户在使用过程中可能遇到的问题，维护产品的正常运行，减少客户的负面体验和投诉。

目前国内的出海企业，特别是跨境电商企业还是面临着很多痛点。比如公司的资金和精力大多数投在产品和营销上，很难有余力处理好售后问题，一般采用最基本的退换货处理，而这样的做法对于用户体验和成本来说都不够友好，也会造成利润的压缩，不利于海外品牌的建设。

目前海外售后服务有四种解决方案，分别是使用平台售后方案、合作伙伴负责模式、第三方服务商和自建售后团队。

对于货值不高、退换货方便的产品来说，企业可以使用平台附带的售后服务，由电商平台提供退货款、补发新品或者第三方修理等服务。

对于货值较高、维修复杂的产品，如果企业搭建了相应的海外渠道，还可以采用代理商、经销商等合作伙伴负责的模式。企业可以和

这些伙伴沟通确定一个合作方案，在供货价格或者利润中拿出部分资金进行补贴，让他们在销售的同时也负责好售后，企业再进行备件、培训与技术支持。这些合作伙伴一般比较了解本地文化，在本地有一定的市场经验，能够帮助企业快速适应当地市场的需求。这种方案有利于降低企业的成本，实现快速扩展，但是合作伙伴的服务质量难以管控，也无法了解客户需求，不利于企业进行品牌化升级。

一些企业的海外合作伙伴主要是中小型的经销商，类型国内的社区店、中小型五金店等，它们并不具备良好的售后能力。如果企业在该地区有一定的销售量，又想提供良好的客户体验，这时候就可以考虑第三方服务商。

第三方服务商一般拥有比较专业的经验和规范，能够为企业提供服务团队、退换货、维修、仓储等多方面的支持。

需要注意的是，在不同的地方第三方服务商的费用差异很大，比如欧美地区的人工费用就很高，一小时几十到数百美元是常事，可能比企业从国内派遣工程师出海的成本更高，企业需要平衡考虑。而在一些新兴国家如拉美、非洲、中东等地的国家，第三方服务商的覆盖面又不够，可能只能在少数城市提供服务。在全球范围内如果使用多个服务商，其中的备件、工单等管理难度会变高。

目前国内提供海外售后服务的第三方服务商还是不少的，比如 CBEC 数码港、Tomrepair 等，此外一些跨境物流和海外仓储服务商如万邑通、递四方、泛捷国际等也可以提供退换货处理、售后支持、维修检测等服务。

CBEC 数码港是一个以海外售后维修和海外仓储为主要服务的公司，公司总部在北京，主要做美国及英国的海外售后服务，提供包含检测、维修、换标、换包装、更换配件、销毁在内的多项服务。

Tomrepair 成立于 2015 年，之前是国内知名的跨境电商企业，后来转型成为售后服务公司，公司在美国、德国、俄罗斯等地均有售后维修业务，提供以手机、平板、无人机、车载、安防、小家电、平衡车等电子产品为主的维修保养服务。此外还与 4PX 等公司合作，为多家物流公司提供第三方售后海外仓。

企业在选择第三方售后服务公司时，应该考虑服务提供商的专业能力、行业经验、服务网络覆盖范围、响应速度、成本效益以及客户反馈等因素。此外，企业还应确保服务提供商能够遵守目标市场的法律法规，并能够提供与企业品牌能力相符的服务体验。

从产品出海到品牌出海，再到全球经营，企业要想更好地接触和服务客户，只依靠经销商和第三方服务商都是不够的，自主搭建全球售后服务是企业发展的大势所趋。

自建售后团队的好处是便于对品质和速度进行控制，能够提供更好的服务体验，还能积累过程服务数据。但是其高昂的成本与复杂的管理对企业来说也是一大挑战，有些企业的利润在给工厂交完货款和支付完售后的费用之后就所剩无几了。

当然，在早期也可以对产品进行分类。低价值产品直接退换，然后销毁，高价值产品则通过经销商或在保税区维修处理。

如果企业特别重视品牌，特别是当产品货值较高时，也可以定期派人去海外处理，或者搭建海外售后团队，招聘海外工程师来处理。这样能够为客户提供更好的服务体验，有助于服务品质的把控和成本的控制，还可以直接获取服务数据，实现产品的改进和后续运营。

但是自建海外售后团队，尤其是自建品牌直营服务中心需要重资产的投入，一方面要考虑如何远程管理这些员工，另一方面还要考虑在当地雇用员工的各种手续，要符合当地的政策法规，考虑当地的宗教信仰等，对于企业的资源、运营规模和管理能力都是较大的考验。小米、OPPO、华为等企业的海外售后体系就非常完善，实现了企业在海外产品、营销、供应链以及服务的深度本土化，成为了真正的全球化品牌。

企业自建海外售后团队的同时，也可以将经销商、第三方服务商作为服务的主体，而自有人员承担补位、监督、管理的职能，如此一来既提高了响应速度和服务质量，又考虑到了成本和管理的因素。

举例来说，海尔就在全球多个国家设立了本地化的售后服务中心，并通过当地合作伙伴提供维修和维护服务。此外，海尔还设立了 7×24 小时的客户服务热线和在线支持渠道，确保客户的问题能够得到及时解决。OPPO 也在主要海外市场建立了服务中心和维修点，提供快速的维修服务和技术支持，并通过社交媒体和用户社区与客户保持紧密联系，确保能及时响应用户的疑问和反馈。

无论使用哪种模式来提供售后服务，有一点都至关重要，那就是关于售后服务的标准和技术文件的编制。因为各个渠道对售后服务的标准和认知不同，公司需要编制完整的标准和技术文件来指导渠道伙伴和第三方服务商的工作，这些标准也是公司对不同国家客户的承诺，在一些国家是具备法律效应的。

前文提到的海尔就非常注重客户教育，通过在线教程、用户手册和培训课程来帮助客户了解和使用其产品，此外还通过定期的客户满意度调查和服务质量评估，不断改进其产品和服务。OPPO 则为销售和支持团队提供培训，确保他们了解最新的产品信息和技术，能够为客户提供准确的支持。

在海外，欧美知名企业的售后体系一般比较完善，而不少国内出海企业对售后服务的重视程度还有所欠缺。企业想要从中国制造跨越到全球品牌，就需要做好从产品到品牌，从销售到售后服务的完整闭环，让客户真正从购买到复购，从兴趣到忠诚。

8.3　搭建客服团队，服务全球客户

售后服务只是客户服务的一部分。前文说到，客户服务包括企业在售前、售中和售后为客户提供的各种服务和支持。因此其重点在于，要在客户的全生命周期中建立和维护好客户关系，提供优质的客户体验。

在企业全球增长的过程中，客户服务会越来越重要，售后和客服都是企业与全球用户的触点，客户服务对产品服务、品牌打造、促

进销售、提高满意度、NPS（净推荐值）等都非常重要。因此，一支专业的客户服务团队就显得尤为关键，那么企业应该如何搭建客服团队呢？

企业在搭建客服团队之前，需要根据实际情况给团队一个定位和目标。比如团队的主要工作包含哪些？有的客服团队只负责售前和售后的咨询，有的还需要承担销售转化工作。这决定着团队的考核目标，是基于所提供服务的质量还是基于促进销售的效果。

在确定团队职责后，需要确定团队的组织架构，比如一线的客服专员、质检人员、管理人员和处理投诉的人员，帮助新人成长的培训人员，第三方团队的管理人员等。客服团队往往人数较多，流动性较大，因此管理起来是比较劳心费力的。另外，还需要建立客服相关流程和制度，让不同岗位的人知道自己的工作标准，并且通过培训不断强化。

自建客服团队的成本同样比较高，大多数企业会采用第三方客服团队的方式来降低成本。企业可以在印度、菲律宾、埃及、哥伦比亚、墨西哥等英语水平较高、人力成本较低的国家，通过不同班次来实现 7×24 小时的客服支持；也可以在不同时区建立客服团队，利用不同时区的交替来提供服务。

对于中国企业来说，菲律宾的客服座席外包是较好的选择之一。首先菲律宾是英语国家，英语是该国官方语言，许多菲律宾人具备不错的英语口语水平。其次菲律宾人深受欧美等国家的影响，有着与之相似的文化背景和价值观，他们能够比较好地理解欧美客户的需求和期望。此外菲律宾的人工成本相对较低，这样企业可以雇用更多的员工来确保提供 7×24 小时的服务，从而提高客户体验。基于以上几个原因，很多的企业都在菲律宾建立了客服团队，从而使其成为全球最大的呼叫中心（CallCenter,CC）基地，据说有上百万人从事相关工作，整个行业的成熟度比较高。亚马逊、TikTok、沃尔玛等企业的呼叫中心和客服业务都设在菲律宾。

在进行全球客户服务时，常见的服务渠道可以是线上工具如专门的客服 IM，还可以是社交媒体、即时通信工具，以及电话和邮件。因为语言和时区的关系，很多企业并没有提供电话服务，而是采用以邮件为主的非即时服务渠道。中国出海企业可以特别重视一下社媒和通信工具，这些工具比较灵活，往往自带翻译功能，能够让沟通更加便利，用户的体验也能够得到提升。除此之外，在遇到重要的事项和定期的关怀时再用邮件进行补充，可以体现出对客户的尊重。

但是多种工具的分散应用既复杂又不够便利，如果要优化客户体验，提高客户服务的效率，就需要企业采购或开发一套客服系统来支撑这些工作。

8.4　引入客服系统，数字化赋能完善体系

客户服务之所以重要且复杂，正是因为它贯穿了客户旅程的所有阶段。无论是售前咨询还是售后支持，都需要持续保持与客户的联络。这些联络往往通过多个渠道实现，这就要求企业能够高效地同步数据，确保服务人员清楚每位客户的状态、历史记录和互动过程。只有这样，才能在所有阶段都为客户提供个性化、无缝衔接的服务，真正提升客户体验。

例如，在欧美等国际市场，多数人倾向用非实时的邮件解决常规问题，用实时的电话解决复杂问题，用短信、EDM 邮件做营销触达。当然，年轻人也能接受用社媒、IM 等方式进行在线互动。而在一些海外新兴市场，则有基础设施相对不完善、部署成本高等问题，在此情况下，与成本较高的语音电话、互动性较弱的短信等方式相比，用社媒、IM、自助服务等方式显然是更合适的选择。

不同的联络渠道又有着不同的优劣势，比如语音电话的实时性好但是成本高，电子邮件的实时性差，自助服务的留痕少等，具体可见图 8-1。

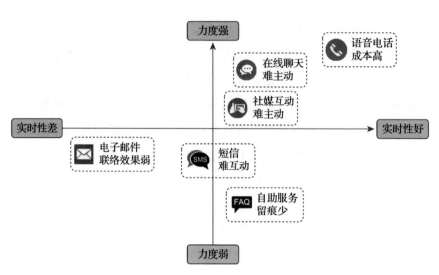

图 8-1   不同联络渠道的优劣势

类似多渠道与客户联络的统筹问题，单纯依靠人工服务已经不能满足，这就需要企业使用客服系统这样的数字化工具来支持，最好是选择既能帮助出海企业主动触达、有效沟通不同国家与地区的用户，抢占业务先机，又能帮助企业为海外用户提供更高效、优质的服务体验的工具。

在帮助多家企业梳理客服问题的时候，通过与智齿科技的多次合作，我认为它们的"一体化客户联络中心"解决方案是比较完善的。这个方案主要分为 5 个部分，全渠道客户接入是整个联络中心的入口部分，强调的是可以通过多种渠道与客户进行互动，包括：语音、短信、邮件、在线、社交媒体等；根据客户的特定需求，可以有如 One ID 精准识别、千人千面访客方案、智能路由用户分层、自助服务分组接待等方案；利用 AI 技术和整合平台为客户提供服务支持，是联络中心的核心；通过主动的沟通手段，企业可以进行主动营销；团队管理一体化模块则注重管理和监控功能（见图 8-2）。

同时，我也总结了一些客服系统中比较重要的功能，如多语言支持、全渠道客户接入、客户数据管理、智能化与 AI 功能、数据合规等。

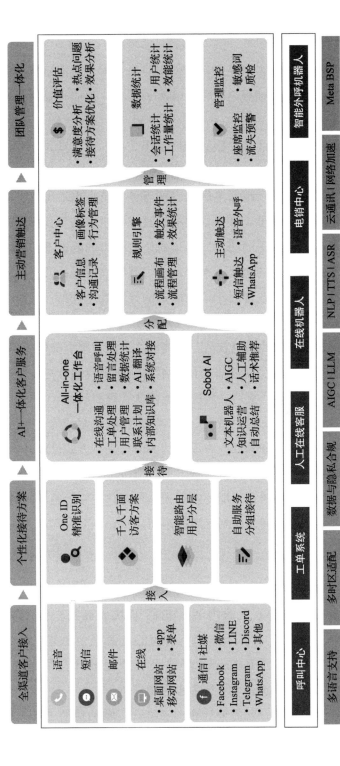

图 8-2　智齿科技的"一体化客户联络中心"解决方案

1. 多语言支持

很多出海企业的客户并非都能使用英语，并且数据显示，有74%的客户表示如果能得到母语的售后和客户服务，他们会更愿意再次购买该品牌的商品。

但是提供多语言的客户服务难度不小。一方面，世界主要的流通语言包括了汉语、英语、法语、俄语、西班牙语和阿拉伯语等多个语种，企业不可能雇用到精通各国语言的服务人员，也不可能针对每一种语言都雇用专门的员工来提供服务，其成本比较高。其次就是在提供客户服务的时候，不同的沟通渠道对语言能力的要求不一样。比如通过社媒工具和邮件的沟通，对语言能力就要求较低，因为可以借助翻译工具。而电话和语音对于语言能力的要求就比较高，一般需要达到一定的口语和沟通水平。这时候如果客户系统能够识别并合理地分配具有不同语言能力的客服人员，就能够在一定程度上降低成本。

并且，客户系统后台还需要能为不同的使用者如客户、客服、管理人员提供不同的语言支持，解决跨境团队管理的问题。

随着AI技术的发展，借助AI来完成智能回复或者实时语音翻译，以提高服务能力和降低人力成本的多语言支持方式已经开始实现。比如智齿科技的在线工作台就配置了AI翻译助手，可以自动识别并翻译不同国家与地区的语言，即使客服人员与客户使用的是不同的语言，也可以通过自动识别转译做到无障碍沟通。

我们有理由相信，未来语言问题对于出海企业将不再成为障碍。

2. 全渠道客户接入

通过第5章和第6章的内容，我们可以了解到全球不同国家和地区的即时通信工具有所不同，对应的电商平台也有差异。目前WhatsApp、Facebook、Instagram等是最受欢迎的社交平台和工具，但是在一些国家Telegram和LINE也应用广泛。

要做好客户体验，就需要让企业在客户习惯的通信工具上与其进行联系，而非一定要切换到企业官网或使用电话才能沟通，前者的沟通路径更短，客户体验更好。

不少海外客户联络产品只能接入主流社交媒体渠道。除了社交媒体外，海外用户还活跃在类似 Discord 这样的社区平台、独立站和 app 等渠道，并且在这些渠道上咨询、留言、发送站内信等。此外，企业还可能通过多个电商平台如亚马逊、eBay、Shopify、Lazada 等与用户交互，甚至设置像 400 电话这样的客服电话。这么多渠道的接入，经常困扰着企业。令人惊讶的是，智齿科技能够将这些渠道全部整合进一个平台，让客服人员可以在一个工作台上高效地处理数十个渠道的信息，并且通过多语言、多时区等功能进一步提高团队的工作效率。

根据智齿科技的问卷调查，实行全渠道联络策略的企业客户留存率约 89%，而全渠道联络薄弱的企业客户留存率仅为 33%，且客户满意度相对前者低 48%。这就要求客户服务系统能够介入这些渠道，来帮助企业链接全球的用户和客户。

OPPO 就通过客户联络平台实现了多品牌、多渠道、多语言的统一介入，并且通过机器人 + 人工配合的服务能力，让用户在咨询时的体验更好。比如，某客户通过 WhatsApp 在线咨询了产品退换货进度问题，在交流过程中，为了快速说清问题，客户又拨打了 800 电话继续交流。在电话进线的同时，这个客户的画像、标签及之前的联络记录都已自动同步，接待人员可以第一时间查看整个对话记录，轻松、无缝地进行交流并提供服务，大大提升了客户满意度。

3. 客户数据管理

客户数据的收集可以通过以下几种方式来进行：使用客户服务系统来跟踪客户的互动信息、服务记录和问题反馈；通过订单来查询客户的购买信息；通过工单来记录客户每次联系客服的信息；通过调查问卷、在线评价等方式收集客户的反馈意见。除此之外，还可通过设置具有唯一性的客户身份标识 ID 类别及顺序，解决客户从不同渠道接入的身份、历史记录、标签画像等信息的梳理问题，从而形成比较统一的客户数据。

有了足够的数据并对其进行挖掘和洞察之后，可以利用新技术如智能客服机器人、自动化故障检测等提升服务效率和客户体验，还能根据客户的具体需求和偏好提供定制化服务和解决方案。

比如全球化高端智能生活电器品牌添可（Tineco），使用系统将来自亚马逊、Lazada、eBay 等 20 多家电商平台的支持邮件，以及北美、日本、欧洲等国家和地区的电话统一接入，并将老客户的售后寄修服务和满意度回访场景等融合起来，既提升了问题的解决效率，又通过数据更好地了解了市场需求。

4. 智能化与 AI 功能

客户咨询的问题大概有三类，一是高频但简单的问题，主要是订单查询、催单等，一般通过简单的沟通即可解决；二是需要解释或者引导的问题，比如退换货、退款等；三是比较复杂的问题，比如产品的不常见问题等，需要人工客服介入才能灵活处理。对于这三类问题，如果能够通过系统分流接待，快速响应，则能够较大地提升效率。

智齿科技针对咨询分流问题沉淀了一套具备智齿特色的 PSH 法则，即根据问题复杂度，将这三类问题拆解为 Proactive（前瞻性）——可预料问题，Self-serve（自助服务）——需引导问题，Human（人工干预）——需人工介入问题，通过从 P → S → H 逐层过滤高频低效问题，从而提升接待效率和客户满意度。

遇到 Proactive 和 Self-serve 问题，可以通过完善在线客服机器人知识库配置，以单轮或多轮交互的方式解答，并引导客户进行自助查询预处理，释放人工客服的接待压力；遇到 Human 问题，则可以直接转到人工客服解答，提升问题解决率与用户满意度，实现高效解答与分流。

随着 AI 的发展，智能客服的功能也愈发完善。一问多答、多轮会

话；通过 AI 角色，回复不同语言、不同渠道的客户；通过上传业务资
料，实现自动应答；通过情绪识别、关键词、条件触发等方式建立灵
活的转人工机制；会话自动总结、话术文案推荐、回复内容一键优化
等，也将会让客服问题不再成为企业全球化的阻碍。

比如游戏交易平台 iGVault 就提供了智能接待服务，由机器人负
责解决 Proactive 和 Self-serve 问题，主要通过机器人多轮交互引导客
户提供足够的信息，机器人在综合判断后给出回复，人工客服则负责
解决 Human 问题。最终，平台通过这套流程实现了机器人独立接待率
超 80%、问题解决率超 90%、客户满意度提升 50% 的成绩。

5. 数据合规

企业在海外开展客户服务的时候需要遵守当地的法律法规，落实
数据安全合规的义务，但是又需要将相关的数据利用起来，这就要求
客服系统必须同时实现数据安全与隐私合规。

整体来说，一套优秀的客服系统不仅能够提高客服团队的工作效
率和企业内部的管理便利度，还能够提升客户的体验，带来客户满意
度的提升。

8.5　企业出海服务能力评分

优质的客户服务能力是企业在海外市场建立口碑和品牌忠诚度的
重要保障。它确保了客户在购买后的满意度，进而提升了企业的长期
竞争力。

为了更好地让企业了解其服务能力的现状，我制作了出海企业服
务能力评分表（见表 8-1），大家可以参考后进行自评。通过这个评分
过程，企业可以清晰地识别出当前的优势和改进空间，也可以进一步
修订和完善这些标准，使其更贴合企业自身的发展需求，并将其作为
内部运营和提升的指南。

表 8-1 出海企业服务能力评分表

能力分值	描述	标准
1分	企业刚开始接触海外客户服务，服务能力有限，主要处于起步阶段	· 刚开始建立海外客户服务体系，服务流程和响应机制尚不完善 · 客户服务团队缺乏海外服务经验，对服务语言和文化的适应性有限 · 客户满意度较低，服务响应时间和问题解决效率有待提高
2分	企业在海外客户服务方面有所发展，但服务能力仍需进一步提升	· 已建立基本的客户服务流程，但服务效率和质量尚不稳定 · 客户服务团队开始接受相关培训，但对服务语言和文化的适应性仍需加强 · 客户满意度有所提升，但服务响应时间和问题解决效率仍需改进
3分	企业在海外客户服务方面已具备一定的稳定性，能够提供基本的客户服务	· 客户服务流程和响应机制较为完善，能够提供及时的服务响应 · 客户服务团队具备一定的海外服务经验，使用了基础的客户服务系统，能够使用多语言进行服务 · 客户满意度较高，服务响应时间和问题解决效率达到行业平均水平
4分	企业在海外客户服务方面高效且能力出色，能够提供高质量的客户服务	· 客户服务流程和响应机制高效，拥有较完善的客户服务系统，能够快速响应客户需求 · 客户服务团队经验丰富，能够提供多语言、跨文化的客户服务 · 客户满意度高，服务响应时间和问题解决效率高，能够提供个性化服务
5分	企业在海外客户服务方面处于卓越水平，能够提供卓越的客户服务体验	· 客户服务流程和响应机制卓越，拥有优秀的客户服务系统，个性化的服务响应 · 客户服务团队具有高度的专业性和灵活性，能够处理复杂和多样化的客户问题，能够提供即时、个性化的客户服务 · 客户满意度极高，服务响应时间和问题解决效率远超行业平均水平，能够提供增值服务和客户忠诚度计划

CHAPTER 9

第 9 章

经营本地化，实现全球增长

通过多项专业能力的建设和持续的海外业务探索，企业逐步发展，从初涉海外到跨国经营，再到全球化发展，实现资源、市场、技术和管理的全球配置和整合。

全球化不仅仅是产品、品牌或服务的国际化，其中还涉及本地化运营、文化、供应链、财务、法律合规、人力资源和企业数字化等多个层面能力的全球化，需要企业逐步搭建。

9.1 全球化经营，本地化运营是前提

对于出海企业而言，全球化不仅是进入多个国家的市场，而且是要在全球范围内实现协调和优化，最大化提升企业的整体竞争力。

而实现全球化经营的核心，就是要在各个不同的国家和区域做到足够的本地化。在海外业务发展的过程中，企业会通过设立分公司、

设立子公司、投资并购等方式在不同国家进行本地化布局。比如在发达国家设立研发中心，获取前沿技术；在劳动力成本较低的国家设立生产基地，降低生产成本；在资本市场发达的地区进行融资，获取更多的发展资金；针对不同市场用户的需求相应地调整产品和营销；进入不同的国家和地区，销售产品或提供服务；建立全球的营销网络和渠道，提升品牌的全球影响力。

"全球化就是本地化"这一观点，体现在企业全球化的过程中，就是必须适应和融入目标市场的本地文化与环境中，才能实现全球业务的成功。这个观点也强调了全球化不仅仅是跨国业务的拓展，更需要出海企业深耕当地，加强本土化运营的能力，减小对目标市场的认知偏差，通过持续的价值输出来不断构建信任。

本地化能力是指企业在不同国家和地区进行业务运作时，能够根据当地的文化、法律、市场需求等因素进行相应调整和优化的能力。不少出海企业已经在海外搭建了本地化的运营团队，制定本地化的品牌策略，塑造符合本地文化和价值观的品牌形象，依据本地用户的需求调整产品，加强对本地的适应性。数据显示，中国公司在海外深度本地化经营的趋势明显，2023年在境外注册经营实体的企业比例明显上升。

企业要想做好本地化运营，首先要深入了解市场和用户行为。企业需要对目标市场进行全面的调研，了解当地用户的文化背景、购买习惯和价值观念。例如，在日本市场，用户高度重视产品质量和服务细节，而在印度，价格敏感度可能更高。因此，企业的产品定位和营销信息需要根据这些市场特性做出调整。比如，可口可乐在印度市场推出了小包装和更低价的产品，以吸引价格敏感的用户，同时在日本市场推出了独特的口味和高端产品，以满足当地的精细化需求。这种针对不同市场推出不同产品与服务的精细化策略帮助可口可乐在全球范围内取得了成功。

企业还必须学习如何在不同的文化背景下进行有效沟通。例如，在中东市场，直接和强硬的沟通方式可能不如间接和礼貌的方式有效。

企业可以通过培训和实践，提升自身的跨文化沟通能力，并聘请本地化的员工来帮助企业更好地理解和融入当地文化。比如麦当劳在全球推广其餐厅时，不仅调整了菜单，还在与员工和顾客的沟通方式上做了本地化。在印度，麦当劳的员工更注重使用当地语言和符合当地礼仪的服务方式，以赢得本地顾客的信任。

本地化的产品和品牌对于企业也非常重要。企业需要根据市场需求调整其产品，既要保持品牌的全球一致性，又要适应各国市场的特殊需求。例如，电子产品公司在进入东南亚市场时可能需要根据当地气候开发更加耐用的设备，或者在非洲市场开发适应当地供电条件的产品。此外，还需要收集和分析用户的反馈，及时改进产品。比如小米在印度市场推出了"印度特别版"手机，就结合了当地用户对性价比的需求和对特定功能的偏好。

企业还应该针对不同市场设计本地化的营销策略。例如，在美国，营销活动可能更多依赖于社交媒体平台如 Instagram 和 X，而在东南亚，Facebook 和 LINE 可能更为重要。同时，广告内容也要符合当地文化和法律的要求。例如，某些西方国家可能对广告是否体现出性别平等非常敏感，而其他地方则可能不那么显著。耐克曾经在中东地区推出了一款特别设计的运动头巾，以迎合穆斯林女性的需求。这一举措不仅在当地市场引起了轰动，还提升了该品牌的全球形象，展示了其对多元文化的尊重。

企业需要选择合适的本地合作伙伴，包括供应商、分销商和零售商。企业需要与它们建立长期的合作关系，以确保它们能够理解并支持企业目标。同时，也需要定期沟通和反馈，保持合作的稳定性和高效性。阿里巴巴在 2010 年就与全球最大快递商 UPS 达成了战略联盟，之后又持续与许多全球物流公司合作，从而建立起了一个强大的国际供应链网络，帮助其在全球市场快速扩展。与这些本地合作伙伴的良好关系使得阿里巴巴能够更快地响应市场需求。

企业还要遵循当地的法规以保证其自身的合规性。企业需要了解目标市场的法律环境，特别是在产品合规、广告法规、劳动法等方面。你可能需要与当地法律顾问合作，确保企业在各个方面都遵循当地法规，以避免潜在的法律风险。你还需要建立内部合规团队或聘请第三方合规服务，以帮助你持续跟踪和应对法规变化。比如华为在进入海外市场时，严格遵守各个国家的网络安全法和数据保护法规，甚至在海外设立了数据中心来存储用户的数据，确保了其在海外市场的长期发展。

企业本地化运营的落地，将决定企业全球化的深度与广度。随着各行各业出海企业在海外落地实体公司、招聘本地员工，本地化能力正在成为影响企业海外成败的关键要素之一。

传音控股作为中国手机品牌，通过深耕非洲市场取得了巨大的成功，是中国出海企业本地化运营的典范。

传音手机是全球新兴市场中的手机行业领导品牌之一，公司旗下拥有新兴市场知名手机品牌 TECNO、itel 及 Infinix，还包括数码配件品牌 Oraimo、家用电器品牌 Syinix 以及售后服务品牌 Carlcare。

在非洲市场，传音被称为"非洲之王"，TECNO 也被非洲很多国家的本地用户视为非洲品牌，所以即使后来有很多竞争对手杀入非洲市场，在产品质量和价格方面与传音不相上下甚至更加优惠的时候，也未能动摇传音非洲第一的地位。

传音 99.25% 的收入来自海外，其中，非洲是公司最大的市场，占了公司营收的一半以上。传音在非洲市场取得成功之后，开始走向世界，开辟多元新市场，先后进入中东、拉美和欧洲市场。根据 Canalys 市场研究机构的数据，传音在非洲的市场份额继续领跑，达到 50%；在中东市场，公司市场份额占比为 16%，位居第三；在拉美市场，公司市场份额占比 8%，位居第四；在欧洲市场，公司市场份额占比 6%，位居第四。

传音在进入非洲市场之前进行了深入的市场调研，发现了当地用户对手机的特殊需求和偏好。非洲用户普遍喜欢自拍，但由于光线条件有限，普通手机在拍照时效果不佳。传音为此开发了专门针对深色肤色优化的相机功能，增加了更强大的美颜和曝光调整功能。这些技术改进使传音的手机在非洲市场上具有独特的竞争优势。

非洲的基础设施相对落后，电力供应不稳定。因此，用户非常重视手机的续航能力和耐用性。传音根据这一特点，开发了电池容量更大的手机，并增加了多 SIM 卡功能，以便用户在网络不稳定或信号差的情况下能够使用不同运营商的网络。此外，传音还针对非洲市场的特殊需求开发了 FM 收音机功能，因为在非洲的很多地方收音机仍然是主要的信息来源。这些产品设计充分考虑了本地使用环境，是传音成功的关键之一。

在非洲市场，许多用户对品牌的认知度较低，对营销信息的接受方式也与其他市场不同。传音在非洲采取了"草根营销"策略，通过举办音乐比赛、赞助当地的娱乐节目以及与本地 KOL 合作来提升品牌知名度。此外，传音还注重在农村和小城市的市场渗透，通过线下渠道接触更多用户。通过赞助非洲最大音乐奖项之一的"MTN Music Awards"，传音的品牌 TECNO 成功将自己定位为非洲年轻一代的代表品牌。这种本地化的品牌推广策略，使得传音迅速在非洲建立了品牌影响力。

要想在非洲市场取得成功，仅靠中国总部的决策和执行是不够的，必须要依靠本地的知识和资源。传音在非洲建立了本地团队，囊括了研发、营销和销售等多个部门，并且赋予了他们决策权。这种本地化的团队建设使得传音能够快速响应市场需求，做出更贴近市场的决策。公司还在埃塞俄比亚设立了研发中心，专注于开发适应本地市场需求的新功能和新产品。

非洲市场用户的购买力有限，但需求量大。因此，定价对销售至关重要。传音采用了高性价比的定价策略，并通过广泛的线下渠道网络使其产品在非洲各地都能买到。此外，传音还通过与当地零售商和电信运营商的合作，提供了分期付款和其他优惠措施，降低了用户的购买门槛。通过与 MTN 等非洲主要电信运营商的合作，传音能够将手机直接推向广大的用户群体，并通过运营商的渠道进行促销，这显著增加了其市场份额。

正因为这些方法，传音在非洲市场成功地建立了一个强大的本地化品牌，这种深入本地市场研究、进行本地化产品开发和灵活营销策略的本地化运营模式，值得中国出海企业学习和借鉴。

9.2　落地本地化，文化融入是关键

在本地化的过程中，产品、品牌、营销的本地化都相对可见和可量化，但是还有一个相对难以量化的关键点，就是企业是否能够融入本地文化。文化融入能力是指企业在进入海外市场时，能够理解和适应目标市场的文化特征，并将其融入企业运营、产品开发、市场营销和日常管理等方面的能力。文化的融入不仅有助于在新市场中更好地理解和尊重当地文化，还能帮助企业有效地与当地用户建立联系，提高品牌的接受度和忠诚度。

1. 理解文化差异

全球市场中，各个国家和地区的文化差异显著，企业需要尊重和适应这些文化差异。本地的文化不仅包括显性的文化元素（如语言、宗教、风俗、节日、历史和价值观等），还包括隐性的文化习惯（如沟通方式、决策过程、时间观念等）。

这就要求企业在进入新市场前需要进行深入的文化调研，或者通过与第三方顾问或合作伙伴合作，通过参加跨文化培训课程、与本地文化专家交流以及亲身体验当地文化等方式提升相关能力。

Daxue Consulting 的分析指出，很多人误解了美国用户的奢侈品消费习惯。比如很多人以为美国普通人以追求社会地位为目的，倾向于在奢侈品上花费大量金钱。但实际上，与中国普通人相比，美国人在奢侈品上的花费占收入的比例要小得多，只是好莱坞电影夸大了美国人"地位导向"的消费形象。事实上，美国人更偏爱个性化和具有价值主张的产品，尤其是那些低调、含蓄的产品，这类产品在美国市

场上有非常强劲的需求，体现了他们更倾向于对品位与独特性的追求，而非单纯的追求社会地位象征。

很多人也以为美国大多数人都居住在纽约和洛杉矶这样的大都市，实际上超过一半的美国人都居住在市郊，郊区的人口数量比城市还要多，许多住在郊区的人通勤到城市工作。郊区用户在庭院护理、家具、住房以及汽车等方面与城市用户有不同的需求，因为他们通勤的时间更长、更频繁。

美国还有红州和蓝州之分。红州通常指的是倾向于投票给共和党的州，蓝州通常指的是倾向于投票给民主党的州，除了红州和蓝州外，还有一些"摇摆州"（Swing States），这些州在选举中不固定支持某一党派，选民的支持可以根据候选人或其他因素而变化。红州通常拥有更多的农村人口，人们更加保守，社区意识更强；蓝州拥有更多的城市人口，文化更加多元化和自由，他们的消费习惯也存在一些差异，如图 9-1 所示。

红州	蓝州
地理位置：红州一般位于美国的中部、南部和部分西部地区。通常这些州的选民在总统选举中支持共和党候选人。	**地理位置**：蓝州通常分布在美国的东北部、西海岸及部分中西部地区，这些地方在总统选举中多倾向支持民主党候选人。
特征：红州的人们往往更加保守且信仰宗教。他们通常有更强的社区意识，也更看重个人自由。	**特征**：蓝州通常更具文化多样性，拥有更高的移民人口比例。来自蓝州的人往往思想更开明、思维更加开放。
消费习惯：红州通常更遵循标准的美国饮食习惯。他们购买速食、罐头食品、热狗和粉末饮料。他们也更倾向于在实体商店购物。	**消费习惯**：蓝州的人通常更注重健康饮食、在个人护理上的花费更多。他们购买更多的肉类替代品和新鲜蔬菜，比红州多购买20%的指甲护理、防晒霜、乳液。蓝州居民越来越多的在线上购物，在实体店购物的频率正在减少。

therepublicangirl　redfuturenews　　beingliberal　swingleft
1.96万 ins粉丝数　4.81万 ins粉丝数　　15.9万 ins粉丝数　9.03万 ins粉丝数

来源：Havokjournal2021,Winsightgrocerybusiness2016　　*来源：Havokjournal2021,Winsightgrocerybusiness2016*

图 9-1　美国红州蓝州对比

在美国富人群体中还有"老钱"（Old Money）和"新钱"（New Money）之分。老钱指那些财富积累已久的家族或个人，通常财富传承了几代人。新钱指那些通过自己的努力或在现代经济中积累财富的新一代富人。"老钱"更加注重传统、稳定和家庭价值观，不太追求炫耀财富，而更看重品味和低调的奢华。他们倾向于选择经典、高质量且不易过时的物品，而品牌的知名度对他们来说并不那么重要。"新钱"更注重个人野心、个人成就和社会地位的展示，喜欢奢华、时尚且具有视觉冲击力的品牌和设计，常常更愿意在外观上展示其财富。

除此以外的分类还有饮食健康狂人和常规美国饮食者、城市族群和农村族群、科技与华尔街族群和学生贷款族群、科技迷和数字怀疑者、一代移民和二代移民等。

海尔就是通过在南卡罗来纳州建立自己的生产基地和研发中心，雇用本地员工等举措来理解本地文化并更好地促进本地市场的增长。比如美国用户通常需要容量更大的冰箱，海尔就立即设计了满足这一需求的产品；美国用户还特别重视产品的用户体验和售后服务，因此海尔在美国市场上就特别强调其产品的易用性和售后服务质量，并在美国建立了一个强大的售后服务网络，确保用户在购买后的任何问题都能得到及时解决；美国文化中特别强调环保、节能等主题，海尔就在营销活动中对此进行强调，来拉近与当地用户的距离。

2. 重视宗教习俗

公司需要了解在不同文化背景下可能引发的潜在文化冲突或误解，尤其是在宗教、政治、种族等敏感领域。其中宗教又是文化中最特殊的组成部分，也是大多数出海企业的陌生之处，值得特别注意。比如对于伊斯兰教，要遵重斋月、祈祷习惯，重视清真食品。

阿里巴巴通过收购本地电商平台 Lazada，快速进入了东南亚市场。Lazada 在东南亚多个国家已经建立了强大的市场基础，阿里巴巴通过这次收购，不仅获取了现成的市场资源，还能够依托 Lazada 的本地团队和运营经验，更好地理解和融入当地文化。而在东南亚的营销活动中，阿里巴巴尤其重视本地文化节日和用户心理。例如，在马来西亚和印度尼西亚的穆斯林斋月期间，Lazada 平台会推出斋月特惠活动，并且与本地品牌合作，推出符合本地文化需求的商品。

名创优品在全球不同市场的门店设计中，融入了大量的本地文化和宗教元素，以提升顾客的购物体验。其在泰国的门店就使用了泰国传统的色彩和图案设计，创造了符合当地用户审美的购物环境。

3. 推行本地语言

在不同的市场，语言不仅是交流的工具，也是当地文化的重要组成部分。企业需要学习目标市场的语言，或者至少要懂得一些关键的礼貌用语。同时也需要了解当地的沟通风格，例如某些文化可能更偏向间接沟通，而有些则喜欢直截了当。在企业内部，公司可以推行双语政策或提供语言培训，帮助团队更好地与当地市场沟通。

华为在进入欧美市场时，不仅聘请了大量懂英语的本地员工，还确保他们了解欧美文化的背景知识。华为还特别注重语言的本地化，所有的产品说明书、官网、客服服务以及营销材料都翻译成了当地语言，以确保用户能够轻松理解和使用产品。这种策略成功地帮助华为更好地理解和满足欧美用户的需求，从而迅速在市场上站稳了脚跟。

企业在独立站的建设过程中，可以在主站点下搭建多语言版本，或者通过分布式站点，让每个语言市场拥有独立站点，实现深度本地化和个性化，增强品牌亲和力。图 9-2 展示的就是一个拥有中文、英语和越南语等多语言版本的独立站。

4. 打造跨文化组织

面对不同的文化，企业需要具备灵活的适应能力，做到在尊重本地文化的同时保持企业的核心价值。企业内部可以通过招聘来自不同文化背景的员工来推动文化多样性；组织跨文化团队合作项目来培养企业的包容性文化；鼓励员工分享不同的文化背景故事来培养企业的适应性；通过团队建设活动来提升团队凝聚力和跨文化协作能力。

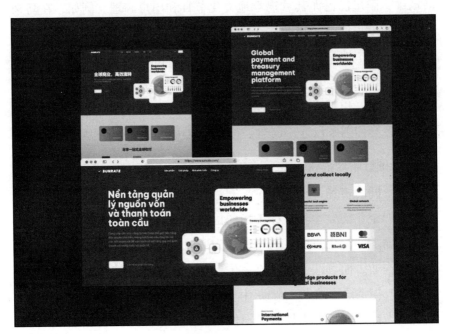

图 9-2   多语言版本的独立站

有一位东南亚餐饮合作伙伴曾告诉我，在中餐出海的过程中，如果想要服务非华人用户，就必须招聘大量的本地服务员和管理者。如果你只想使用华人服务员，就会很难融入本地市场。

5. 本地团队决策权

在全球运营中，当地的管理团队不能完全依赖总部的决策，而是需要得到一定的授权，从而可以根据当地的文化和市场环境做出最佳决策。你需要学习如何有效授权，并建立一个支持性的管理框架，以确保本地团队的决策与企业的整体战略保持一致。同时，需要鼓励本地团队提出创新想法，提升他们的主人翁意识。

华为就坚持"本地化"管理理念，强调在各个市场中雇用当地员工并给予他们管理决策权。这不仅有助于减少文化冲突，还使得华为能够更好地理解和响应当地市场需求。在欧洲，华为雇用了大量本地人才，涉及研发人员、销售团队和管理层。这些本地员工在华为的产品开发和海外市场推广中起到了关键作用。例如，在法国，华为设立了多个研发中心，专注于本地用户需求和市场趋势的研究，并将研究成果直接应用于产品开发中。

众多的成功经验都表明，针对不同文化背景采用不同的文化融入策略，可以帮助企业快速地融入市场并建立持久的品牌价值。

9.3　供应链管理，提升运营效率

供应链能力指企业管理和优化从原材料采购到产品交付给最终用户的整个过程的能力。这个过程包括了采购、制造、物流、仓储和分销等环节。

提升供应链能力，优化全球物流，是保障企业产品生产和配送效率的关键。

9.3.1　提升供应链能力，小单快返上新高

高效的供应链管理可以降低成本、提高效率、减少库存积压、加快产品上市速度，并确保在不同市场上维持一致的产品质量，还能预见并应对潜在的供应链中断风险。

企业要提升供应链能力，就需要先做好供应链规划。通过分析各区域的优势，如生产成本、物流条件、市场需求等，了解工厂、仓库、配送中心的选择与布局对整体效率的影响，从而设计出高效且灵活的供应链网络。

供应链能力对于零售行业来说，可以决定企业的生死。优秀的供应链能力还能帮助企业在海外竞争中脱颖而出，比如 SHEIN、名创优品等，都拥有行业顶尖的供应链能力。从 SHEIN 的供应链能力，我们可以看到企业是如何从设计到生产，再到销售和物流仓储进行全方位

的能力提升的。

在产品方面，SHEIN 经过多年的积累，形成了海量、精准、超快的设计能力。公司通过网络数据抓取工具，收集全球流行元素并提供给设计师，并且结合线上线下用户的偏好进行数据分析，从而形成产品需求，而设计师会在 72 小时内根据产品需求完成设计。

在供应链管理方面，SHEIN 通过长期积累的产业链资源、供应商管理、数字化供应链管理系统这三个核心要素，打造出了一套高效、低成本的供应链管理体系，如图 9-3 所示。

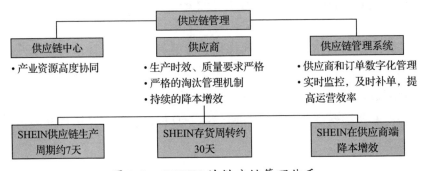

图 9-3   SHEIN 的供应链管理体系

设计后的产品交由供应商进行打样和生产，供应商最快 5 ～ 7 天就能生产出 100 件商品，与此相对地，Zara 最快需要 14 天，而传统服装企业 5000 件 / 批的生产周期通常为 30 ～ 45 天。

基于公司强大的营销能力，SHEIN 可以快速地上架销售，在数天内又可以根据用户的购买情况决定是否加大生产。所以，SHEIN 的库存周转很快。

在广州丰富的产业链资源支持下，SHEIN 基于稳定且庞大的订单规模掌握了定价权，这使得生产成本处于较低的水平。这种强大的生产能力是 SHEIN 的核心壁垒，是其小单快返模式的底层支撑。

在供应商选择方面，广州番禺周边聚集着上万家中小服装加工企业，通过标准的供应商合作流程，SHEIN 会筛选出 3 种合作模式的供应商。

第一种是原始设计制造商（ODM）模式，也就是供应商推款，公司买手进行选款，第二种是原始设备制造商（OEM）模式，也就是买手给出款式，供应商看图打版做货，第三种是代工厂经营自有品牌（OBM）模式，就是公司自主设计、研发并生产产品。所有合作都以小单快返模式为基础。

供应商按照合同金额和关键绩效指标（急采及时率、上新成功率、备货及时率、次品率四个指标）进行排序，将供应商分为 S、A、B、C、D 五个级别，对于 S 级、A 级商家（目前占比约 10% ～ 15%），平台将保证其有 8% ～ 12% 的利润率并给予更高上新额度，而 D 级末位 30% 的厂商将被淘汰。

其中比较特殊的是"急采及时率"指标，SHEIN 作为跨境电商企业，经常会出现爆单的情况，这时就需要紧急采购来补货。但是紧急采购会打乱工厂原有的节奏，也会产生额外的成本，因此 SHEIN 会提高急采及时率高的供应商的等级并进行补贴，这也是一种很好的合作策略。

除了提出标准和日常赋能之外，公司还会从经营管理、企划开发、生产排单、运营备货、质量管理等全流程环节开展专场培训。

为了更好地管理供应商，SHEIN 也会持续地给它们多重赋能，比如回款较快、订单稳定、优惠补贴和减少库存风险，从而筛选出优质的厂家，如图 9-4 所示。

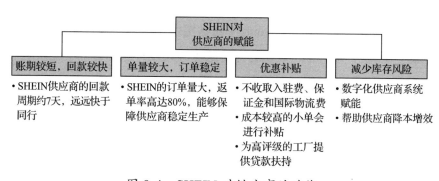

图 9-4 SHEIN 对供应商的赋能

对于高评级供应商，SHEIN 的结算周期最快可以在 7 天内完成，从交货到结清货款的平均周期约 15 天，而服装行业的平均水平通常是 45 ～ 60 天。SHEIN 强大的营销能力又让其返单较多、订单量充足，为合作伙伴带来收入保障，据说公司的核心合作工厂每年可以拿到数千万甚至上亿元的订单，从而实现规模化生产。公司还承诺非质量问题不退货，由 SHEIN 消化库存。此外，SHEIN 还会对高评级供应商负责的成本较高的小单给予补贴，为它们提供贷款和奖励等。随着供应商规模扩大，SHEIN 会主动为供应商补贴资金，比如 2023 年就投入近亿元，覆盖约 300 家供应商，来支持它们进行工厂的扩建改造。

SHEIN 从 2014 年就开始自研供应链数字化管理系统，并且要求所有供应商接入进行集中化的管理，实现了实时追踪工厂进度和订单处理情况，并且加强了内部的跨部门协同来提高生产效率。

目前公司的数字化供应链体系——云工厂平台，搭载公司自研的生产执行系统（MES）智能化协同管理系统，已经涵盖了商品中心、运营中心、生产部等多个部门的十多套子信息系统，接入供应商 4000 多家。在大力投入技术的策略下，目前公司拥有软件专利与著作权 88 项，包含多项供应链系统、仓储拣货系统相关的创新技术。

在物流和仓储方面，供应商只需将货物运到 SHEIN 在佛山的中心仓，后续由 SHEIN 来负责。SHEIN 供应链中 80% 的人力资源配置在仓储物流部门，主要包括了中心仓、海外运营仓和中转仓。

目前，SHEIN 在中国、美国、印度等地拥有六大物流中心，小包发货 7 ～ 8 天就可以送达。同时公司在美国东西部、比利时、印度等地设立了海外仓，负责本地销售及退货。在沙特、阿联酋、意大利、澳大利亚、越南等多个国家建立了海外中转仓，专门负责中转和退货。

通过 SHEIN 的供应链管理，我们可以总结其商业模式和运营流程。前端能力主要有收集素材，进行数据分析，提交给供应商打板测试，每日上新快速测试，再根据数据反馈来迭代生成爆款，接下来引导转化提高销量，再通过高效的物流系统进行配送。前端能力需要有后端和底层能力的支撑，其中包括了网络数据抓取工具系统、大数据分析、供应商管理、全渠道营销能力和物流仓储能力，以及底层的数字化系统能力（见图9-5）。同时也可以看出，通过选择合适的供应商、优化物流和仓储、建立多渠道分销网络、实施信息化管理以及进行跨文化和合规管理，企业可以构建高效、灵活和可持续的供应链体系。应用先进技术和持续创新可以进一步提升供应链的竞争力和适应性，从而帮助企业在全球市场中取得成功。

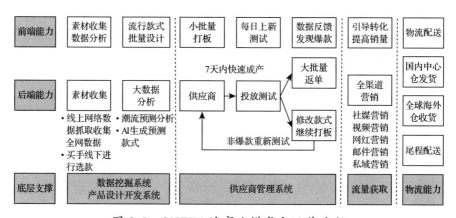

图 9-5　SHEIN 的商业模式和运营流程

如果说SHEIN是服装单一品类供应链管理的巅峰，那么名创优品可能就是多品类供应链管理的巅峰，在多品类供应链能力和品牌能力的共同作用下，其实现了从供应链产品到全球品牌的跨越。

公司的产品开发采用"711"理念，就是从包含10 000个产品方案的大型产品创意库中精心挑选，每7天推出约100个新的名创优品SKU，推动产品上市速度，增加产品组合的多样性。目前平均每月推出约500个SKU，为用户提供超过10 000个可选的核心SKU的产品组合。名创优品还拥有由100多位设计师组成的内部团队，搭建了由国际知名独立设计师、专业设计工作室及设计学院组成的合作平台，还成立了名创设计学院来提高其设计能力。

在供应链方面，公司签约了超过 1000 家优质供应商，拥有规模采购成本优势。在生产方面的合作采用了 OEM/ODM 模式，设计师、产品经理和供应商紧密合作，快速推出产品。并且，公司对工厂进行精细化的过程管控，制定了 12 个品控管理环节，形成了名创优品的供应链品控流程。如图 9-6 所示，其中最重要的四个环节是：验厂、大货生产和检测、验货、投诉处理。

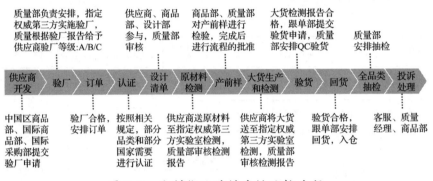

图 9-6   名创优品的供应链品控流程

在数字化方面，和 SHEIN 一样，名创优品将供应商纳入了供应链管理（SCM）系统，可以规划、管理、监控及协调供应链流程的各个环节，还可以基于存货数量与门店的销售预测自动生成订单。而公司的智能门店管理系统，又可以根据不同门店的销售数据和库存数据，为每个店单独定制选品，从而实现"千店千样"这种高复杂度的供应链管理。

9.3.2   优化全球物流，确保产品及时交付

在上一节，我们了解了 SHEIN 和名创优品的供应链管理是如何实现的。其实在供应链体系中，除了与优质供应商合作，物流和仓储也很重要。

全球物流管理能力是指企业在全球范围内管理并优化物流和供应链活动的能力，涉及运输、仓储、配送等环节。通过高效的全球物流管理，企业可以降低物流成本，缩短交货时间，提高供应链的灵活性，

加快供应链的响应速度，确保产品及时交付给客户。

物流主要有 3 种运输方式：海运、空运与陆运。海运适合大宗商品或非紧急货物，成本较低但运输时间较长；空运适合高价值或紧急的货物，速度快但成本较高；陆运适用于邻国贸易或内陆运输，一般作为海运和空运的补充，比如中欧、中俄之间的贸易等。

传统的国际贸易以 FOB（Free on Board，船上交货）模式为主，也就是卖方的责任是在指定装运港将货物交至船上，并承担所有在货物装船前的费用和风险，而买方则负责货物装船后的费用和风险。而随着跨境电商的发展，产品逐渐有了品种多、批量小、周期短等特点，所需要的物流和仓储服务的种类和要求都比传统贸易要高了很多。

捎客物流的全球战略总监张鑫（花名：张石头）告诉我：“跨境物流领域的创新与变化，是近些年来整个全球物流行业最为显著的现象之一，另一个是物流行业整体的数智化。短短两年内，国内的大部分物流巨头企业，京东、菜鸟、顺丰、百世，包括东南亚起家的极兔，都在快马加鞭地推进和尝试跨境物流的业务，从境外的物流资产布局，到跨境直发模式上的不断创新，都可见一斑。”

目前跨境电商的物流费用一般分为头程（First Mile）、仓储（Warehousing）和尾程（Last Mile），物流模式一般分为 FBA 仓、海外仓、跨境物流 3 种，其中海外仓又分为第三方海外仓和自建海外仓，而跨境物流又分为邮政小包、国际快递、国际专线等，如表 9-1 所示。

“头程”是指货物从国内出厂，运往海外仓储的过程；“仓储”是指货物的存储和管理；尾程是指货物从仓库或配送中心被最终运输到客户手中的过程。

FBA（Fulfillment by Amazon）是亚马逊为卖家提供的一项服务，包含了代收、仓储和分发服务，卖家需要先将货物发到亚马逊的海外仓库，产生订单后直接从亚马逊仓库发货，卖家只需要负责头程，尾程由亚马逊来完成。这种方式的整体时效性和性价比较好，但是卖家需要付出一定的库存和仓储成本。

表 9-1 　3 种物流模式的对比

	FBA仓	海外仓		跨境物流		
		第三方海外仓	自建海外仓	邮政小包	国际快递	国际专线
模式	由亚马逊提供入库、分拣、储存、包装、配送、客服、退货等服务	国内卖家先将商品运至第三方或自建海外仓库，收到订单后通过当地物流服务将商品送至客户处		客户下单后，卖家将商品从境内邮寄至境外，常见方式包括邮政小包、国际快递、国际专线等		
成本	高	中，但初始投入及固定开支较高		低	中	
时效	约 1～3 天	约 3～5 天		15～30天，视情况而定	3～5天	7～9天
适用对象	任何产品			价值小、时效无要求的轻小商品	时效要求高的贵重商品	对时效要求一般，重量体积较小的商品

　　第三方海外仓是指企业使用专业物流服务提供商的海外仓库来存储和配送商品，企业可以利用其他企业的物流基础设施而无须自己建立。

　　自建海外仓是指企业自己在海外市场建立和运营仓库，管理商品的存储和配送。

　　邮政小包是一种经济型的国际邮寄服务，通常由各国邮政系统提供。适合重量轻、体积小、价值小、时效无要求的物品，例如文件、样品、小件商品等。特点是成本较低，但运输时间较长，通常不提供跟踪服务或跟踪信息更新较少。

　　国际快递是一种快速的门到门递送服务，由专业的快递公司如

DHL、联邦快递（FedEx）、UPS 等提供，适合需要快速运输的货物，无论重量和体积大小。特点是速度快、服务可靠，提供全程跟踪服务，但成本相对较高。

国际专线是指特定国家或地区之间的固定运输路线，可以是空运、海运或陆运，适合大宗商品或批量货物的运输。特点是可以根据货物量提供定制化服务，运输成本和时间介于邮政小包和国际快递之间，通常提供一定程度的跟踪服务。

跨境电商出口物流涉及国内运输、清关、国际运输、海外仓储、海外配送等环节，是影响出口卖家盈利能力的重要因素，同时物流效率的高低也会直接影响到用户的购物体验，所以物流模式的选择十分重要。企业需要考虑货物的重量、体积、价值、运输时间要求以及成本预算。每种服务方式都有其优势和劣势，合理选择可以确保货物安全、及时地到达目的地，同时控制物流成本。

如果企业在某一个国家或地区有较大的销量，可以考虑使用目的国的第三方海外仓服务，因为再高效的物流也比不上本地仓储。本地仓储可以节约头程运输的时间，用户下单后 1 到 3 天就可以收到货物，大大提升了客户体验，能够有效提高用户黏性。如果采用了这种仓储服务，还可以在头程中采用海运来降低成本。

近几年陆续有出海企业考虑自建仓，甚至自建物流渠道。我认为这是需要谨慎考虑的，特别是在海外营收规模达到一定体量前，自建海外仓的综合成本还是比较高的。对跨境独立站卖家来说，物流方案的选择相对多样与灵活；但对第三方平台卖家来说，目前有很明确的导向海外仓本土备货和发货的趋势，一方面是平台的导向，另一方面是由于整体平台物流体验的提升与竞争。能考虑在海外自建仓的企业一定是凤毛麟角的，营收规模在几亿元体量以下的企业基本不用考虑。即便是少数的大体量企业也要慎重，因为自建仓从选址筹建到运营管理，都是非常重资本、重人力、重运营的。即使是强如安克这样的企业，一开始也是使用了第三方海外仓来迅速响应市场需求并降低进入成本，直到规模扩大后才逐步自建仓库来提高对供应链的控制力和运营效率。

而关于海外仓的选择，张鑫也给出这样的建议："对于大多数企业来说，选择合适的海外仓伙伴是出海的关键一环，很多公司在这里都踩了大坑，最终进退维谷，十分难受。我建议中国企业在选择海外仓时要从以下这几个层面去考量，一是客服的工作语言和在线时间；二是整体运营和管理的规范性；三是类目商品的处理经验；四是对你的主营平台物流相关标准和规则的了解程度；五是技术对接的状况，不论是你的独立站平台还是其他第三方电商平台，或者你所使用的 ERP 等。在这里，费率事实上是最弱的考量，尤其是在业务启动和快速起量的阶段，因为你会发现上述几点中的每一点都可能给你带来极大的痛苦和实际业务的损失。

9.4　财务管理，优化全球财务资源

财务管理能力是中国企业在全球化过程中不可或缺的核心竞争力。通过有效的财务管理，企业不仅可以降低各种财务风险，还能提升运营效率和竞争力，助力企业在全球市场中稳步发展。

在本节我们将了解其中比较关键的加强财务管理和跨国资金运作，以及跨境支付。

9.4.1　加强财务管理和跨国资金运作

出海企业的财务管理能力是指企业在国际市场上进行资金筹集、资金配置、成本控制、税务规划、风险管理和财务报告的能力。对于中国出海企业而言，财务管理能力的核心在于如何在不同的法律、税务、汇率和文化环境中协调和优化全球财务资源，实现企业的财务目标。

要做好跨国财务管理，就需要企业建立起全球财务管理体系、搭建专业的财务团队、优化税务筹划与合规管理等。

除了体系与团队，还需要企业采购或自研能够适用于全球的财务管理系统，实现实时财务数据的整合与分析，还要制定统一的财务政策以确保各子公司执行一致的财务标准。设立区域财务中心也是有必要的，用以负责区域内的资金调度、财务分析和税务管理。

企业在不同国家运营会面临多种货币汇率波动的风险，汇率的变化可能会直接影响企业的收入、成本和利润。企业必须具备强大的外汇风险管理能力，利用远期合约、期权等金融工具对冲汇率风险。

在搭建财务团队方面，需要管理人员既具备国际视野，又有跨国财务管理的能力，需要执行人员能够熟悉当地的财务法规和文化，以此来应对复杂的跨国财务问题。

在税务合规方面，不同的国家有不同的财税法规，包括公司税、增值税、关税、转让定价等。不同国家的税收政策差异巨大，稍有不慎就可能面临巨额罚款和法律纠纷。企业需要利用双边税务协议、优惠税率等手段减少双重征税，提高税务效率。此外还要建立全球统一的内部审计机制，定期审查各子公司的财务活动，确保合规性。通过合理的财务架构设计，如设立离岸公司或利用国际税收协定，可以帮助企业合法减免税务负担，提升整体利润。

全球运营还需要有效的现金流管理，确保各个市场的资金充裕并及时调拨，这包括应收账款管理、供应商付款、投资回报等方面。现金流管理能力强的企业能够避免资金链断裂，保障运营稳定，比如联想集团就通过设立全球共享服务中心实现了资金的集中管理和调度，他们通过有效的资金池管理优化了全球现金流，确保了各个区域的运营资金需求并降低了融资成本。公司在全球范围内实施了严格的成本控制措施，通过标准化流程和自动化系统减少了财务管理的复杂性和成本，提高了运营效率。

9.4.2　重视跨境支付，提升成交转化

对于企业创始人或高管来说，不一定要求具备非常专业的财务管

理知识，但是企业的支付能力是需要管理团队关注的，其中就包含了跨境支付能力。

1. 了解跨境支付

跨境支付对于企业海外交易有着重要的意义，但是现实中却经常被忽视，很多企业都认为开个银行账户就万事大吉，但实际上支付不仅仅是海外交易，特别是独立站和国际贸易必不可少的支撑能力之一，更是可以打造良好的用户支付体验、提高成交转化、保障企业资金安全、节约成本的重要手段之一。

跨境支付包括支付和结算两个环节。支付环节指的是海外买家付款，由海外付款方选择支付工具和付款银行完成支付过程；结算环节指的是国内卖家收款，由持牌的收单机构和收款银行来完成。在全球范围内都有专业支付服务公司，它们扮演了支付网关、风控、交易处理等角色，串联付款方支付、货币兑换和收款方结算的全过程。

跨境支付主要有 B2C 和 B2B 两种类型。B2C 跨境支付主要适用于跨境电商、app 付款等，支付流程通常较为简化。流程一般为：用户在电商平台选择商品并下单，生成订单；用户选择支付方式（如信用卡、电子钱包），通过支付网关完成交易；电商平台将支付请求发送到支付网关或支付服务商；支付网关处理支付请求，进行验证与授权，与银行或支付处理机构进行交易；支付网关收到成功响应后，电商平台确认订单并发货；支付服务商将资金从用户账户转移到卖家账户；如果涉及不同货币，支付服务商会进行汇率转换，最后卖家可以进行资金管理，整个流程如图 9-7 所示。其实整个支付通常是实时或接近实时的，用户支付后即确认订单，卖家可以迅速处理和发货。

图 9-7　B2C 跨境支付流程

跨境电商中主要使用的支付工具有信用卡、电子钱包（如 PayPal、Alipay）、银行转账、数字货币等。支付过程主要通过在线支付网关和处理平台，如 Stripe、Adyen、PayPal 等，支付过程通常更快捷、灵活，支持多种在线支付方式，用户体验优先。用户可以在电商平台上直接完成支付。

信用卡是北美、欧洲和澳大利亚等发达地区最常用的支付方式，主要卡品牌有 Visa、万事达、美国运通等。

但是卖家需要承担信用卡较高的交易手续费，因为信用卡卡组织在保护买家的权益时，如果买家投诉（例如商品未收到、质量问题等），发卡方可能会拒绝支付该笔交易，卖家就可能收不到款，这就带来了较高的拒付风险。此外，信用卡也容易遭遇网络盗刷或伪造等欺诈行为，是网络欺诈的重灾区，卖家需要承担相应的风险。

而 B2B 跨境支付主要适用于外贸、国际贸易，支付流程较为复杂，涉及合同签署、发票开具、银行开立信用证、汇款或托收等多个环节。经过验证与确认后才会涉及货物的生产和发运，整个支付过程较为复杂，通常需要经过多个环节和服务商，需要几天到几周的时间，整个流程如图 9-8 所示。

| 订单确认 | 选择支付方式 | 支付执行 | 验证与确认 | 货物发运 | 交易完成 | 结算与清算 |

图 9-8　B2B 跨境支付流程

国际贸易常用的支付工具包括信用证（L/C）、国际汇款（T/T）、托收（D/P 或 D/A）等，或者通过银行进行支付，但是需要准备各种贸易金融手续和文件。

随着技术升级和支付标准的发展，跨境支付方式也在持续发生变化。在传统 L/C 信用证、银行电汇、信用卡支付等方式以外，电子钱包、本地支付等方式也逐渐得到广泛应用。

由于信用证使用门槛高且买家、卖家和银行交涉的环节多，在国际贸易结算领域的使用正越来越少。在发展中国家找一家知名银行开证也比较麻烦，目前只有少数国家强制要求进口完全通过信用证付款。

电汇是通过银行和汇款公司来实现的，因为电汇是由银行直接转账，所以资金流向透明，不易被窃取。随着第三方跨境支付工具的出现，跨境支付门槛和成本更低了，它们搭建的本地本币收款网络越来越受到全球卖家的青睐。

而更多的新的支付产品和技术如网络令牌化（Network Tokenization）、3DS 安全认证、实时支付（Real Time Payment，RTP）、先买后付（BNPL）支付方式等，也正在被出海企业逐渐认知和应用。

2. 企业面临的支付难题

在国际贸易中，资金流和支付服务是出海的重要支撑能力，企业能够将多国的外币安全地收回至国内账户是核心需求。

然而在整个跨境收款流程中，由于参与主体多、链路复杂等，企业会遭遇诸多挑战，比如银行卡被冻结、汇率损失、支付方式复杂化、合规监管严格等。

一些国家的货币不是通用币种，无法通过 SWIFT（环球银行金融电信协会系统）汇出，或者国家存在外汇管制、外汇储备不足等问题，导致当地的卖家缺少正规的兑换渠道，客户如果使用非正规渠道收付兑，会被银行冻卡，导致国内卖家的银行卡也被冻结。据说，但凡做非洲、拉美、中东、东南亚地区生意的企业，几乎都有被冻卡的经历，光深圳的出海企业，一年被冻结的资金就多达数十亿元。

高昂的跨境汇款手续费和汇率损失也会严重影响企业利润。目前非美元地区的外贸占据了我国超 80% 的份额，用美元报价并结算的交易需要进行两次货币兑换，不仅会有汇率波动，海外银行还会对兑换行为收取汇兑手续费，影响外贸的实际利润空间。对于中小出海企业而言利润空间已经相当有限，其对外汇费率极其敏感。部分新兴国家的货币不稳定，一旦发生国际事件或者政治问题就会引发货币汇率剧烈波动，从而影响企业海外的利润，甚至有亏损风险。还有一些国家的换汇涉及银行收费、申报麻烦等问题，甚至在换汇环节会增加 3%～5% 的加价，这些隐性成本都会影响成交，进而压缩企业收益。

支付方式的复杂化也给企业收款造成了巨大的困难。比如在印度尼西亚，当地有 5 大主流电子钱包，再加上体量相对较小的电子钱包，总数大概有数十种之多。这就要求企业尽量聚合足够多的支付方式，以满足当地用户的需求。

跨境支付存在支付安全风险，如欺诈、数据泄露等问题，与支付相关的合规要求也非常多，在卡支付行业数据安全标准（PCI-DSS）中，企业需要获得 PCI-DSS 认证，确保其支付系统符合国际安全标准。反洗钱（AML）和了解你的客户（KYC）要求企业验证客户身份并且了解客户业务，以防范欺诈和洗钱活动。一些国家对跨境汇款有严格限制，企业需要了解并遵守这些规定，出海客户经常因为材料合规问题导致资金结算延误，甚至遭遇资金退回或冻结的风险。

拒付（Chargeback），是由于持卡人不承认交易或发生了发卡行认定为操作不合规的交易而产生的追款行为，在国内商业环境里较为罕见，导致许多出海卖家对其认知不足。事实上，拒付是海外用户常用的一项权利，发生的概率极高，直接影响着支付成功率。数据显示，独立站支付的拒付率普遍在 0.5% 到 0.9% 之间，如果每月交易额 100 万美元，单笔交易 100 美元，单论拒付这一行为就可能损失 5000 美元以上。

拒付的原因很多，主要包括欺诈类拒付和服务类拒付，如未授权交易、产品质量问题、货不对板、欺诈交易等。如果遇到了欺诈拒付，企业往往很难申诉，会直接遭受损失。反欺诈风控也是跨境支付的重点之一，主要使用收单渠道的风控系统或通过第三方风控公司来防范。

除此之外，中国企业出海在支付和收款方面还会因为海外银行本地开户门槛很高且越来越高，而需要每年花费高额的维护成本，实际使用时还可能面临交易冻结、账户关闭等风险；如果企业涉及多国经营，还需在多个国家注册企业才能在本地银行开户；一般中小企业在银行通常只能自助，业务遇到问题缺乏专业人员指导；回款速度也直接影响企业的资金周转能力和运营效率。

事实上，独立站用到的收单服务在目前跨境支付的全链路业务里只占很小的比例，这和前几年有很大不同。现在跨境贸易的整个链条中都在制约非品牌卖家的独立站之路，因为大部分铺货卖家的投流ROI低，整个运营成本高，在货品质量上容易参差不齐。仿品、劣质商品、侵权、发货不及时等问题在独立站领域里比比皆是，从物流到清关，再到目的国投放，还包括拒付率都会出现问题。

出海企业面临的行业场景多样、价格变化、汇率波动等问题都增加了业务的复杂性，尤其在持续的地缘政治紧张局势、日益加剧的债务问题和普遍的经济脆弱性等因素的影响下，国际贸易面临着种种不确定性。因此企业需要非常重视支付能力，抵御出海路上资金回款的不确定性。

3. 如何选择支付服务商

跨境支付的多样性和复杂性使得支付服务也成了一个专业门槛较高的行业。如果在比较简单的场景下，那么市场上有大量第三方支付平台，它们都能够较好地支持企业实现跨境支付和收款。

通过我自身的实践以及分析，企业可以从安全合规、交易成本、用户体验、资金可控、可拓展性等要素来考虑对支付服务商的选择，如图9-9所示。

出海企业结构的可变性、海外环境的不确定性、客户和收款平台的多样性、支付环节的复杂性以及监管部门对服务商资质和风控要求的严格性，都给第三方跨境支付平台提出了新的要求。

比如航旅行业的支付问题就非常复杂，由于各个国家和地区的支付方式和习惯各有不同，在海外市场开展业务时，在线航旅网站往往存在因支付方式单一而导致订单转化率和支付成功率偏低的情况。除了支付习惯的差异，出海企业还面临着支付欺诈、资金安全、汇率损失等问题。如何实现安全高效的国际支付和智能化费用管理，成为航旅企业当下亟须解决的重要问题。

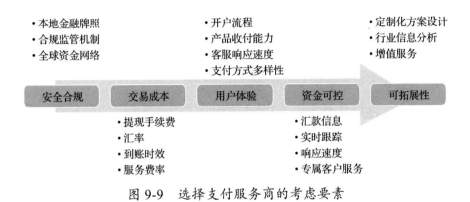

图 9-9 选择支付服务商的考虑要素

在与客户的交流中，我们发现客户需要采用统一、可扩展的支付解决方案，降低跨境交易管理成本和减少相关摩擦，提高支付成功率并降低拒付率。

有家航旅企业经过筛选后选择与 iPayLinks 合作，其收单服务覆盖多种支付方式和支付渠道，能够有效串联线上和线下的各类购票、退票、改签交易等场景；帮助企业实现多平台、多系统的连接和打通，支持交易数据实时分析，此外其风控模型能够从源头避免机器人买家、恶意买家、盗号买家等异常订单的形成，同时支持快速争议解决（Rapid Dispute Resolution，RDR）等，可以有效帮助商户控制拒付比率。

B2B 跨境业务非常复杂，有询盘、沟通、定制、寻找供应商、生产、找货代、发货、清关等环节，一笔交易往往长达数月。整个链路涉及大量的线下环节，造成了 B2B 跨境交易数据的分散和非结构化，同时随着 B2B 跨境业务进一步呈现小型化、碎片化的趋势，其反洗钱风控环节的难度系数更高。

比如一个做儿童玩具的外贸老板，曾经就因为新加坡账户被莫名冻结，短时间内无法解冻而苦恼万分。想重新换银行开户，结果因为流水资质等，申请被拒。

　　还有一家在五金塑胶行业做外贸 3 年的企业，因其业务规模不是很大，所以曾经选用代理出口公司来收款，后果是时常要和买家解释收款银行账户不一致的问题，不少买家也会因为这个放弃合作。这家企业也曾考虑过到新加坡开个银行账户，但考虑到新加坡银行开户门槛越来越严格，而且涉及开户费、交易手续费、账户管理费等各种费用，整体成本也不便宜，因此最后不了了之。

　　最后，我推荐其使用了 iPayLinks 的全球收款账户进行收款，实现了支持超过 12 种全球主流币种、7×24 小时的换汇和结汇，甚至结汇提现至国内账户也能实现秒到账。

　　越来越多的企业，特别是外贸企业正逐渐在开展多平台、多店铺、多种业务形式，因此需要高效地管理跨国交易中的资金流，降低财务风险。此时打通多种业务的信息流和资金流，降低商户资金的管理和流动成本的需求就会尤为突出。

　　从技术层面来看，多资金账户、多钱包统一是第一个难点，尤其是要把不同业务线账户的余额、流水、提现额度进行统一。从产品层面来看，多业务线的统一需要针对各业务线不同逻辑、不同资金处理流程进行梳理，寻求最优处理方案，确保在优化用户体验的同时不会额外增加内部运营的负担。这不仅需要在支付系统的结构上进行拓展以应对后续的迭代升级，还需要在产品的前端操作上优化，降低用户的认知负荷和学习成本。

　　在我与 iPayLinks 交流的过程中，发现他们通过搭建全球收款和付款网络，并通过将用户操作界面、账户资金和 API 输出统一，实现了把多条业务线资金流与信息流整合打通的一站式跨境收付款，如图 9-10 所示。公司 CEO 甄国钢还表示，跨境一户通仅仅是第一步，未来在支付领域里公司涉及的角色类型会越来越丰富，除了帮助出海的商户更好地实现全球支付和收款，还有大型企业的综合金融解决方案、更多元的数字场景，这些功能的建设都在进行中，成为数字经济时代的跨境资金管家是他和企业一直想实现与完善的目标。

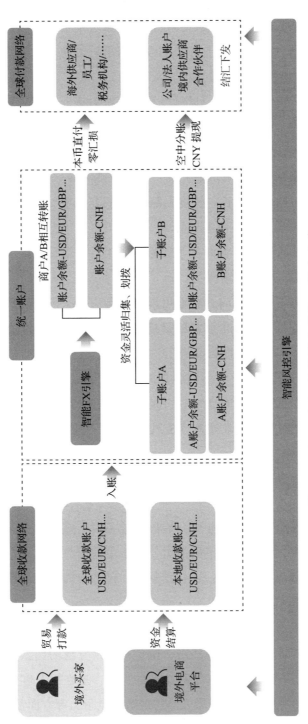

图 9-10 iPayLinks 的跨境支付统一账户方案

统一账户系统用一个入口支持全球收单、平台收付款、外贸收款等多场景运营；商户不同业务线的收付需求可以在一套账户内进行归集和分发；同时，通过不同角色的设定可以让商户清楚掌握资金大盘的流水情况；一套 API 接口进行一次性系统对接，即可完成自身系统的信息化集成，确实给企业提供了极大的便利和效率。

除此之外，在使用支付服务时，我认为还有一些功能也能帮助企业更好地完成跨境支付和收款。

比如外贸回款周期长、进度追踪难，可以使用"资金追踪"功能，随时掌握资金动向，加快汇款效率。还可以进行信息搜集，如付款人发起付款的精准时间、何时到了哪家中间银行、银行扣除的手续费以及到账时间等，全部清晰明了。

而当遇到汇率波动时，企业可以综合运用汇率风险管理工具来减少损失。比如可设置一个满意的目标汇率，一旦实时汇率在有效期内达到目标汇率，系统就能自动换汇。

智能风控系统能针对不同客户的贸易背景对客户进行分级管理，制定不同等级的风险管理策略，并能根据客户情况灵活调整，在保障客户体验的同时还能有效规避资金风险。

9.5 合规管理，助力长期经营

海外合规能力是指企业在开展国际业务时，遵守目标国家和地区的法律、法规、标准和规范的能力。对于中国出海企业来说，合规不仅涉及经营活动的合法性，还包括财务、税务、环保、数据等多方面的要求。

海外合规与否甚至会直接影响企业的合法性、声誉和长期发展。有效的合规管理能规避法律纠纷，避免因违规导致的罚款、诉讼甚至业务中断，还有助于建立和维护企业的声誉。这在提升客户、合作伙伴及投资者对企业的信任，增强品牌的市场竞争力等方面都非常重要。

要做好海外合规，企业需要建立完善的合规管理，比如制定明确的合规政策，包括合规标准、程序和职责分工。此外还要为员工提供定期的合规培训，让他们了解企业在面对不同市场时的法律要求和合规标准。

在进入新的市场时，企业还可以与当地的法律顾问或咨询公司合作，获取专业的法律意见，确保企业的运营符合当地法律。

法律先生的创始人彭帅就曾和我说过他处理的一个案例。一家电子元器件制造厂 2019 年开始在越南海防建厂，当时董事长的想法是和当地人一起合作，他出资 90%，当地人出资 10%，组建新的公司。该公司找了一家越南本地的头部律师事务所，但是老板认为当地律师的建议过于烦琐，又是尽职调查，又是架构设计的，而在国内注册公司往往比较简单，并且企业控股 90%，应该不会有问题。于是该公司就找了一个国内的律师来做协议，既便宜，效率也高。但是，后来董事长与当地人发生了矛盾，一直闹到当地法院，最终董事长在越南输掉了官司，甚至还面临巨额赔偿。当董事长找到法律先生求助时，彭帅发现这个合作的架构不了解当地市场和跨国企业管理，给了当地合伙人太多的操作空间。目前这个案例还在第二次官司中，律师费都花了快 50 万美元了。这也是我们常常对企业老板谈到的，出海前期省的每一元律师费，最后都大概率为当地律师带来 100 元的律师费。出海前进行充分的法律咨询，是出海最重要的环节之一。

对于特定的合规领域，如金融、医疗、环保、税务，可以与第三方服务商合作，由它们提供专业的合规管理服务。

企业还可以建立内部审计机制，定期检查公司各项业务的合规情况，并及时纠正违规行为；或引入合规管理系统如治理、风险和合规（GRC）工具，自动识别潜在的违规行为并及时预警，以此来实时监控和管理合规风险；还可以利用数据分析工具，对企业的运营数据进行审计和分析，识别并解决合规问题。

在企业出海过程中，合规管理可以分为产品合规、品牌合规、财税合规、数据合规和经营合规五个方面。每个方面都有特定的要求和管理方式。

1. 产品合规

产品合规主要包括安全标准、包装、产品说明、产品认证、质量证明、资质许可、产地证明、环境法规、ESG 等。

在不同国家有不同的、需要符合的当地安全标准，如欧盟的 CE 认证、美国的 FCC 认证等，企业要确保产品在设计和制造时符合这些标准。华为在进入欧盟市场时就通过与当地认证机构合作，让其电信设备符合 CE 认证和 RoHS（限制有害物质指令）要求，确保产品的合规性。

产品包装和说明书要使用当地语言并遵守当地的包装法规，如环保标识、材料说明等，确保用户能够清楚理解产品的使用方法和潜在风险，减少安全隐患。安克的全球产品包装和说明书就采用多语言设计，确保全球市场的用户都能够清晰理解产品信息。这种做法有助于减少用户投诉，提高用户满意度。

产品认证与质量证明有 ISO 认证、FDA 批准等，企业需要确保产品在进入市场前就已经获得所需的质量认证。尤其是对于原产地有特殊要求的产品，要提供详细的产地证明文件，以满足进口国的法规要求。如欧盟的 RoHS 和 REACH（化学品注册、评估、许可和限制），就要求产品中不含或限制使用某些有害物质，减少产品对环境的负面影响。

企业要将环境、社会和公司治理因素融入企业运营，主动披露 ESG 报告，提升企业的社会责任形象。

2. 品牌合规

品牌合规包括商标注册与保护、知识产权、广告与营销等。

商标注册与保护可以确保企业的品牌名称、商标在目标市场中注册并受到法律保护，避免侵权纠纷。这要求企业在进入新市场之前尽早进行商标注册，防止被抢注或出现商标侵权问题，还应该建立商标监控机制，及时发现和处理侵权行为，通过法律手段保护品牌权益。

比如早在 2022 年初，就有网友表示在泰国喝到了假的瑞幸，除了文案是泰文，其他的视觉设计几乎全部复刻瑞幸。不仔细看，都不会发现其实商标中的鹿角翻转了方向。2022 年 8 月，瑞幸咖啡曾发布声明称：泰假！瑞幸咖啡没有在泰国开店，在泰国的瑞幸门店是仿冒门店。但是后来在泰国知识产权和国际贸易中央法庭中，公告宣布了有关审理中国瑞幸咖啡公司控告泰国皇家 50R 集团（50R group）侵犯商标版权案件的最后审判，判决中国瑞幸咖啡公司败诉。

这也给了大型企业一次警醒：在出海如火如荼的今天，只重视本土市场的知识产权保护的企业，在出海的时候可能会遭到沉重的打击。

知识产权保护包括专利、版权等，确保企业的创新成果在全球市场中得到保护。大部分的国际品牌都会在全球范围内建立强大的品牌和知识产权保护机制，通过商标注册、专利申请等方式，确保其品牌和专利在各地的合法性，还会积极打击假冒产品，维护品牌的市场价值和企业的利益。

在海外做广告推广与营销的时候，也要遵守各国的广告法规，广告内容不得包含虚假或误导性信息，特别是在涉及医疗、健康等敏感领域时，更要加以留意。

3. 财税合规

财税合规主要包括税务申报、国际税务筹划、外汇管制、财务和税务合规、本土牌照、贸易规则、平台规则等。

税务申报与合规包括企业所得税、增值税（VAT）、消费税、关税等，需按时申报并缴纳税款，遵守当地税法，确保税务申报的准确性。在欧盟、英国等实行增值税的市场，企业需注册 VAT 号，确保增值税的正确计算和申报。采用专业的 VAT 管理工具，可以有效地处理多国的 VAT 合规问题。通过合法的税务筹划，如利用双重征税协议、税收优惠政策等，可以优化企业的全球税务负担。

企业需了解并遵守各国的外汇管制政策，确保国际资金流动的合规性，避免因外汇违规而受到处罚。在使用跨境电商平台如亚马逊、eBay等时，企业需遵守平台的各项合规要求，包括产品信息、交易规则、税务要求等。企业可以用国际公认的会计准则（如 IFRS）来确保财务报表的准确性和透明性，此外还需定期进行财务审计，确保合规性。

4. 数据合规

数据合规主要包括数据保护和隐私、数据跨境传输、网络安全合规、数据安全、隐私保护等。

企业需要遵守各国数据保护法规，如欧盟的《通用数据保护条例》（GDPR）、美国的《加州消费者隐私法案》（CCPA）等，确保用户数据的合法收集、处理和存储。企业需要为用户提供透明的隐私政策，明确数据的使用方式，并确保用户同意数据的处理。

在进行数据跨境传输时，企业需确保数据传输符合目标市场的法律要求，如 GDPR 中的数据传输条款，可以考虑采用数据加密、数据中心分布等技术手段来确保数据传输安全。某些国家对数据跨境传输有严格限制，如数据需存储在本国服务器，跨境传输需获得政府批准。

隐私保护与数据安全要求企业通过隐私设计原则（Privacy by Design）在产品开发的各个阶段嵌入隐私保护措施，确保用户数据的最小化收集和存储。

举例来说，独立站或 app、SaaS 产品需要及时更新隐私条款和免责声明，确保它们易读易懂，可以让用户清楚地了解个人信息将如何得到妥善处理。在国际市场，大部分的国家和地区都要求网站和应用程序清楚地显示它们的隐私政策，让用户在第一时间就能知晓，这非常重要。所以请在熟知目标市场的法律条款后，编写好适应当地法律的隐私条款和 cookie 协议，并通过弹窗等方式让你的访客清晰地看到它。

比如前文提到的 Zoho 就在全球建立了 16 座数据中心并通过了多

项安全认证，保证了客户数据隐私安全。智齿科技则拥有 ISO27001、ISO27701 等多个国际高度认可的资质与保障，GDPR、PDPA、PIPL 等多区域合规落地，拥有成熟的内部数据安全合规管理、产品合规操作流程，以此来保障系统安全与稳定性、加密性。

5. 经营合规

经营合规主要包括要符合劳动法、特定行业的法规、反欺诈、反垄断和反腐败等法律法规。

劳动法合规主要是遵守各国劳动法，包括劳动合同、薪酬福利、工作时间和员工权益保护等方面的规定。企业需制定符合当地劳动法的雇佣合同和员工手册，明确劳动关系的各项规定。实际上欧美的劳动法是比较严格的，可能会让国内不少企业感到不适。

国内的"996"，到了海外可能会水土不服。很多欧洲国家正常的一周工作时间是 40 个小时，如果超过这个时间，员工可能会觉得不正常，甚至起诉。德国还有一些行业有周日不允许加班，工作 6 小时后必须有半小时休息等规定。在解雇员工时，也有一系列的终止要求，不同工作年限有不同的通知期和员工遣散费。如果企业不遵守这些法规或者习俗，可能会埋下不小的诉讼隐患。

一些行业如金融、医疗、电信、食品、化妆品等有特定的监管要求或者行业法规和标准，在进入新市场前，企业要确保产品和服务获得必要的行业认证和许可。

不少国家会重视反垄断和反腐败，企业需要制定并执行严格的内部控制制度，防止欺诈、贪污和腐败行为的发生。企业也要定期为员工和管理层提供相关的培训，确保他们了解相关法律和企业的合规要求。

在海外的商业环境中，合规非常重要，企业需要从产品、品牌、财税、数据和经营等多个方面入手，通过建立系统化的合规管理体系，定期培训员工，利用技术手段加强监控，与第三方合作并进行定期的合规审计等方式来确保在全球市场中的长期稳定发展。

9.6　人力资源能力，选用育留建团队

海外人力资源管理能力是指企业在跨国经营过程中，对海外分支机构或子公司的人力资源进行规划、招聘、培训、评估和激励等一系列管理活动的能力。这包括但不限于招聘选拔、员工培训、绩效管理、福利待遇、员工关怀、文化建设等，其主要目的是吸引和留住优秀人才，提高员工的工作积极性和效率，增强企业的竞争力。

1. 人力资源战略

出海企业的全球人力资源战略需要和企业的出海战略相匹配。如果企业的出海战略只是开设一个亚马逊商铺或独立站，在线上售卖产品而不涉及本地化的工作，那么人力资源战略就会比较简单，多数情况下只需要国内招聘即可。

如果企业的战略是成为一家跨国企业甚至全球化的企业，要在多个国家设立分公司、子公司，落地本地化，那么就需要规划人力资源战略了。

目前大部分企业出海还是分阶段的，不同阶段对人才的需求也有所差异，英特利普就为企业总结出了以下不同出海阶段的人才需求。

出口贸易主要借助海外渠道实现产品出海，对人才的要求比较简单，掌握外语是主要条件；而设立海外办事处的时候，就要求人才具备一定的跨文化能力和当地资源了；在品牌融入阶段，海外的本地员工比例提高，对企业的跨国管理能力要求也会更高；在企业实现跨国经营和全球化阶段，对人才的要求就更高了，需要具备跨国资源整合能力以及局域市场管理能力，对人才的跨文化管理、领导力等软性能力要求也更高，如图 9-11 所示。

是在国内组建团队，还是聘用当地高手？我认为，渠道出海阶段的企业完全可以在国内搭建团队，设立海外办事处和品牌融入的工作可以先交给外派人员，再由外派人员搭建团队。而企业全球化阶段就需要大量聘用本地员工，招募常驻海外的全球高管了。

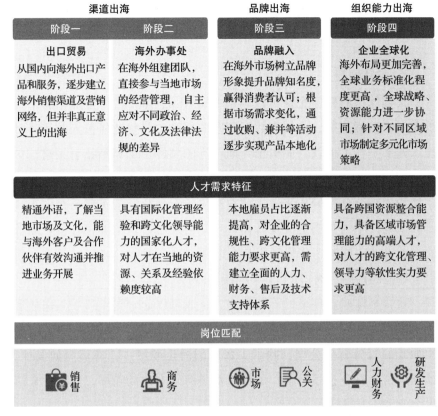

图 9-11　中国企业不同出海阶段的人才需求

　　在做人力资源战略前，需要思考的很重要的一点是企业的出海战略是否清晰，是否有长期发展的规划。企业如果将出海列为战略，规划了设立海外分公司、子公司，实现全球增长，我会建议创始人及其高管团队必须要去目标国家做深度考察。

　　曾经有一年多的时间，我带队近百位创始人出国实地考察和交流，一是对接海外大厂，二是对接本地企业主，三是了解本地的人才市场和薪酬现状。比如在硅谷一个应届毕业生年薪都要 8 万～ 12 万美元，最高相当于近 100 万元人民币，而在越南和印度尼西亚，月薪 3000 元就可以找到不错的毕业生，在新加坡可能需要付出月薪 20000 元的代价。各国的人才密度、专业程度、加班与否等也存在很大的差异，在实地考察和亲身体会的过程中，差不多有三分之一的考察者调整了出国前的规划，变得更加敬畏出海，也更加务实了。

2. 全球招聘

在全球招聘时，企业可以利用 LinkedIn、Indeed 等全球招聘平台扩大人才搜索范围，并依靠数据驱动的招聘工具优化候选人的筛选过程。如果是在本地找，应根据当地市场的实际情况调整招聘策略，包括雇用当地招聘顾问、与当地高校合作、参与本地人才招聘活动等。比如华为在全球招聘中采取了"本地化＋全球化"的策略，在中东和非洲市场，华为与当地高校合作，建立培训中心，培养符合公司需求的本地人才。同时，华为利用其全球影响力，通过 LinkedIn 等平台吸引全球范围内的优秀人才，弥补当地市场人才的不足。

随着全球职业环境的不断发展，企业可以通过提供远程工作或混合工作模式吸引全球范围内的优秀人才，也算是一种新的招聘方式。比如我的海外营销公司，除了少数的国内全职员工，有不少如设计、社媒运营、SEO 携手等岗位的员工都是海外本地的兼职，这种方式使得企业出海既灵活，又节约成本。

当然，还有一些企业在开展海外业务的时候并没有在当地建立实体企业，这时候需要招聘的话，就可以考虑用名义雇主（EOR）作为过渡方案，降低进入新市场的门槛。比如 Deel 就可以帮助企业在多个国家招募人才、开展业务，以合规的方式制定合同、计薪、发薪以及管理税务，并节省各方面的成本。

企业在全球招聘的过程中，还会遇到业务发展较快，但是人力资源跟不上的情况，我建议企业可以在内部挑选几个有管理经验和业务能力的老员工，再匹配一些比较容易招聘到的、有海外经验和语言能力的新人，通过新老配合来探索出海。

毕竟，一个优秀的国际业务负责人并不容易通过常规的方法招聘到，而大部分的出海企业也不太能找到欧美本土的高级管理者。这其中很重要的原因是部分中国企业往往不重视雇主品牌、缺乏职业规划、倾向采用家族式的管理方式等。

即便是国内知名企业，其实大部分在海外也都是没有品牌影响力的，更谈不上雇主品牌了，这也增加了企业招聘全球化人才的难度。而雇主品牌的打造，又回到了本书前文所说的品牌与营销工作，比如品牌基础信息、独立站、官网社媒、PR 等，这些工作能够让潜在候选人对企业产生认识、认知与信任，这点至关重要。

同时，企业在做全球招聘的时候，对候选人的背景调查必不可少，而是先有国际业务负责人还是先有国际 HR 负责人，就得由企业去平衡了。

3. 员工培训

企业需要为员工提供系统的培训计划，确保员工理解企业的使命、愿景、价值观，然后围绕出海技能如语言、产品、营销等展开培训，还可以根据各地区的文化和业务特点定制本地化的培训课程，以提高培训的实际效果。

在培训中，引入在线学习平台如三节课、UMU、Udemy 等，能够为员工提供灵活的学习方式，为员工的持续学习和职业发展提供支持。

一些领先的出海企业会在内部建立类似出海学院的机构，来更好地帮助员工成长。比如字节跳动在全球化过程中，通过其内部的学习平台 "ByteCamp" 为全球员工提供了统一且灵活的在线培训课程，同时结合了各国的本地化内容，以确保员工能够理解并适应公司的全球战略。

鉴于出海人才的稀缺，企业可以尝试搭建出海管培生体系，比如传音控股的 "海东青计划"，行云集团的 "繁星计划" 等。此类计划通常由企业的内部高管带队，搭配中层、一线骨干和外部培训讲师为管培生进行持续的培训，开展内部多岗位甚至多国家的轮岗，使其成为本企业出海的人才储备。

4. 绩效管理

建立科学的绩效评估体系能够激励员工不断提高工作表现，特别是在企业出海的早期，可以采用类似创业公司一样的激励，实行有吸引力的期权和股权激励机制。

当企业渡过早期阶段之后，在全球绩效管理中企业应考虑当地市场的差异，对不同国家和地区设立差异化的绩效评估标准，建立透明的绩效管理系统并定期进行绩效反馈，以促进员工的持续改进和职业发展。

建议企业可以采用 KPI 和 OKR（目标与关键结果）结合的方式，既关注结果导向，又注重过程管理。

5. 福利待遇

通过制定具有竞争力的薪酬和福利政策，提供必要的支持，如心理健康支持、家庭关怀计划等，可以增强员工的归属感和满意度。

企业可以根据不同市场的法律要求和文化特点设计适合本地员工的福利政策，包括医疗保险、休假制度、退休计划等。在核心福利方面（如基本健康保险和养老金计划）要保持一定的全球一致性，以体现企业对员工的承诺。

随着我国企业在全球的竞争力持续上升，参与全球竞争的深度不断加强，海外业务规模不断扩大、业务模式不断升级，对出海人才的需求量越来越大，要求也越来越高了。

但是纵观整个人才市场，中国真正的全球化人才还非常少，即便是华为、阿里巴巴、腾讯、海尔、大疆等企业的员工，其人才适配度也还有待验证，毕竟加入一个处于创业或者发展期的企业和一个处于成熟期的平台型企业，其思维、认知在打法上还是存在差异的。出海企业的国际型人才的数量和质量会影响企业全球化的发展，中国出海企业任重道远，必须在人力资源上不断地沉淀、储备、积累、突破，才能在全球化之路上走得远、走得稳。

9.7 数字化建设，跨越国际鸿沟

当企业进入到多国经营阶段后，各专业的管理难度将成倍地增加，企业内部的产品、市场、销售、客户服务的协同也会变得困难。同时随着跨国客户数量的增加，语言、时区、文化等问题也会凸显。

当人力无法解决这些问题时，企业的数字化建设就会被提上日程，并且按照我的经验，企业越早开展数字化建设就会越早受益。

在本节，我们可以了解企业如何做好数字化战略，如何实施数字化，以及出海企业使用的主要数字化产品等内容。

9.7.1 做好企业数字化战略

在企业跨国经营与全球化的过程中，从产品到品牌，从营销到渠道，从文化到合规，从供应链到人力资源，无处不面临着挑战与鸿沟。而企业的数字化建设则是决定企业是否能跨越挑战，跨过国际鸿沟的关键能力。

出海企业的数字化能力指的是企业在全球化发展过程中利用数字技术和平台，优化和升级其业务流程、产品服务、管理决策和客户体验等方面的一系列活动。通过数字化系统，企业可以提高运营效率，降低成本，增强市场竞争力，实现业务创新和可持续发展。

企业要做好数字化建设，就需要制定明确的数字化战略，确定数字化转型的目标和路径。都说数字化是一把手工程，企业高层管理者对数字化战略的理解和支持，以及提供必要的资源和决策支持是非常重要的。数字化的战略也不是一步到位，而是随着企业的发展分步实施、持续迭代的。

要搭建数字化能力，首先要对企业现有的业务流程、管理模式以及面临的痛点进行详细评估，明确哪些环节需要数字化改进，例如供应链管理、客户关系管理、财务管理等。然后再根据业务重要性和痛点的感知程度，确定数字化转型的优先顺序。例如，如果供应链管理效率低下，就可以优先考虑引入数字化供应链管理系统。

企业要明确数字化建设的具体业务目标，如提高运营效率、降低成本、提高客户满意度、增强数据分析能力等，为每个数字化项目设定明确的关键绩效指标（KPI）以衡量转型的成效。这些指标可以包括线索获取数量、订单处理时间是否缩短、库存周转率是否提高、客户留存率是否提升等。

在选择合适的数字化工具和技术时，既可以选择自研，也可以选择采购然后私有化部署，还可以选用 SaaS 类的产品。这不仅涉及企业的当前需求和未来发展方向，还涉及企业对市场趋势的理解、技术能力的匹配以及员工的适应性。自研虽然投入大、成本高，但是定制性好、适配性高，而标准的 SaaS 产品虽然价格便宜，但不一定适合企业的业务流程。

如果企业业务复杂、流程多，有一定独特性，在资源允许的情况下，可以考虑自研或者基于大平台来开发数字化工具，比如前文所述的名创优品就是基于 SAP 开发的 EPR、供应链管理系统等内部管理系统。

对于独立站、营销工具、销售管理、客服管理等系统，多数企业都会向第三方供应商采购。

对大型系统的数字化，如 ERP 等的落地，也不需要一开始就采取全面实施，而是可以选择一个模块或一个部门进行小规模的试点，以验证工具和技术的效果，这样也有助于发现潜在的问题并进行调整。

最后，还需要为员工提供系统的培训，帮助他们掌握新工具的使用方法并了解数字化转型的意义和目标。可以采用线上、线下结合的培训形式，确保培训效果，同时在企业内部推广数字化文化，鼓励员工主动适应和接受新的数字化工具。

9.7.2　分步实施企业数字化

企业推进数字化能力建设时需要全面规划，覆盖产品、营销、客服、供应链等领域，而在落地的过程中则要有序地推进。

1. 初期阶段：基础数字化能力建设

在出海业务的初期，企业主要的任务是探索海外市场机遇，找到业务破局点。在这个阶段，企业一般通过出口贸易和跨境电商来进入海外市场。

这时候数字化的重点是搭建数字化基础设施，确保核心业务流程能够高效、透明地运作。建议企业采用轻资产的模式，也就是公有云服务和 SaaS 的模式，这种方式能够把相关的数字产品和数据部署在海外的云服务器上，从而快速地实现业务需求，同时支持企业低成本地开展业务运营。

这一阶段企业需要主要关注的数字化产品包括建站、社媒管理、EDM、数据分析等营销工具，还有客户关系管理（CRM）、客户联络中心、支付系统等支撑销售、服务和支付的工具。

2. 中期阶段：业务数字化与自动化

随着持续的成长和海外业务的破局，企业可以考虑增加投入，重点是通过业务流程的数字化和自动化提高运营效率，减少人为干预并降低成本，比如引入业务流程自动化（BPA）工具、机器人流程自动化（RPA）来简化重复性工作。企业还可以部署数据分析平台，通过大数据技术和分析工具提升企业对市场、客户和运营的洞察能力；在多个渠道（如电商、社交媒体、线下门店等）之间实现无缝整合，确保客户体验的一致性和数据的统一性。

随着本地市场的深入，企业可以在海外设立分公司、子公司、研发中心、客服团队等机构，更好地服务客户，或者通过投资并购、海外建厂的方式来加强本地的供应链管理能力。

此外，企业还需重点部署基础的企业资源规划（ERP）系统，如财务管理、库存管理等，以确保企业的基本运营高效有序。这时候企业可以逐步地进行自研或者引入更复杂的软硬件系统，以及更加严格的运维标准。这一阶段，企业数字化的稳定性和连续性，以及弹性的 IT

架构会变得至关重要，特别是在跨国的环境中，需要保持良好的运维来避免出现各种问题，以免影响业务的顺利进行。

这一阶段还可以采用云网融合的数字化架构，在满足安全合规的同时，提供更加稳定的网络连接，以及较强的运维效率。

最终，企业通过持续地建设数字化能力，完备了企业资源管理和数字化供应链基础，进一步整合了全球资源，实现了跨国协同并提升了企业运营效率，从而提高了企业在国际市场的竞争力。

3. 成熟阶段：智能化与创新驱动

当企业逐渐步入成熟期，企业的数字化能力的建设应着眼于智能化和创新驱动，通过 AI 和数据智能来提升企业的竞争力。比如引入人工智能和机器学习技术，用于个性化推荐、智能预测和决策支持，提升业务智能化水平；或者在供应链、物流、生产等领域部署物联网技术，实现设备互联和数据实时监控，提升供应链效率；再或者构建和扩展数字生态系统，通过与合作伙伴、供应商、客户的数字化连接，形成协同创新的生态环境。

与此同时，企业需要一个全球化的 IT 团队用以保障企业数字化系统能够支撑全球各子机构和专业部门的高效运营。此阶段，企业之前布局的整体 IT 资源可能会出现不足，如何在全球配置资源，实现采购和运营成本的优化成了关键问题。同时，系统安全问题也愈发突出，企业需要有全球性的安全策略来保障数据安全与合规。

整体来说，企业数字化的落地需要四个层次的工作，即数字化战略、数字化底座、数字化能力模块和专业能力应用模块，如图 9-13 所示。

一个明确的数字化战略对于企业在全球市场的竞争至关重要，它决定了企业未来的数字化发展方向。企业需要在全球范围内进行数字化规划，以确保在市场上快速响应、持续创新。

在数字化战略的下面，是整个数字化架构的基础部分——数字化底座，其包含了三个关键方面。首先是"统一的云架构"，它意味着企业需要建立一个统一的云端架构，使得各个部门和业务线能够在同一平台上进行协作和信息共享。其次是"稳定的系统运维"，它强调企业必须拥有稳定的系统支持，确保在企业系统全球范围内无论是日常运营时还是应对突发状况时都能保持高效运转。最后是"良好的用户体验"，这一点至关重要。企业的数字化最终都将面向用户，所以必须要关注用户的每一个触点，提供优质、流畅的使用体验，才能赢得客户的信任和忠诚。

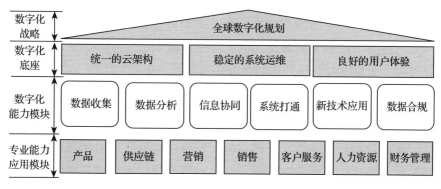

图 9-13　出海企业数字化架构

在数字化底座的下面还需要具备多个数字化能力模块，如数据收集、数据分析、信息协同、系统打通、新技术应用、数据合规等。

这些数字化能力的构建，是为了支撑企业的各个专业能力应用模块，包括：产品、供应链、营销、销售、客户服务、人力资源和财务管理。例如，在"产品"领域，数字化能力可以帮助企业更好地进行产品设计、生产和市场响应，提供更具竞争力的产品。在"供应链"领域，数字化可以提升整个供应链的效率，实现从采购到配送的全链路数字化。对于"营销"和"销售"，数字化能力则可以通过数据驱动的策略，提高品牌知名度、市场影响力和销售效率等。

在建设数字化能力的时候，企业经常会面临自研、采购或是使用SaaS产品的选择。

　　自研通常适用于那些与企业核心竞争力直接相关的技术领域，或者市场上没有现成的解决方案时，比如涉及企业独特业务模式或关键业务流程的数字化工具。自研产品高度定制化，可以完全符合企业特定的需求，并能保留技术知识产权，形成长期竞争优势。但是自研也需要大量的技术投入和时间成本，特别是对于初创企业或资源有限的公司来说，可能无法快速实现。

　　采购现成的软件产品适用于那些标准化需求较高的领域，如 ERP、CRM、财务管理等，这些领域已经有大量成熟的解决方案可以选择。采购的优势是节省时间和开发成本，能够快速部署和使用，且通常有专业的售后支持和更新维护。但劣势是可能无法完全满足企业的个性化需求，需要进行一定程度的定制化和整合工作。

　　SaaS 产品适用于需要灵活扩展、低初始投入的场景，尤其是跨国企业需要在多个市场和地区快速部署数字化工具时。其优点是按需付费，灵活性高且无须维护基础设施，适合快速变化的市场环境。但劣势是存在数据安全和隐私问题，并且对平台供应商的依赖性较高。企业在选择 SaaS 产品时需考虑供应商的稳定性和数据合规性。

　　企业需要根据自身的发展阶段和实际业务需求，合理选择自研、采购或 SaaS 产品，以确保数字化工具和技术能够支持企业的长期战略目标。我认为对于大多数企业来说，采购软件或 SaaS 产品已经足够满足企业需求。无论是自研还是使用 SaaS 产品，企业都需要重视数据安全和合规问题，特别是在跨国经营时，需要确保数字化工具符合各国的数据保护法规。

9.7.3　出海企业主要使用的数字化产品

　　企业在出海过程中，数字化工具和产品的选择对其业务的成功至关重要。企业将需要多个种类的数字化产品来帮助企业在运营、营销、客户管理、财务、供应链等方面实现高效管理和竞争优势，下面我列举了企业在数字化过程中主要使用的产品。

1. 企业资源规划

企业资源规划（ERP）是通过整合财务、供应链、人力资源等核心业务数据，提供全面的运营分析与决策支持，主要的产品有 SAP ERP、Oracle NetSuite 等。SAP ERP 适合大中型企业，可以提供强大的财务、供应链和人力资源管理功能，并且支持多地区、多语言和多货币的复杂全球运营。Oracle NetSuite 适合中小型企业，具有高度灵活的模块化设计，可以根据企业需求选择不同的功能模块。

2. 客户关系管理

客户关系管理（CRM）是通过集中管理客户数据，支持全球销售团队的协作，提供个性化的客户体验，主要产品有 Zoho、纷享销客等。其中 Zoho 的 CRM 的性价比高，适合中小企业，可以提供全面的客户管理、销售自动化和市场营销功能。

3. 数据分析与商业智能

数据分析和商业智能（BI）是通过数据整合和分析工具，提供实时、可操作的数据洞察，支持全球业务决策，主要产品有 Tableau、Power BI 等。Tableau 是一款强大的数据可视化工具，支持与多种数据源集成，适合各类企业的数据分析需求。Power BI 是微软的 BI 工具，易于使用，支持与微软生态系统的无缝集成，非常适合已经使用 Microsoft 产品的企业。

4. 协作与沟通工具

协作与沟通工具是通过提供实时沟通、文档协作、任务管理等功能，提升全球团队的协同工作效率，主要产品有 Microsoft Teams、Slack 等。Microsoft Teams 集成了即时通信、视频会议和文档协作功能，适合跨国企业的团队协作需求。Slack 特别适合灵活、扁平化的团队结构，支持多种第三方应用集成，提升团队沟通和协作效率。

5. 数字营销工具

数字营销工具是通过帮助企业在全球范围内进行精准的数字营

销，提升品牌知名度和客户参与，支持多语言和本地化营销内容的创作和管理，提供跨渠道营销管理和数据分析，支持电子邮件营销、社交媒体管理、广告投放、内容营销等多种营销渠道的自动化管理，主要产品有 HubSpot、Marketo 等。HubSpot 具备全面的营销自动化平台，适合中小型企业，支持内容管理、社交媒体管理、SEO 优化等功能。Marketo 适合大中型企业，提供深度的客户细分和个性化营销功能，并且与 CRM 无缝集成。

6. 项目管理工具

通过集成项目管理工具，可以支持全球团队的协作和项目管理，确保项目按时交付，主要产品有 Asana、Trello、JIRA 等。Asana 适合中小型团队，提供直观的任务和项目管理界面，支持团队协作和项目进度跟踪。Trello 是基于看板的项目管理工具，易于使用，适合灵活、敏捷的项目管理需求。JIRA 特别适合软件开发团队，支持敏捷开发和项目管理，提供强大的问题跟踪和管理功能。

7. 社交媒体管理工具

社交媒体管理工具能够支持多个社交媒体平台的统一管理，简化内容发布和用户互动；监控社交媒体活动的效果，分析用户参与度、品牌声量等指标；帮助团队规划和安排社交媒体内容的发布，确保品牌信息的一致性；实时响应用户评论和私信，增强用户互动和品牌忠诚度，主要产品有 Hootsuite、Buffer 等。Hootsuite 支持多平台社交媒体管理，提供强大的分析和报告功能，适合各类规模的企业。Buffer 是简单易用的社交媒体管理工具，适合中小企业，能够帮助企业高效管理社交媒体内容和用户互动。

8. 在线客户服务工具

在线客户服务工具是通过多语言、多渠道的客服工具，提升全球客户服务体验，确保快速响应客户需求，主要产品有 Zendesk、智齿科技等。智齿科技拥有强大的在线客户服务平台，全渠道的营销管理、多语言和智能客服功能，适合各类企业。

9. 跨境支付与结算工具

跨境支付与结算工具是主要通过整合多币种支持、简化支付流程、确保合规与安全性，提升跨境交易的效率和客户体验，主要产品有 PayPal、Stripe、iPayLinks 等。PayPal 和 Stripe 都是全球知名的跨境支付平台，支持多种支付方式和货币，适合跨境电商企业。iPayLinks 通过打造全球一站式跨境支付与资金清结算平台，为跨境企业安全高效地进行全球资金收付、货币兑换等业务提供支持，非常适合外贸、航旅企业。

10. 人力资源管理工具

人力资源管理（HRM）工具是为企业提供综合的人力资源管理平台，支持全球范围内的员工管理与发展，主要功能有全球员工信息管理、招聘与入职流程管理、培训与人才发展计划、薪酬、福利与绩效管理等，主要产品有 Workday、北森、MOKA 等。

通过使用多种数字化工具，企业可以有效应对海外的供应链、营销、物流和人力资源管理中的挑战，从而在全球市场更具竞争力。

企业的数字化建设也是一个持续的过程，企业应该不断关注最新的技术趋势，并根据市场变化及时更新其数字化战略和工具。在数字化过程中，要始终以客户为中心，通过技术提升客户体验和满意度。通过持续的数字化建设，企业能够更好地进行数据分析与市场预测，实现更精确的运营优化和客户管理，最终更好地适应全球市场的挑战，实现竞争力提升和业务增长。

APPENDIX

附　录

附录 A　出海主要国家概况列表[⊖]

表 A-1　北美主要国家贸易与市场概况

国家	主要概况	贸易政策	市场机会与挑战
美国	• 美国是全球最大的经济体，2023 年 GDP 约为 27.36 万亿美元，约 3.35 亿人 • 经济结构多样，包括科技、金融、制造业等多个领域 • 美国用户购买力强，拥有高收入水平和多样化的消费需求。高端市场和中产阶层市场都非常庞大	• 美国的贸易政策近年来呈现保护主义倾向 • 对于中国企业而言，需要了解并应对关税和进口限制	• 机会：美国市场庞大且多元化，具有巨大的消费潜力，科技、健康、金融等行业的市场需求较大 • 挑战：竞争激烈，尤其是在技术和消费品领域。美国的法律法规较为复杂，涉及知识产权、合规、劳工法律等
加拿大	• 加拿大是发达国家，2023 年 GDP 约为 2.14 万亿美元，约 4009 万人 • 经济主要依赖于资源开采、制造业和服务业 • 加拿大人均收入较高，消费市场稳定，虽然市场规模比美国小，但消费能力较为强劲	• 加拿大对外贸易依赖较大，与中国的贸易关系相对友好 • 加拿大的关税政策较为宽松，但企业仍需遵守当地的法规和标准	• 机会：稳定的市场环境和较高的生活水平使得消费市场具有吸引力。中加关系良好，为中国企业提供了机会 • 挑战：市场规模相对较小，竞争主要来自美国和本地企业。中国企业需要适应加拿大的法律和市场文化

[⊖] 各国相关经济数据，包括 GDP、人口数量等，均来自世界银行和国际货币基金组织，由作者汇总整理。

表 A-2　欧洲主要国家贸易与市场概况

国家	主要概况	贸易政策	市场机会与挑战
德国	• 德国是欧洲最大的经济体，2023年GDP约为4.46万亿美元，约8448万人 • 以制造业和出口为主，特别是汽车、机械和化工行业 • 人均收入高，消费市场成熟。对高质量、高技术含量的产品有较大的需求	• 德国是欧盟成员，受欧盟共同贸易政策的影响。欧盟对中国的贸易政策复杂，涉及反倾销税和关税措施 • 德国对中国企业的市场开放，但需遵守欧盟的相关法规和标准	• 机会：德国市场对高科技和高质量产品需求大。制造业和技术领域的合作机会较多 • 挑战：市场竞争激烈，需符合欧盟严格的法规和标准。对环保和产品质量要求较高
英国	• 英国是欧洲重要的经济体，2023年GDP约为3.34万亿美元，约6835万人 • 金融服务业、科技和制药业发达 • 高消费水平，市场对创新产品和服务有较大的需求。 • 首都伦敦是全球金融中心之一	• 英国脱欧后，制定了独立的贸易政策。与中国的贸易关系较为复杂，受制于脱欧后的新贸易协议和关税政策 • 中国企业需关注英国脱欧后的贸易协议和进口规定	• 机会：金融、科技和创意产业市场机会大。英国市场对创新和高质量产品的需求强劲 • 挑战：脱欧带来的不确定性和贸易壁垒，市场进入的合规要求增加
法国	• 法国是欧洲主要经济体，2023年GDP约为3.03万亿美元，约6817万人 • 经济多元化，主要包括制造业、服务业和农业 • 高消费水平，市场对高端产品和服务有较大的需求。用户注重质量和品牌	• 法国是欧盟成员，遵循欧盟的共同贸易政策。对中国的贸易政策涉及关税、反倾销税和市场准入限制 • 法国市场相对开放，但需遵守欧盟的法规和标准	• 机会：高质量产品和奢侈品市场机会大。法国对新产品和科技有强烈需求 • 挑战：市场竞争激烈，需遵守欧盟严格的法规和标准

（续）

国家	主要概况	贸易政策	市场机会与挑战
意大利	• 意大利经济以制造业和旅游业为主，2023 年 GDP 约为 2.25 万亿美元，约 5876 万人，主要行业包括时尚、汽车和机械 • 中高消费水平，市场对时尚、奢侈品和高端消费需求大	• 意大利作为欧盟成员，受欧盟贸易政策影响。对中国的贸易政策涉及关税、市场准入和反倾销措施 • 市场相对开放，但中国企业需了解和遵守欧盟法规	• 机会：奢侈品、时尚和高端消费品市场有很大机会。意大利市场对创新产品和品牌需求强烈 • 挑战：竞争激烈，需要遵守严格的欧盟法规
西班牙	• 2023 年 GDP 约为 1.58 万亿美元，约 4837 万人 • 经济以服务业和旅游业为主，制造业也有一定基础 • 消费水平中等偏高，市场对时尚、食品有需求	• 作为欧盟成员，西班牙遵循欧盟的贸易政策。对中国的贸易政策涉及关税和市场准入规定 • 西班牙市场开放，欢迎外国投资，但需符合欧盟标准	• 机会：旅游业、食品和消费品市场有潜力。西班牙用户对高质量和创新产品有需求 • 挑战：经济波动影响市场稳定，需适应欧盟法规和市场竞争
荷兰	• 荷兰是欧元区的重要经济体，2023 年 GDP 约为 1.12 万亿美元，约 1787 万人 • 经济以国际贸易、物流和高科技产业为主 • 中高消费水平，市场对高科技产品、奢侈品需求强劲	• 荷兰作为欧盟成员，执行欧盟的贸易政策。对中国的贸易政策涉及关税、反倾销税等 • 荷兰的港口和物流设施使其成为欧洲的贸易枢纽，对外资企业具有吸引力	• 机会：高科技、物流和国际贸易市场有很大潜力。荷兰市场对创新和高质量产品有需求 • 挑战：需遵守欧盟的法规和标准。市场竞争激烈

（续）

国家	主要概况	贸易政策	市场机会与挑战
瑞士	• 瑞士是一个高收入国家，2023 年 GDP 约为 8849 亿美元，约 885 万人 • 经济以金融服务、制药和高科技为主 • 高消费水平，市场对高端产品、奢侈品和创新技术需求大	• 瑞士不是欧盟成员，但与欧盟有紧密的贸易协议。对中国的贸易政策相对开放，但仍有一定的市场准入要求 • 瑞士对高质量和高科技产品有强烈需求	• 机会：金融、制药和高科技领域的市场机会丰富。高端消费品市场有潜力 • 挑战：市场较小，竞争主要来自本地和其他国际企业。需要适应瑞士特有的法规和市场要求
挪威	• 经济：挪威是一个富裕的国家，2023 年 GDP 约为 4855 亿美元，约 552 万人 • 经济以石油、天然气和高科技产业主 • 高消费水平，市场对质量产品、科技产品有需求大	• 挪威不是欧盟成员，但与欧盟有自由贸易协议。对中国的贸易政策较为开放 • 市场较小，但对高端和技术产品有较大需求	• 机会：石油、天然气和高科技领域的市场机会大。消费市场对高质量和创新产品有需求 • 挑战：市场规模有限，需适应挪威的法规和进口要求。竞争较小，需要了解本地市场需求

表 A-3　东南亚和南亚主要国家贸易与市场概况

国家	主要概况	贸易政策	市场机会与挑战
印度尼西亚	• 印度尼西亚是东南亚最大经济体，2023 年 GDP 约为 1.44 万亿美元，约 2.77 亿人 • 经济以制造业、服务业和矿业为主 • 消费市场正在增长，中产阶层逐步扩大。对消费品、科技产品和基础设施有需求	• 印度尼西亚对外资企业有一定的开放政策，但存在复杂的进口法规和非关税壁垒 • 与中国有良好的贸易关系，但需关注当地的市场准入规定	• 机会：消费市场潜力大，特别是在基础设施建设领域 • 挑战：市场进入障碍高，法规复杂，需适应当地的商业环境和政策变化
新加坡	• 新加坡是东南亚的金融和贸易中心，2023 年 GDP 约为 5014 亿美元，约 591 万人 • 经济以金融服务、科技和制造业为主 • 高消费水平，对高科技产品、奢侈品和服务有强烈需求。市场开放且透明	• 新加坡对外资企业非常开放，拥有自由贸易协定和低关税政策。与中国有良好的经济和贸易关系	• 机会：金融、科技和高端消费品市场机会丰富。新加坡作为区域枢纽，为中国企业提供了进入东南亚市场的桥梁 • 挑战：市场规模相对较小，竞争主要来自其他国际企业。需了解并适应当地法规和市场环境
泰国	• 泰国是东南亚的重要经济体，2023 年 GDP 约为 5149 亿美元，约 7180 万人 • 经济主要依赖于旅游业、制造业和农业 • 消费水平中等，对消费品、汽车和电子产品有较大的需求	• 泰国对外资相对开放，与中国有积极的贸易关系。政府提供投资优惠政策，但需遵守当地的法规	• 机会：旅游业和消费品市场具有较大潜力。泰国作为区域性贸易枢纽，对中国企业有吸引力 • 挑战：市场竞争激烈，需关注政策变动和贸易壁垒

（续）

国家	主要概况	贸易政策	市场机会与挑战
越南	• 越南经济增长迅速，2023 年 GDP 约为 4297 亿美元，约 9858 万人 • 以制造业、出口和农业为主 • 消费市场增长潜力大，特别是中产阶层逐步扩大 • 对消费品和电子产品需求上升	• 越南对外资企业开放，有多项优惠政策，尤其是在制造业和出口领域。与中国的贸易关系良好	• 机会：增长潜力大，特别是在制造业和消费市场。越南作为生产基地具有竞争力 • 挑战：市场竞争增加，需应对基础设施和法规不完善的问题
马来西亚	• 马来西亚经济多元化，2023 年 GDP 约为 3996 亿美元，约 3430 万人 • 主要依赖于制造业、出口和服务业，特别是电子和石油产业 • 消费水平中等，对科技产品、消费品和汽车有需求。中产阶层不断增长，市场潜力大	• 马来西亚对外资相对开放，政府提供各种投资激励政策。与中国有良好的贸易关系，但需遵守当地的进口法规和标准	• 机会：制造业和消费市场有较大机会。马来西亚的地理位置使其成为区域贸易中心 • 挑战：市场竞争激烈，需要适应当地的法规和市场需求
菲律宾	• 菲律宾经济增长潜力大，2023 年 GDP 约为 4371 亿美元，约 1.17 亿人 • 经济主要依赖于服务业、制造业和农业 • 消费市场潜力大，特别是中产阶层逐步扩大。对消费品、科技产品和基础设施有需求	• 菲律宾对外资有一定的开放政策，但存在一些市场准入壁垒和行政障碍。与中国有积极的贸易往来	• 机会：消费市场增长潜力大，基础设施和房地产领域有机会。中产阶层的扩张带动了市场需求 • 挑战：市场相对不稳定，需应对复杂的法规和行政管理问题

（续）

国家	主要概况	贸易政策	市场机会与挑战
印度	• 2023 年 GDP 约为 3.55 万亿美元，约 14.3 亿人 • 经济多样化，涵盖信息技术、制造业和服务业。对科技产品、消费品和基础设施有较大需求 • 中产阶层不断扩大，消费市场潜力巨大。对科技产品、消费品和基础设施有较大需求	• 印度的贸易政策相对复杂，具有一定的保护主义倾向。与中国有大量的贸易往来，但存在贸易壁垒和关税问题	• 机会：巨大的市场潜力，特别是在技术和消费品领域。中产阶层增长带动消费需求 • 挑战：市场复杂，需适应法规和政策的不确定性。基础设施和行政障碍也是挑战
巴基斯坦	• 巴基斯坦经济规模较小，2023 年 GDP 约为 3750 亿美元，约 2.4 亿人 • 主要依赖农业、制造业和服务业 • 消费水平相对较低，但市场正在增长。对消费品和基础设施有逐步增加的需求	• 巴基斯坦对外资有一定的开放政策，但存在贸易壁垒和行政障碍。与中国有积极的贸易合作	• 机会：消费市场增长潜力大，尤其是在基础设施和消费品领域。市场相对不稳定，需应对复杂的贸易政策和行政管理问题 • 挑战：市场相对不稳定，需应对复杂的贸易政策和行政管理问题

表 A-4 日韩国家贸易与市场概况

国家	主要概况	贸易政策	市场机会与挑战
日本	• 2023 年 GDP 约为 4.21 万亿美元，约 1.24 亿人 • 经济高度发达，主要依赖于技术、制造业和出口，特别是汽车和电子产品 • 消费水平高，对高科技产品、奢侈品和创新技术有强烈需求。市场成熟且稳定	• 日本的贸易政策相对开放，与中国有广泛的经济往来。市场准入要求严格，特别是在质量和安全标准方面 • 日本是多个自由贸易协定的成员，贸易政策受到这些协定的影响	• 机会：技术、创新和高端消费品市场机会丰富。日本市场对高质量和新技术产品有强烈需求 • 挑战：市场竞争激烈，法规和标准严格。需要了解并适应本地的市场需求和商业文化
韩国	• 韩国是全球十大经济体之一，2023 年 GDP 约为 1.71 万亿美元，约 5271 万人 • 经济以制造业、科技和服务业为主，特别是电子产品和汽车 • 消费水平高，对高科技产品、消费品和奢侈品有强烈需求。市场成熟且购买力强	• 韩国对外资企业相对开放，与中国有密切的经济合作。韩国是多个自由贸易协定的成员，贸易政策受到这些协定的影响 • 对中国企业的市场准入要求相对宽松，但仍需遵守相关法规和标准	• 机会：高科技、消费品和创新领域有丰富的市场机会。韩国市场对新技术和高质量产品的需求强劲 • 挑战：市场竞争激烈，需适应本地的法规和市场环境。文化差异和市场需求变化需关注

表 A-5　中东主要国家贸易与市场概况

国家	主要概况	贸易政策	市场机会与挑战
沙特阿拉伯	·沙特阿拉伯是中东地区最大的经济体，2023年GDP约为1.07万亿美元，约3220万人 ·经济主要依赖于石油，但正在进行经济多元化转型，推动非石油产业的发展 ·消费水平中等偏高，对高端消费品和基础设施投资有一定的需求	·沙特阿拉伯对外资企业相对开放，政府提供各种投资激励政策。与中国有广泛的贸易往来 ·沙特阿拉伯正在进行经济多元化改革，推动"2030愿景"计划，促进非石油经济的发展	·机会：基础设施、能源和科技领域的市场机会大。经济多元化政策为中国企业提供了新的商业机会 ·挑战：市场竞争增加，法规和行政管理问题需关注。经济转型过程中政策的不确定性和政策变化需考虑
阿联酋	·阿联酋是中东地区重要的经济体，2023年GDP约为5041亿美元，约970万人 ·经济以石油、金融服务和旅游业为主，迪拜和阿布扎比是金融和商业中心 ·消费水平高，对奢侈品、科技产品和高端服务有强烈需求。市场开放且透明	·阿联酋对外资企业非常开放，政府提供投资激励政策和自由贸易区。与中国有积极的经济合作关系 ·市场准入相对宽松，但仍需了解当地的法规和市场需求	·机会：金融、房地产、科技和消费品市场有丰富的机会。阿联酋作为中东的商业中心，为中国企业提供了进入整个中东市场的桥梁 ·挑战：市场竞争激烈，需要适应当地的法规和文化差异。经济依赖于石油价格波动，市场环境需关注
以色列	·以色列经济高度发达，2023年GDP约为5099亿美元，约975万人 ·经济主要依赖于科技、军事科技和农业创新，对科技产品、创新技术和高端消费品有强烈需求。市场小而精细	·以色列对外资企业相对开放，与中国有良好的贸易关系。政府支持科技创新和投资 ·市场准入要求较高，但提供各种投资激励政策	·机会：科技、创新和医疗领域有丰富的市场机会。以色列的技术和创新市场对高科技产品需求强劲 ·挑战：市场规模较小，竞争主要来自其他国际企业。需要应对高科技市场的复杂性和技术要求

表A-6 俄罗斯和中亚主要国家贸易与市场概况

国家	主要概况	贸易政策	市场机会与挑战
俄罗斯	• 俄罗斯是世界十大经济体之一，2023年GDP约为1.86万亿美元，约1.43亿人 • 经济以能源（特别是石油和天然气）、制造业和农业为主 • 消费水平中等，对高科技产品、奢侈品和日常消费品有需求。市场在经济波动中不断调整	• 俄罗斯的贸易政策相对复杂，受到国际制裁和进口替代政策的影响。与中国有广泛的经济合作关系 • 俄罗斯实施了一系列对外国企业的市场准入限制和关税政策	• 机会：在能源、基础设施和技术领域有丰富的市场机会。中国企业可以在能源合作和基础设施建设中找到机会 • 挑战：市场受国际制裁和政策波动影响较大。需应对复杂的法规和政治经济的不确定性
哈萨克斯坦	• 哈萨克斯坦是中亚地区最大经济体，2023年GDP约为2614亿美元，约2013万人 • 经济以能源（特别是石油和天然气）、矿业和农业为主 • 消费水平中等，对消费品和基础设施有一定需求。中产阶层逐步扩大，市场潜力大	• 哈萨克斯坦对外资相对开放，与中国有良好的贸易关系。欧亚经济联盟成员，受制于联盟的贸易政策 • 政府推动外资进入能源和基础设施领域	• 机会：能源、矿业和基础设施领域的市场机会丰富。哈萨克斯坦的地理位置使其成为区域贸易枢纽 • 挑战：市场受国际价格波动影响较大，需应对法规和投资环境的不确定性
乌兹别克斯坦	• 乌兹别克斯坦经济多元化，2023年GDP约为989亿美元，约3641万人 • 经济主要依赖于农业、能源和制造业 • 消费市场正在增长，对基础消费品和科技产品有需求。中产阶层逐步扩大，市场潜力大	• 乌兹别克斯坦对外资企业逐渐开放，政府推动经济改革，改善投资环境。与中国有良好的贸易关系 • 政府正在推动经济多元化，减少对能源行业的依赖	• 机会：消费品、基础设施和农业领域有较大机会。经济改革带来投资机会 • 挑战：市场环境不稳定，需应对法规和投资环境变化的复杂性

表 A-7 澳大利亚和新西兰贸易与市场概况

国家	主要概况	贸易政策	市场机会与挑战
澳大利亚	• 澳大利亚是发达经济体，2023 年 GDP 约为 1.72 万亿美元，约 2663 万人 • 经济以服务业、矿业和农业为主，特别是矿产资源和农业产品出口 • 消费水平高，对高科技产品、奢侈品和高质量消费品有强烈需求。市场成熟且稳定	• 澳大利亚对外资企业开放，政府提供各种投资激励政策。与中国有广泛的经济合作关系 • 澳大利亚参与多个自由贸易协定，市场准入政策较为宽松	• 机会：科技、矿业、基础设施和消费品领域有丰富的市场机会。稳定的市场环境和高消费水平提供了良好的投资平台 • 挑战：市场竞争激烈，需要适应当地的法规和市场需求。政策变化可能对特定行业产生影响
新西兰	• 新西兰经济以农业、旅游业和服务业为主，2023 年 GDP 约为 2534 亿美元，约 522 万人 • 经济稳定，市场规模相对较小 • 消费水平较高，对高质量消费品和科技产品有需求。市场稳定且开放	• 新西兰对外资企业非常开放，政府提供各种投资激励政策。与中国有良好的经济合作关系 • 新西兰参与多个自由贸易协定，市场准入政策较为宽松	• 机会：农业、科技和消费品领域有市场机会。稳定的市场环境和高消费水平提供了良好的投资平台 • 挑战：市场规模较小，竞争主要来自其他国际企业。需要适应当地的法规和市场需求

表 A-8　非洲主要国家贸易与市场概况

国家	主要概况	贸易政策	市场机会与挑战
南非	• 南非是非洲最发达的经济体之一，2023年GDP约为3777亿美元，约6041万人 • 经济以矿业（特别是黄金和铂）、制造业和服务业为主 • 消费水平中等，对高科技产品、消费品和奢侈品有需求。中产阶层逐步扩大，市场潜力大	• 南非对外资企业相对开放，政府提供各种投资激励政策。与中国有积极的贸易合作关系 • 作为金砖国家成员，南非参与多个国际贸易协议，市场准入政策较为开放	• 机会：矿业、基础设施和消费品领域有丰富的市场机会。南非的地理位置使其成为进入非洲市场的桥梁 • 挑战：市场竞争激烈，需应对经济波动和社会不稳定问题。政策和法规变化较频繁
尼日利亚	• 尼日利亚是非洲最大的经济体之一，2023年GDP约为3628亿美元，约2.23亿人 • 经济主要依赖于石油和天然气，但正在推动经济多元化 • 消费市场潜力巨大，特别是中产阶层逐步扩大，对消费品和基础设施、科技产品较大需求	• 尼日利亚对外资企业开放，但市场准入和法规较复杂。与中国有广泛的经济合作 • 政府推动工业化和基础设施建设，提供一定的投资激励政策	• 机会：消费品、基础设施和能源领域有较大的市场机会。中产阶层带动增长消费需求 • 挑战：市场环境不稳定，需应对复杂的法规和政治经济风险。基础设施和安全问题也需关注

表 A-9　拉美主要国家贸易与市场概况

国家	主要概况	贸易政策	市场机会与挑战
墨西哥	• 墨西哥是拉美地区的主要经济体，2023 年 GDP 约为 1.79 万亿美元，约 1.28 亿人 • 经济主要依赖于制造业、石油和旅游业 • 消费能力逐渐提升，但与美国和加拿大相比仍相对较低。中产阶层正在扩张，市场潜力逐步显现	• 墨西哥与中国的贸易关系良好，但也有一定的保护主义措施 • 墨西哥是《美墨加协定》(USMCA) 的成员国，该协定影响了墨西哥与美国和加拿大的贸易关系 • 墨西哥的关税政策较为灵活，但中国企业仍需注意进口规定和配额限制	• 机会：劳动力成本较低，制造业和出口导向型行业具有竞争优势。市场成长潜力较大 • 挑战：经济稳定性较差，存在一定的政治和社会风险。需关注当地的法规、政策和竞争环境
巴西	• 巴西是拉美最大的经济体，2023 年 GDP 约为 2.17 万亿美元，约 2.16 亿人 • 经济以服务业、工业和农业为主，特别是矿业和农业产品 • 消费市场潜力大，对消费品、科技产品和基础设施有需求。中产阶层逐步扩大，市场不断增长	• 巴西对外资企业开放，政府提供各种投资激励政策。与中国有广泛的经济合作关系 • 作为南方共同市场 (MERCOSUR) 成员国，市场准入政策受区域贸易协议的影响	• 机会：消费品、基础设施和农业领域有丰富的市场机会。巴西的市场规模和增长潜力巨大 • 挑战：市场竞争激烈，需应对经济波动和政治不稳定问题。法规和政府管理问题较为复杂

（续）

国家	主要概况	贸易政策	市场机会与挑战
阿根廷	• 阿根廷经济以农业、工业和服务业为主，2023 年 GDP 约为 6405 亿美元，约 4665 万人 • 经济面临通货膨胀和财政赤字问题 • 消费市场潜力大，但受到经济不稳定影响。对消费品和科技产品有一定需求	• 阿根廷对外资企业相对开放，但市场准入政策和法规较为复杂。与中国有积极的贸易往来 • 作为 MERCOSUR 成员国，贸易政策受区域协议影响	• 机会：消费品、农业和基础设施领域有市场机会。中产阶层的扩张带动市场需求 • 挑战：市场受经济波动和政策不稳定影响。需应对高通货膨胀和复杂的法规环境
智利	• 智利经济以矿业（特别是铜）、农业和服务业为主，2023 年 GDP 约为 3355 亿美元，约 1926 万人 • 经济稳定，投资环境较好 • 消费水平较中等，科技产品、消费品和服务业需求较大。市场稳定且开放	• 智利对外资企业非常开放，政府提供各种投资激励政策。与中国有广泛的经济合作 • 智利参与多个自由贸易协定，市场准入政策较为宽松	• 机会：矿业、科技和消费品领域有丰富的市场机会。智利市场稳定且透明 • 挑战：市场规模较小，竞争主要来自其他国际企业。需适应当地的法规和市场需求

附录 B　中国主要出海服务商列表

表 B-1　中国主要出海服务商列表（排名不分先后）

领域	主要服务商
跨境电商 ERP	领星、店小秘、积家 ERP、马帮、易仓、赛盒、客优云、芒果店长、旺店通、通途 ERP
建站工具与服务商	Shopify、店匠（Shoplazza）、Funpinpin、Shopline、UeeShop、ShopExpress、AllValue、Myysshop
建站服务商	增长超人、中企动力、易海创腾
营销云与营销服务商	钛动科技、飞书深诺、蓝色光标、易点天下、有米、易诺、蓝瀚互动、艾维邑动、火山引擎、点摩、木瓜移动、Shark、Fastlane、COZMOX、有赞、微盟、Onesight、稻米营销云、Yeahmobi、虎播、傲途、SHAREit、汇量科技（Mobvista）、能猫新媒、英宝通、赛诺、维卓（WEZO）、YINOLINK、HuntMobi、西窗科技（Westwin）、Impact、QuickCEP
EDM	Zoho mail、Mailchimp、Sendinblue、HubSpot、MambaSMS
运营工具与服务商	紫鸟浏览器、IsellerPal、智六科技、Shopastro、米赞宝、数魔跨境、海比电商、JungleScout、亿数通、DOHOZZ、BOOLV、MOEGO、OKKICRM、链接宝贝、Diffshop
数据服务	神策数据、AppGrowing、data.ai、AppsFlyer、Adjust、Sensor Tower、极光数据、热云数据
贷款融资	豆沙包、Qupital
支付结算	空中云汇（Airwallex）、寻汇（SUNRATE）、Xtransfer、Qbit、Skyee、驼驼数科、连连国际、PingPong、万里汇（WorldFirst）、支付宝、Stripe、派安盈（Payoneer）、结行国际（CoGoLinks）
物流和供应链	中国邮政、顺丰国际、PANEX、纵腾集团、递四方（4PX）、AfterShip、ONEPRO、芒果海外仓、行云集团、DOCUAI、17TRACK、安骏物流、至美通、泛远国际、燕文物流、华贸物流、驿玛科技、易芽、墨谷、智慧云服、飞盒跨境、无忧达、魔豆科技、转运四方、谷仓海外仓、佳成国际、DHL、FedEx、UPS

（续）

领域	主要服务商
第三方电商平台	Temu、eBay、速卖通（AliExpress）、WISH、亚马逊（Amazon）、SHEIN、Lazada、阿里巴巴国际、TikTok、Newegg、乐天（Rakuten）、Jumia、Konga、Etsy、兰亭集势（LightInTheBox）
RTC 平台	创蓝云智、融云、声网、即构、牛信云、极验（GEETEST）
红人营销	聚星（Nox）、卧兔网络、红毛猩猩（PONGO）、易点天下、力盟科技、飞书深诺
合规服务	沙之星跨境、辰海云、美欧跨境、跨信通、亚速、跨规盈、中港星、积特、麦德通、安永
云厂商与数字化厂商	华为云、阿里云、腾讯云、SAP、亚马逊云、IBM Cloud、Google Cloud、微软（Microsoft Azure）、Oracle Cloud
人力资源服务	必博（BIPO）、Safeguard、Deel、HORIZONS、Payinone、MOKA、IntelliPro
客户服务	智齿科技、瑞云服务云、沃丰科技（Udesk）、Gensys
CRM	Zoho、Salesforce、纷享销客、销售易、小满科技
投资机构	大观资本、创新工场、坚果资本、北极光创投、元启资本、字节跳动、联想创投、零一创投、梅花创投、青山资本、泥藕资本、启明创投、深创投、亦联资本、真格基金、GGV、元禾原点、原时资本、IDG、源码资本、险峰资本、HILLHOUSE、高格资本、SIG、经纬创投、君联资本、昆仑资本、金沙江、五源资本、腾讯投资、绿动资本
出海媒体与社群	华狮出海、EqualOcean、白鲸出海、雨果跨境、深圳跨境电子商务协会、亿邦动力、TECH星球、TK增长会、DTCLAB、DNY123、AMZ123、霞光社、艾瑞、易观国际、中国与全球智库、甲子光年、扬帆出海、远川研究所、智象、独立出海联合体、出海同学会、亿恩网、36氪海外、虎嗅

附录 C　全球主要展会列表

表 C-1　全球主要展会列表（排名不分先后）

展会名称	展会概况	时间	地点	适合企业
亚洲消费电子展（Consumer Electronics Show Asia，CES Asia）	亚洲地区最大的消费电子展	每年 6 月	中国上海	电子产品、科技公司
中国进出口商品交易会（广交会）（China Import and Export Fair）	中国最大的综合性贸易展览	每年 4 月 和 10 月	中国广州	各行各业的生产商和供应商
上海国际纺织面料展（Intertextile Shanghai Apparel Fabrics）	全球纺织面料展览	每年 10 月	中国上海	纺织面料公司、服装设计公司
上海国际汽车工业展览会（Shanghai International Automobile Industry Exhibition，SAIC）	亚洲最大的汽车展览之一	每年 4 月	中国上海	汽车制造商、零部件供应商
中国国际进口博览会（China International Import Expo，CIIE）	全球最大的进口商品博览会	每年 11 月	中国上海	各行业的国际企业
上海国际家具博览会（Shanghai International Furniture Fair，CIFF）	中国国际家具展览	每年 3 月 和 9 月	中国上海	家具制造商、家居设计公司
全球资源电子展（Global Sources Electronics，GSE）	全球电子产品展览	每年 4 月 和 10 月	中国香港	电子产品制造商、供应商
台北国际电脑展（Computex Taipei）	全球领先的计算机和电子展览	每年 6 月	中国台北	计算机制造商、电子产品公司

（续）

展会名称	展会概况	时间	地点	适合企业
国际消费电子产品展览会（Consumer Electronics Show，CES）	全球最大的消费电子展览	每年 1 月	美国拉斯维加斯	电子产品、智能家居、科技公司等
汉诺威工业博览会（Hannover Messe，HM）	全球领先的工业技术展览	每年 4 月	德国汉诺威	工业设备、自动化、能源公司
世界移动通信大会（Mobile World Congress，MWC）	全球最大的移动通信展览	每年 2 月	西班牙巴塞罗那	手机制造商、通信设备公司、移动应用公司
欧洲食品配料展览会（Food Ingredients Europe，FIE）	食品配料和添加剂的展览	每两年 11 月	欧洲不同城市轮流举办	食品配料、添加剂、食品科技公司
法兰克福国际书展（Frankfurt Book Fair，FBF）	世界最大的图书博览会	每年 10 月	德国法兰克福	出版商、书籍零售商、内容提供商
美国改装车展（SEMA Show）	全球最大的汽车改装展览	每年 11 月	美国拉斯维加斯	汽车配件制造商、汽车改装公司
巴黎国际航空航天展览会（Paris Air Show，PAS）	全球最大的航空航天展览	每两年 6 月	法国巴黎	航空航天公司、飞机制造商、军工企业
巴塞尔艺术展（Art Basel，AB）	国际艺术博览会，展示当代艺术	每年 6 月（巴塞尔）,12 月（迈阿密）	瑞士巴塞尔、美国迈阿密	艺术画廊、艺术品交易商
国际加工与包装机械展览会（Interpack，IP）	全球领先的包装展览	每三年 5 月	德国杜塞尔多夫	包装设备、材料供应商

（续）

展会名称	展会概况	时间	地点	适合企业
国际生物技术大会（BIO International Convention）	全球最大的生物技术展览	每年 6 月	美国	生物技术公司、制药公司
米兰国际家具展（Salone del Mobile Milano，SMDM）	全球最大的家具展览	每年 4 月	意大利米兰	家具制造商、室内设计公司
世界食品博览会（Anuga）	全球最大的食品和饮料展览	每两年 10 月	德国科隆	食品饮料生产商、供应链公司
美国国家餐饮协会展览会（National Restaurant Association Show，NRA）	餐饮行业的大型展览	每年 5 月	美国芝加哥	餐饮设备、食品供应商
国际纺织纱线展（Expofil International Yarn Exhibition）	全球纺织品展览	每年 9 月	法国巴黎	纺织品生产商、设计公司
国际家居用品展（The International Home + Housewares Show，IHHS）	家庭用品和家居用品展览	每年 3 月	美国芝加哥	家居用品制造商、零售商
柏林国际电子消费品展览会（IFA Berlin）	全球消费电子展览	每年 9 月	德国柏林	电子产品、家电制造商
纽伦堡国际玩具展（Spielwarenmesse，SWM）	全球玩具展览	每年 1 月	德国纽伦堡	玩具生产商、零售商
国际建筑建材展览会（International Builders' Show，IBS）	全球建筑建材行业顶级展览	每两年	英国伯明翰	建筑材料公司、建筑服务商

（续）

展会名称	展会概况	时间	地点	适合企业
亚洲食品与酒店展（Food & Hotel Asia, FHA）	食品和酒店行业展览	每两年4月	新加坡	食品、酒店设备制造商
杜塞尔多夫国际医疗展（World Forum for Medicine, MEDICA）	全球最大的医疗技术展览会	每年11月	德国杜塞尔多夫	医疗设备、健康科技公司
世界旅游市场展（World Travel Market, WTM）	全球旅游市场展览	每年11月	英国伦敦	旅游公司、酒店、旅行服务机构
阿拉伯国际医疗展（Arab Health）	中东地区最大的医疗展览	每年1月	阿联酋迪拜	医疗设备、健康科技公司
莫斯科国际食品展（World Food Moscow, WFM）	食品行业展览	每年9月	俄罗斯莫斯科	食品、饮料生产商
光与建筑展（Light + Building）	全球照明和建筑技术展览	每两年3月	德国法兰克福	照明设备制造商、建筑技术公司
国际广播大会（International Broadcasting Convention, IBC）	国际广播展览	每年9月	荷兰阿姆斯特丹	广播设备、媒体技术公司
俄罗斯国际纺织展（Textillegprom）	俄罗斯最大纺织品展览	每年2月和9月	俄罗斯莫斯科	纺织品公司、服装设计师
国际太阳能展（Intersolar）	太阳能展览	每年6月	德国慕尼黑	太阳能设备制造商、可再生能源公司
国际房地产投资博览会（Expo Real）	国际房地产展览	每年10月	德国慕尼黑	房地产公司、投资公司

（续）

展会名称	展会概况	时间	地点	适合企业
国际环境技术展（IFAT）	环境技术展览	每两年 5 月	德国慕尼黑	环境技术公司、废水处理设备制造商
国际时尚珠宝及配饰展（International Fashion Jewelry & Accessory Group, IFJAG）	国际时尚珠宝及配饰展览	每年 9 月	美国纽约	珠宝制造商、配饰设计公司
国际农业机械展（Agritechnica）	农业机械科技术展览	每两年 11 月	德国汉诺威	农业机械制造商、农业技术公司
世界制药原料展（CPhI Worldwide）	全球制药行业展览	每年 10 月	欧洲城市轮流举办	制药公司、药品原料供应商
国际纺织机械展（The International Textile Machinery Exhibition, ITMA）	国际纺织机械展览	每四年	欧洲城市轮流举办	纺织机械公司、纺织企业
日本国际食品展（Foodex Japan）	亚洲最大的食品展览	每年 3 月	日本东京	食品生产商、食品分销商
国际音响灯光展（Prolight + Sound）	全球专业灯光和音响展览	每年 4 月	德国法兰克福	灯光设备、音响设备制造商
杜塞尔多夫国际游艇展（International Boat Show）	全球最大的船艇展览	每年 1 月	德国杜塞尔多夫	船艇制造商、航海设备供应商
西南偏南大会（South by Southwest, SXSW）	综合性的音乐、电影、科技展览	每年 3 月	美国奥斯汀	音乐公司、电影制作公司、科技公司

注：以上展会相关信息来源于各展会的官方网站。

在过去的数十年里，中国企业从本土市场走向全球，从默默无闻到广为人知。在科技、制造、消费品和服务业等领域，中国企业在全球市场上留下了深刻的足迹，成为全球用户值得信赖的选择。

这段数十年的出海之旅，不仅展示了我们的勇气与智慧，也是中国企业在全球舞台上不断成长的见证。从"制造"到"创造"，从"跟随"到"引领"，华为、阿里巴巴、字节跳动、安克、大疆等品牌的成功激励着更多企业走出去。

然而，出海从来就不是一帆风顺的，企业将面临文化差异、市场竞争、法律法规等方面的挑战。但是，正是这些困难，又一次塑造了中国企业的竞争力，推动我们不断进步。站在全球化浪潮之巅，我们回望中国企业发展的壮阔历程，展望未来的发展趋势。

敬畏出海：慎重而非盲目

敬畏出海意味着企业需要在决策前做好充分准备，而非盲目跟风。出海是一项复杂的系统工程，涉及市场调研、法律合规、文化适应性等多个方面。只有在做好充分了解和准备之后，才能规避风险，实现稳健发展。

建议企业在出海前进行全面深入的市场调研，了解目标市场的消费习惯、竞争格局和法律法规，可以借助专业的市场研究机构获得详细的市场分析报告。

品牌建设：国际化的名片

过去，中国企业在海外市场的扩展主要依靠规模和成本优势。未来，随着全球市场竞争加剧，中国企业将更加注重"质"的提升，即产品和服务的创新、品牌价值的塑造和客户体验的优化。企业将投入更多资源在研发和设计上，以提供高附加值的产品和服务，提升国际竞争力。

品牌是企业在全球市场上的名片。中国企业应持续提升品牌的国际影响力，注重品牌的本土化和文化融合，让中国品牌在全球用户心中占据一席之地。品牌建设不仅仅是产品和服务的提供，更是企业文化和价值观的传播。

在品牌建设的过程中，出海企业需要时刻注重品牌形象的塑造和传播。通过公共关系、社媒营销、视频营销、达人营销、私域营销等多种手段，来提升品牌的知名度和美誉度。同时，出海企业要注重品牌的本土化，根据不同市场的文化和用户习惯，进行品牌的本土化改造和推广。

本土化策略：融入当地市场

本土化是企业成功出海的关键。企业需要深入了解和尊重不同市场的文化、法律和用户习惯，制定差异化的本土化战略。只有真正融入本地市场，才能赢得用户的信任和忠诚。

在本土化过程中，企业可以通过建立本地化的研发、生产和销售体系，实现产品和服务的本地化，以更好地融入当地市场，建立起真正的全球品牌。同时，注重与当地合作伙伴的合作，共同开发市场，分享资源和经验。

可持续发展：绿色未来

在全球范围内，用户和政府对企业的社会责任和环保的要求越来越高。中国企业在出海过程中，将更加重视可持续发展，采取绿色的生产和运营方式，同时积极履行社会责任。可持续发展和社会责任将成为企业品牌形象和竞争力的重要组成部分。

未来的商业，不仅要追求经济效益，更要关注环境保护和社会责任。践行绿色发展理念，打造可持续发展的企业形象，为全球的可持续发展贡献中国力量，是企业实现长期发展的重要保障。

数字化转型：未来的关键

未来的商业竞争中，数字化将是决定胜负的关键。企业需要加大在数字技术、数据分析和智能化方面的投入，打造敏捷、高效的数字化运营体系。数字化不仅仅是技术的应用，更是一种全新的思维和商业模式。

在数字化转型过程中，企业可以通过采购和自研数字化平台，实现业务流程的自动化和智能化，提高运营效率，降低成本。比如，利用大数据分析和人工智能技术，精准预测市场需求，优化供应链管理，提高生产和销售的效率。

在全球化的大潮中，中国企业既是参与者，也是贡献者。我们有理由相信，通过不懈努力和持续创新，中国企业将在全球化的道路上走得更远，为世界的繁荣与进步做出更大的贡献。

回望过去数十年的出海历程，我们见证了在一波波海外风浪的洗礼下的中国出海企业，用强大的生命力与极致的创新力，扎根海外、坚韧生长。

作为一名出海创业的实践者，我深知中国企业在全球市场上面临的挑战和机遇。也希望通过这本书，将我多年来积累的经验分享给更多的中国企业，帮助它们在出海的过程中少走弯路，取得更大的成功。我还搭建了 GlobalHubX 这个平台来做一站式全球营销增长的服务，希望通过自己的微薄之力，帮助更多的中国企业在海外实现增长，成为全球市场上的领军企业。

我要感谢本书的编辑，和所有提供宝贵意见的行业专家和顾问，感谢家人无条件的支持和理解，是你们让我在写作的孤独旅程中从未感到孤单。

最后，我还想衷心地感谢每一位读者，感谢你们的信任和陪伴，你们的反馈和支持是我继续前进的动力。

愿每一个勇敢踏上出海征程的中国企业，能够乘风破浪，行稳致远。